JN418230

하나님의 VIP 시리즈 1

하나님을 감동시킨 사람들

| 조희완 지음 |

쿰란출판사

추천사 1

조희완 목사님은 마지막 시대에 하나님께서 귀하게 쓰시는 분이십니다. 특별히 20년간 침체의 늪에 빠져 있는 한국교회의 회복을 위한 새로운 패러다임을 제시하는 분이십니다. 열방을 향한 하나님의 마음과 비전을 품은 선교적인 목회사역과 강력한 선교적인 메시지는 한국교회의 새로운 회복을 기대하기에 충분합니다. 조희완 목사님의 선교적 리더십은 우리 한국교회에 큰 축복이라고 생각합니다.

신실한 목회 사역과 바쁜 외부 강의 일정 가운데서도 이번에 《하나님을 감동시킨 사람들》이란 책을 출간하시게 되신 것을 진심으로 축하드립니다. 그리고 자신 있게 모든 한국교회 목회자들에게 이 책을 추천합니다.

2013년 1월 3일

한국목회자선교협의회 대표회장/ 강화은혜교회

김찬호 목사

추천사 2

이 책은 성경에 나오는 인물들 중에 하나님의 마음을 감동시킨 사람들을 깊이 있게 조명해 주는 책입니다. 그리고 이 책은 하나님께서 크게 사용하신 믿음의 사람들을 깊이 있게 조명함으로써 이 혼탁한 시대에 우리가 믿음 위에 굳게 달려갈 수 있도록 힘과 용기를 주는 필독서입니다.

강해설교가로 정평이 나 있는 조희완 목사님의 인격과 영성을 바탕으로 깊이 있는 묵상을 통하여 집필된 이 책은 모든 독자들에게 큰 은혜와 감동을 불러일으키기에 충분하다고 여겨져서 자신 있게 추천을 합니다.

2013년 1월 3일

KAIST물리학과 교수/ 인터콥대전지부장

윤춘섭 박사

머리글

하나님의 말씀을 선포하는 목사로 부르심을 받았다는 것이 저에게는 감당할 수 없는 부담입니다. 그 부담감은 28년이 넘도록 목회를 해왔지만 오히려 더 크게 느껴지기만 합니다. 죄악이 관영하고 시대가 혼미할수록 그 부담감은 더 크게 느껴지는 것 같습니다. 어떻게 하면 목회자로서 설교자로서의 합당한 삶을 잘 살 수 있을까 늘 부담을 안고 고민합니다.

신학교 시절 목회학을 가르치던 목회 경력이 많으신 어른 목사님께서 하신 말씀이 지금도 두 귀에 쟁쟁합니다. "목사는 두 번 설교하는 사람이 되어야 하네, 한 번은 강단 위에서 입으로 설교를 해야 하고, 또 한 번은 강단 아래서 삶으로 설교를 해야 하네!" 그런 설교자가 되기 위해서 끊임없는 노력을 하고 있습니다.

저는 서재에서 성경을 묵상하며 설교를 준비하는 시간이 가장 행복합니다. 저는 강단에서 하나님의 말씀을 선포하는 시간이 가장 힘이 납니다. 저는 저의 설교를 들으면서 은혜를 받고 기뻐하는 성도들의 모습을 보는 순간에 가장 보람을 느낍니다. 지난 28년간 줄곧 그래왔습니다.

언제부터인가 설교를 준비하다가 성경에 기록된 믿음의 사람들을 한 사람씩 만나보면서 제 마음이 뜨거워지는 것을 체험하였고 그들의 신앙과 삶에 매료되기 시작했습니다. 그리고 제 안에 그들의 신앙과 삶을 본받아 살기 원하는 용기와 결단이 생겼습니다. 그들의 모습을 통해서 은혜와 감동을 받았던 부분들을 설교로 성도들과 함께 은혜를 나누었습니다. 그리고 이제는 더 욕심을 부려서 한국교회 성도들과 함께 그 은혜를 나누고 싶은 마음이 생겼습니다.

제가 산창교회에 부임한 지 햇수로 3년째를 맞이합니다. 이 책이 출간될 수 있도록 적극적으로 지원을 아끼지 않으신 온 교우들에게 감사의 마음을 전합니다. 그리고 소신 있는 목회를 힘쓸 수 있도록 협력해 주시는 장로님들께 감사드립니다. 모든 영광을 하나님께 돌립니다.

2013년 1월

팔용산이 바라다 보이는 서재에서

산창교회 담임목사 조희완

차례

1

하나님의 VIP **아벨**

아담이 그의 아내 하와와 동침하매 하와가 임신하여 가인을 낳고 이르되 내가 여호와로 말미암아 득남하였다 하니라 그가 또 가인의 아우 아벨을 낳았는데 아벨은 양 치는 자였고 가인은 농사하는 자였더라 세월이 지난 후에 가인은 땅의 소산으로 제물을 삼아 여호와께 드렸고 아벨은 자기도 양의 첫 새끼와 그 기름으로 드렸더니 여호와께서 아벨과 그의 제물은 받으셨으나 가인과 그의 제물은 받지 아니하신지라 가인이 몹시 분하여 안색이 변하니 여호와께서 가인에게 이르시되 네가 분하여 함은 어찌 됨이며 안색이 변함은 어찌 됨이냐 네가 선을 행하면 어찌 낯을 들지 못하겠느냐 선을 행하지 아니하면 죄가 문에 엎드려 있느니라 죄가 너를 원하나 너는 죄를 다스릴지니라 가인이 그의 아우 아벨에게 말하고 그들이 들에 있을 때에 가인이 그의 아우 아벨을 쳐죽이니라.

창세기 4장 1–8절

국가 정상들이 다른 나라에 국빈 방문을 할 때면 공식 행사로 만찬을 갖게 되는데, 그 첫 만찬 행사는 대부분 대통령의 공관이나 그와 관련이 있는 장소에서 갖는 것이 일반적입니다. 그런데 중국의 후진타오 주석이 미국을 방문했을 때는 백악관이나 캠프데이비드 별장에서 부시 대통령과 만찬을 갖지 않고, 시애틀에 있는 빌 게이츠의 집에서 첫 만찬을 가졌습니다. 빌 게이츠는 국가 정상도, 정치 지도자도 아니지만 세계적인 기업의 CEO이기 때문에 국가 외교에 있어 매우 중요한 인물이라고 할 수 있습니다.

시애틀에 있는 빌 게이츠의 집은 시가로 약 1억 5천만 달러(약 2천억)가 나간다고 합니다. 1년 관리비가 백만 불 이상 들어가고, 집을 돌보는 일꾼들은 약 300명에 이르며, 집안 모든 바닥에는 센서가 부착되어 있어서 방문객의 위치를 15cm 이내로 추적할 수 있다고 합니다. 또한 빌 게이츠가 들어오는 시간에는 목욕탕의 물이 적정한 온도로 가득 채워지고, 지하실에는 20석 규모의 세계에서 가장 아름다운 극장이 갖추어져 있다고 합니다.

그가 살고 있는 집의 규모나 그가 경영하는 기업의 규모를 볼 때 그는 세계적인 VIP임에 틀림이 없습니다. 그는 현재 세계에서 생존해 있는 인물 중 최고의 부자입니다. 그는 한 국가를 통치하는 정치 지도자는 아니지만 그 누구도 흉내 낼 수 없는 마이크로소프트사라는 IT 제국을 건설하고 그 제국으로 세계를 다스리는 지도자입니다. 그래서 그는 누가 뭐라고 해도 세계 제일의 VIP임에 틀림이 없습니다.

그런데 우리는 그런 세계인들이 귀하게 여기는 VIP보다 하나님께서 인정하시는 하나님의 VIP가 되어야 합니다. 오늘 우리가 만나게 될 하나님의 VIP는 바로 아벨입니다.

1. 모범적인 예배의 사람입니다(창 4:4)

창세기 4장 3-5절은 "……가인은 땅의 소산으로 제물을 삼아 여호와께 드렸고 아벨은 자기도 양의 첫 새끼와 그 기름으로 드렸더니 여호와께서 아벨과 그의 제물은 받으셨으나, 가인과 그의 제물은 받지 아니하신지라……"라고 말씀합니다. 아담의 아들로 태어난 가인과 아벨이 장성해서 하나님께 제사를 드렸는데 가인의 제사는 거절하시고 아벨의 제사는 받으셨다는 것입니다. 그 당시 제사가 열납되지 않았다는 것은 중대한 문제였습니다.

그런데 하나님이 가인의 제사는 거부하시고 아벨의 제사를 받으신 이유는 제물의 종류 때문이 아니라 제사를 드리는 그들의 마음 자세 때문이었습니다. 가인은 그냥 곡식으로 제사를 드렸고, 아벨은 양의 '첫 새끼'로 제사를 드렸습니다. 만약 가인도 아벨처럼 곡식의 '첫 것'으로 제사를 드렸다면 하나님께서 기쁘게 열납하셨을 것입니다. 왜냐하면 하나님께서는 반드시 첫 것으로 번제드리는 것을 원하셨기 때문입니다.

그런데 첫 것을 무시하고 아무 곡식이나 가지고 제사를 드렸다는 것은 대충 제사를 드렸다는 뜻이고, 믿음으로 드리지 않고 자기 생각이나 기분대로 드렸다는 것입니다. 이에 비해 아벨이 '양의 첫 새끼'로 제사를 드렸다는 것은 제사를 준비하여 정성껏 드린 것이고, 자기 생각이 아닌 하나님의 뜻에 따라 드린 것임을 알 수 있습니다. 가인에 비해 아벨은 모범적인 예배를 드린 사람이라고 할 수 있습니다.

예배는 하나님께 대한 나의 신앙을 고백하는 믿음의 최고 행위입니다. 하나님 앞에 예배드리는 모습을 보면 하나님께 대한 그 사람의 신앙도 알 수 있습니다. 하나님을 경외하는 사람은 절대로 예배를 소홀히 여기거나 아무렇게나 드리지 않습니다. 신앙이 바른 사람은 예배드리는 일에 정성을 다하고 최선을 다합니다. 왜냐하면 예배가 곧 하나님을 향한 자신의 최고 신앙 행위이기 때문입니다.

하나님께서 영과 진리로 예배하는 사람을 찾으시는 것도 바로 그런 이유에서입니다(요 4:23-24). 예배하는 사람을 찾으신다는 것은 하나님이 곧 우리의 예배를 기뻐하시고 원하신다는 뜻입니다. 하나님은 사람을 지으실 때 종교성을 심어 주셨는데, 그 이유는 창조주 하나님을 예배하도록 하시기 위해서입니다. 그러므로 인간은 그 종교성을 가지고 헛되고 무가치한 우상을 섬기는 것이 아니라 창조주이신 하나님만을 예배하면서 살아가야 합니다. 그렇게 하나님을 바르게 예배하면서 살아갈 때 인간의 가치와 존엄성도 높아지게 되는 것입니다.

성경에서 믿음의 모범을 보여 주는 인물들을 살펴보면 한결같이 하나님께 예배드리는 일을 가장 중요시했음을 알 수 있습니다. 아브라함이 그랬고, 이삭이 그랬고, 야곱이 그랬고, 노아가 그랬고, 모세가 그랬습니다. 특히 오늘 우리가 만나고 있는 VIP인 아벨은 자기 목숨을 걸고 바른 예배를 드린 사람입니다. 예배는 목숨을 걸 만큼 중요한 신앙의 행위라고 할 수 있습니다. 예배의 중요성이 점점 퇴색해 가고 있는 이때에 예배의 중요성을 깊이 깨닫고 예배에 목숨을 거는 우리 모두가 될 수 있기를 바랍니다.

2. 가장 먼저 순교한 사람입니다(창 4:8)

창세기 4장 8절은 "가인이 그의 아우 아벨에게 말하고 그들이 들에 있을 때에 가인이 그의 아우 아벨을 쳐죽이니라"고 말씀합니다. 가인은 자기가 드린 제사가 거절된 후에 뉘우치기는커녕 오히려 분노의 감정이 끓어올랐고 그 분노의 감정을 다스리지 못한 나머지 동생 아벨을 쳐죽였습니다. 형이 동생을 쳐죽이는 끔찍한 사건이 일어난 것입니다. 가인이 아벨을 쳐죽인 것이 세상에서 발생한 최초의 살인 사건입니다.

악한 마귀는 사람들의 마음에 미움을 조장하고, 분노의 감정을 품게 하여 심지어는 살인을 저지르게도 합니다. 사람을 시기 질투하고 미워하는 것, 혈기 부리고 분노하는 것, 폭력을 휘두르고 살인하는 것은 다 악한 마귀의 역사입니다. 하나님은 사람을 살리는 분이시지만 마귀는 거짓 영이기 때문에 사람을 속이고, 망하게 하고, 죽이는 악한 존재입니다. 누구든지 마귀에게 사로잡히면 그렇게 될 수 있는 것입니다.

가인은 마귀에게 속아서 예배에 실패한 후 살인자가 되었고, 아벨은 하나님의 뜻대로 예배를 잘 드려서 순교자가 되었습니다. 가인에게는 '최초의 살인자'라는 오명이 씌워지고 아벨에게는 '최초의 순교자'라는 영화로운 관이 주어졌습니다. 아벨은 비록 짧은 생애를 살았지만 최초의 순교자로 기록되었으니 매우 영광스러운 삶을 살다 간 것입니다. 천국에서 가장 영광스러운 사람은 바로 믿음을 지키다가 죽임당한 순교자들입니다.

순교는 아무나 할 수 있는 것이 아닙니다. 믿음이 있는 사람이라고 해서 다 순교할 수 있는 것이 아닙니다. 순교는 가장 영광스러운 일이기 때문에 하나님께서 특별히 선택하신 사람들만이 할 수 있습니다. 지금도 전세계에서 믿음을 지키다가 혹은 복음을 전하다가 죽임당하는 이들이 많이 있는데 그들은 하나님께서 특별히 선택하신 사람들입니다. 그들이 죽임을 당하면서 흘린 순교의 피는 결코 헛되지 않고 반드시 결실을 맺게 됩니다.

세계 기독 교회사를 한마디로 말하면 '순교의 역사' 혹은 '피 흘림의 역사'라고 할 수 있습니다. 최초의 순교자인 아벨이 흘린 피로부터 지금까지 세계 역사는 수많은 기독교인들이 흘린 순교의 피로 이어져 왔습니다. 중국도 모택동의 문화혁명 당시 수많은 기독교인들이 순교를 당했고, 영국도 메리 여왕 통치하에 수많은 기독교인들이 순교의 피를 흘렸습니다. 로마 제국하에서도 악한 황제들의 통치 아래 이루 헤아릴 수 없이 많은 기독교인들이 순교의 피를 흘렸습니다. 순교의 피 없이 기독교 역사를 말할 수 없을 정도입니다.

만약 오늘 우리에게도 예수 그리스도를 믿는 신앙 때문에 목숨을 내 놓아야 할 상황이 온다면 어떻게 하시겠습니까? 하나님께 대한 믿음을 지키기 위해 소중한 목숨을 내어 놓을 수 있겠습니까? 당연히 그렇게 할 수 있어야 합니다. 그런 믿음을 가리켜서 순교자적 신앙이라고 말합니다. 하나님의 뜻대로 살다가 순교당한 아벨처럼 우리도 순교자적인 신앙을 가지고 오늘 하루를 살아야 할 것입니다.

3. 의인으로 기억된 사람입니다(히 11:4)

히브리서 11장 4절은 "믿음으로 아벨은 가인보다 더 나은 제사를 하나님께 드림으로 의로운 자라 하시는 증거를 얻었으니 하나님이 그 예물에 대하여 증언하심이라 그가 죽었으나 그 믿음으로써 지금도 말하느니라"고 말씀합니다. 아벨은 가인보다 더 나은 제사를 드림으로 '의로운 자'라는 증거를 받았습니다. 하나님께서 그를 의로운 사람으로 기억하셨다는 말입니다. 하나님께서 의로운 자로 기억하셨으니 그는 가장 귀한 축복을 받은 사람입니다.

하나님은 사람을 지으신 분이고 모든 인생들의 주인이시기 때문에, 하나님이 기억하시는 것이 그 사람에 대한 정확한 평가입니다. 사람의 생각이나 눈은 편협적이라서 사람을 잘못 평가할 수 있습니다. 가끔 세상에 전해지는 이야기를 들어 보면, 판단과 평가를 제대로 하지 못해서 상을 받아야 할 사람이 벌을 받고 벌을 받아야 할 사람이 상을 받는 경우가 종종 있는데, 실수든 고의든 사람들이 하는 일은 그럴 수가 있습니다.

그러나 하나님의 눈과 생각은 한 치의 오차도 없으시기 때문에 모든 사람에 대한 평가가 정확하십니다. 하나님께서 어떤 사람을 악인으로 여기시면 그 사람은 악인이며, 의인으로 여기시면 그는 의로운 사람입니다. 또한 하나님께서 그 사람을 악인으로 여기시면 그는 지옥으로 가고 의인으로 여기시면 천국으로 갑니다. 그러므로 하나님이 우리를 어떤 사람으로 보시느냐 하는 것은 매우 중요한 문제입니다.

우리가 사람들을 만나다 보면 기억하고 싶은 사람이 있는가 하면 기억하고 싶지 않은 사람이 있습니다. 하나님께서도 그렇습니다. 영원토록 기억하고 싶은 사람이 있는가 하면 영원히 기억하고 싶지 않은 사람이 있습니다. 가인 같은 사람은 영원히 기억하고 싶지 않은 사람이었습니다. 그러나 아벨은 영원히 기억하고 싶은 사람 중 한 사람입니다. 하나님께서 기억하고 싶은 사람이라면 복 있는 사람임에 틀림이 없습니다.

하나님이 아벨을 그렇게 기억하고 싶어하시는 이유는 무엇 때문일까요? 돌에 맞아서 죽은 것이 너무 불쌍해서일까요? 그렇지 않습니다. 그는 하나님의 뜻에 따라 살면서 예배의 모범을 보여 주었고, 믿음을 지키다가 순교한 사람으로 불의한 시대에 의로운 사람으로 살았기 때문입니다. 이 지구촌에 수많은 사람들이 살고 있고 또 지금까지 수많은 사람들이 살다가 죽어갔지만 하나님은 결코 아벨을 잊지 않으시고 기억하고 계십니다. 그러므로 그는 불쌍한 사람이 아니라 가장 축복받은 사람 중 한 사람입니다.

우리는 하나님 앞에 의로운 사람으로 기억되어야 합니다. 하나님께 의로운 사람으로 칭함 받는 것보다 더 복된 일은 없습니다. 우리가 의로운 사람으로 여겨질 수 있는 방법은 예수 그리스도를 믿는 믿음으로만 가능합니다. 나를 대신하여 십자가에서 죽임당하신 예수 그리스도를 믿는 믿음으로 세상을 이기며 살 때 의로운 사람으로 여겨집니다. 하나님은 지금까지 내가 어떤 삶을 살았든 개의치 아니하시고 믿음으로 살면 의롭다고 여겨 주십니다. 우리 모두가 아벨처럼 하나님 앞에 의인으로 기억될 수 있기를 바랍니다.

기도

1. 아벨처럼 우리도 모범적인 예배의 사람이 되게 하옵소서.
2. 아벨처럼 우리도 순교 정신으로 사는 사람이 되게 하옵소서.
3. 아벨처럼 우리도 의로운 삶을 사는 사람이 되게 하옵소서.

2

하나님의 VIP 에녹

에녹은 육십오 세에 므두셀라를 낳았고 므두셀라를 낳은 후 삼백 년을 하나님과 동행하며 자녀들을 낳았으며 그는 삼백육십오 세를 살았더라 에녹이 하나님과 동행하더니 하나님이 그를 데려가시므로 세상에 있지 아니하였더라.

창세기 5장 21-24절

22억 원을 내고 점심 한 끼를 먹는다면 믿으시겠습니까? 그것도 여러 사람이 서로 그 돈을 내려고 경쟁을 한다면 믿어지십니까? 그런데 실제로 그런 일이 벌어지고 있습니다. 자선단체인 글라이더 파운데이션이 매년 한 차례씩 워런 버핏과의 점심 식사를 경매에 붙이고 있는데, 지난해에는 무려 210만 달러(약 22억 원)에 낙찰이 되었다고 합니다. 그것도 무려 9명이 입찰에 응했는데 중국인 사업가 조단양 씨에게 식사권이 결정되었습니다. 조단양 씨는 7명의 친구들을 데리고 스테이크하우스에서 워런 버핏과 함께 한 끼 점심 식사를 할 수 있었습니다.

지난 2000년부터 워런 버핏은 매년 자신과의 한 끼 점심 식사를 경매에 붙여서 그 수익금 전액을 노숙자들과 가난한 사람들을 위해 사용해 오고 있습니다. 그 천문학적인 돈을 투자하면서까지 그와 함께 한 끼 점심 식사를 하려는 것은 이 시대에 그가 그만큼 중요한 사람이기 때문입니다. 그는 본래 가난한 집안에서 태어났는데 어릴 때부터 투자하는 것마다 대박을 터뜨리면서 일명 '투자의 귀재'로 불리고 있습니다.

사람들이 그 천문학적인 돈을 내고도 그와 함께 한 끼의 점심 식사를 하려고 하는 것을 볼 때, 그는 분명 이 시대에 최고의 VIP임에 틀림이 없습니다. 그런데 인생의 주인이신 하나님께서 보실 때에도 역시 그가 최고의 VIP인지는 생각해 볼 일입니다. 사람들은 그를 최고의 VIP로 인정하지만 하나님이 보시기에는 그렇지 않을 수 있습니다. 사람들이 인정하고 우러러보는 VIP보다 하나님이 인정하시는 믿음의 VIP가 더 귀하고 복되다고 할 수 있습니다. 오늘 우리는 하나님께서 최고의 VIP로 인정하신 사람 에녹을 만나보려고 합니다. 그는 하나님께서 인정하신 믿음의 VIP입니다. 그가 어떤 사람이었는지 본문을 통해 살펴보도록 하겠습니다.

1. 하나님과 동행하는 사람이었습니다(창 5:21-22)

창세기 5장 21-22절은 "에녹은 육십오 세에 므두셀라를 낳았고 므두셀라를 낳은 후 삼백 년을 하나님과 동행하며 자녀를 낳았으며"라고 말씀합니다. 에녹은 65세에 므두셀라를 낳았는데 그때부터 삼백 년 동안 하나님과 동행하는 삶을 살았다고 성경은 기록하고 있습니다. 그 전에는 그렇게 살지 않았지만 므두셀라를 낳은 후부터 하나님과 동행하는 삶을 살았던 것입니다. 이는 므두셀라를 낳은 것이 그의 인생에 터닝 포인트가 되었다는 말입니다.

하나님을 믿는 사람들의 신앙 간증을 들어보면 모두 다 터닝 포인트가 있습니다. 어떤 사람은 고난을 통해 하나님을 믿게 되었고, 어떤 사람은 질병으로 인해 하나님을 믿게 되었고, 어떤 사람은 사업의 실패로 하나님을 믿게 된 사람들도 있습니다. 전혀 하나님을 믿지 않던 사람이 결정적인 어떤 일로 인해 하나님을 믿게 되었고, 믿음이 깊지 않던 사람이 어떤 계기로 인해 깊은 신앙의 사람으로 변화되었다는 말을 종종 들을 수가 있습니다.

하나님을 믿지 않던 사람이 고난을 통해 하나님을 믿게 되었다면 그 고난은 축복이라고 할 수 있습니다. 사업이 실패하여 하나님을 믿게 되었다면 그 실패 또한 축복이라고 할 수 있습니다. 내가 바른 신앙인이 되도록 동기가 된 그 모든 것은 바로 축복인 것입니다. 에녹이 육십오 세에 므두셀라를 낳고 그때부터 하나님과 동행하는 삶을 살았으니 육십오 세에 낳은 그 므두셀라는 축복의 자녀였습니다.

성경은 에녹이 하나님과 동행하는 삶을 살았다고 했는데 여기서 '동행하다'는 말은 히브리어로 '할라크'입니다. 이는 '친밀한 관계를 유지하다' 혹은 '인격적인 교제를 나누다'의 뜻입니다. 그때나 지금이나 하나님과 친밀한 교제를 나누고, 하나님과 인격적인 교제를 나누는 삶은 너무나 고귀한 삶입니다. 더군다나 에녹이 살던 그 시대는 너무나 죄악이 관영하던 때였고, 사람들의 행위가 악하고 패역한 시대였기 때문에 하나님과 동행한다는 것은 정말 귀하고 아름다운 삶이었다고 할 수 있습니다.

거의 모든 사람들이 하나님을 믿지 않고 하나님을 멀리하는 삶을 살았기 때문에 그들처럼 사는 것이 마치 정상적인 삶처럼 여겨졌습니다. 그에 비해 하나님과 친밀한 관계를 유지하며 사는 에녹의 삶은 마치 비정상적인 것처럼 보였습니다. 그 당시 에녹처럼 산다는 것은 참으로 외로운 삶이었고, 사람들의 따가운 시선을 받아야 하는 삶이었습니다. 그러나 에녹은 조금도 흔들리거나 치우치지 않고 하나님과 동행하는 삶을 살았습니다.

오늘날도 그 시대와 다를 바가 없습니다. 세상과 타협하지 않고 올바른 믿음으로 살아보려고 애를 쓰다 보면 "너만 왜 그렇게 유난을 떠느냐?"는 소리를 들을 수도 있습니다. 그런데 사람들로부터 그런 소리를 듣는다는 것은 바로 내가 그만큼 하나님을 바르게 잘 믿고 있다는 증거가 됩니다. 그러므로 그런 소리를 들을 때 위축되지 말고 오히려 속으로 "앗-싸!" 하고 쾌재를 불러야 합니다. 매순간 에녹처럼 하나님과 동행하는 삶을 사시기 바랍니다.

2. 하나님이 기뻐하신 사람이었습니다(히 11:5-6)

히브리서 11장 5-6절은 "믿음으로 에녹은 죽음을 보지 않고 옮겨졌으니 하나님이 그를 옮기심으로 다시 보이지 아니하였느니라 그는 옮겨지기 전에 하나님을 기쁘게 하는 자라 하는 증거를 받았느니라 ……"고 말씀합니다. 에녹은 하나님과 동행하는 삶을 살다가 죽음을 보지 않고 들림을 받았는데, 그가 들림받기 전 "하나님을 기쁘게 하는 자"라는 증거를 받았습니다. 하나님께서도 그렇게 인정하셨고 사람들도 그렇게 인정했습니다.

그것은 하나님을 믿는 사람에게 있어서 가장 영광스러운 말입니다. 오늘날 만약 에녹의 무덤을 만든다면 그 무덤 앞의 묘비에 틀림없이 "하나님과 동행하며 하나님을 기쁘게 한 사람"이라는 글귀를 쓰게 될 것입니다. 성경이 그렇게 증거하고 있기 때문에 그렇게 쓰는 데 이의를 제기할 사람은 아무도 없을 것입니다. 하나님은 그를 너무 기뻐하셨기에 죽음의 과정을 거치지 않고 그를 데리고 가셨습니다.

당시 사람들은 너무나 악하고 패역한 삶을 살았기 때문에 그들을 바라보시는 하나님의 마음은 괴로우시다 못해 탄식으로 가득하셨습니다. 그런데 에녹의 삶을 바라보며 기뻐하시고 영광을 받으셨습니다. 하나님은 인간이 아니시기 때문에 스트레스를 받는 일이 전혀 없으시겠지만 에녹의 삶을 보시면 모든 스트레스가 다 날아가는 것 같은 상쾌한 기분을 느끼실 수 있었을 것입니다.

오늘을 살고 있는 우리도 에녹처럼 하나님을 기쁘게 할 수 있을까요? 성경은 우리도 하나님을 기쁘게 할 수 있다고 말씀하고 있습니다. "믿음이 없이는 하나님을 기쁘게 하지 못하나니"(히 11:6)라고 했습니다. 이 말을 의역하면, 믿음이 있으면 하나님을 기쁘게 할 수 있다는 말입니다. 하나님이 살아 계신 것을 믿고, 하나님의 뜻대로 사는 자들에게는 상 주시는 이심을 믿을 때 하나님께서 기뻐하신다는 것입니다.

사람들은 자기 자식이 공부 잘하면 기뻐하고, 좋은 대학교에 들어가면 기뻐하고, 좋은 직장에 들어가면 기뻐하고, 좋은 배우자 만나서 결혼하면 기뻐합니다. 그러나 우리 하나님은 그런 것 때문에 기뻐하시지 않습니다. 아무리 공부를 잘해도 믿음이 없으면 기뻐하시지 않습니다. 아무리 좋은 대학교에 들어가고 좋은 직장에 들어가도 믿음이 없으면 기뻐하시지 않습니다. 아무리 좋은 배우자 만나서 결혼을 해도 믿음이 없으면 기뻐하시지 않습니다.

아일랜드의 유명한 극작가였던 버나드 쇼의 묘비에는 다음과 같은 글귀가 새겨져 있습니다. "우물쭈물하다가 내 이렇게 될 줄 알았어." 덧없이 빠르게 지나가는 인생을 우물쭈물 살지 말고 열심히 살라는 것입니다. 평생 독신으로 살던 한 할머니가 죽을 때 장의사에게 자신의 묘비에 "태어나서 처녀로 살다가 처녀로 죽었도다"라고 새겨 달라고 부탁을 했습니다. 할머니가 죽자 장의사는 그녀의 묘비에다 "설마 그럴 리가……"라고 새겼다고 합니다. 우리가 죽으면 묘비에 어떤 글귀가 새겨질까요? 에녹처럼 "하나님과 동행하며 하나님을 기쁘게 한 사람"이라고 새길 수 있기를 바랍니다.

3. 담대하게 전도하는 사람이었습니다(유 1:14-15)

유다서 1장 14-15절은 "아담의 칠대 손 에녹이 이 사람들에 대하여도 예언하여 이르되 보라 주께서 그 수만의 거룩한 자와 함께 임하셨나니 이는 뭇 사람을 심판하사 모든 경건하지 않은 자가 경건하지 않게 행한 모든……"이라고 말씀합니다. 이 말씀을 현대인의 성경에서 찾아보면 "하나님께서 수많은 성도들과 함께 오셔서 경건치 않은 사람들이 제멋대로 행동한 것에 대해 낱낱이 들추어내서 심판하실 것입니다"라고 되어 있습니다.

에녹은 당시에 모든 사람들이 너무나 악하고 패역한 삶을 사는 모습을 보고 견딜 수가 없어서 그렇게 외치고 다닌 것입니다. 사람들이 싫어하는 말을 날마다 외치고 다닌다는 것은 결코 쉬운 일이 아닙니다. 그런데 사람들이 너무나 죄에 깊이 빠져 있어서 좋은 말로 권면해서는 듣지 않기 때문에 어쩔 수 없이 그렇게 외치고 다녔다는 것입니다. 그렇게 외치고 다닐 수 있는 것은 미움받을 각오를 해야 하고, 담대함이 있어야 하고, 더 나아가서 목숨을 걸어야 할 수 있는 일이었습니다. 그것은 어느 시대나 다 똑같습니다.

예수님께서도 그렇게 사람들의 죄를 책망하시다가 십자가에 못 박혀 죽으셨고, 세례 요한도 사람들의 패역함을 지적하고 책망하다가 목 베임을 당하였고, 스데반도 그렇게 패역함을 책망하는 설교를 하다가 돌에 맞아서 순교를 당했습니다. 패역한 사람들의 특징은 자신들의 삶이 얼마나 악하고 부패한지 전혀 깨닫지 못하고 또한 책망하는 메시지를 듣기 싫어한다는 것입니다. 그러므로 죄를 지적하고 책망하는 메시지를 전하는 것은 어느 시대나 쉬운 일이 아닙니다.

하나님의 말씀을 전하는 목회자로서 자괴감과 무력함을 느낄 때가 바로 죄를 지적하고 책망하는 메시지를 담대하게 전하지 못할 때입니다. 하나님의 종이라면 당연히 그렇게 해야 하는데도, 사람의 눈치를 살피고 그들이 시험에 들거나 실족하게 될까봐 그렇게 하지 못합니다. 늘 교인들의 비위를 거스르지 않는 귀에 듣기 좋은 설교를 하려다 보니 자괴감을 느끼고 무력함을 느끼게 되는 것입니다.

교회 안에서만 그런 것이 아닙니다. 교회 밖 세상에서도 그런 무력함을 느끼는 것이 오늘의 현실입니다. 규장문화사에서 출간한 《교회 가기 싫은 77가지 이유》라는 책의 내용을 보면, 세상 사람들이 교회 가기 싫은 이유 중 하나는 바로 노방전도하는 사람들이 보기 싫어서라는 것입니다. 길거리에서 노방전도하는 사람들이 외치는 소리가 바로 "예수 믿으면 천국 가고 예수 안 믿으면 지옥 간다"는 말입니다. 그 소리가 너무 듣기 싫고 거슬리고 기분 나빠서 교회 가기 싫다는 것입니다.

그러고 보면 지금 우리가 살고 있는 이 시대나 옛날 에녹이 살던 그 시대나 조금도 다를 바가 없다는 생각이 듭니다. 그럼에도 불구하고 에녹은 사람들의 시선에 상관없이 열정적인 전도자의 삶을 살았던 것처럼, 오늘 우리도 악하고 패역한 세상을 향해 열정적인 전도자의 삶을 살아야 합니다. 미워하면 미움을 받고, 핍박하면 핍박을 받고, 거부하면 거부를 당하면서 하나님이 기뻐하시는 복음 전도자의 삶을 살아야 합니다. 우리 모두 에녹처럼 전해야 될 말을 바르게 전하는 담대한 전도자로 살아갈 수 있기를 바랍니다.

기도

1. 에녹처럼 우리도 하나님과 동행하는 삶을 살게 하옵소서.
2. 에녹처럼 우리도 하나님을 기쁘게 하는 삶을 살게 하옵소서.
3. 에녹처럼 우리도 열정적인 전도자의 삶을 살게 하옵소서.

3

하나님의 VIP 노아

여호와께서 사람의 죄악이 세상에 가득함과 그의 마음으로 생각하는 모든 계획이 항상 악할 뿐임을 보시고 땅 위에 사람 지으셨음을 한탄하사 마음에 근심하시고 이르시되 내가 창조한 사람을 내가 지면에서 쓸어버리되 사람으로부터 가축과 기는 것과 공중의 새까지 그리하리니 이는 내가 그것들을 지었음을 한탄함이니라 하시니라 그러나 노아는 여호와께 은혜를 입었더라 이것이 노아의 족보니라 노아는 의인이요 당대에 완전한 자라 그는 하나님과 동행하였으며 세 아들을 낳았으니 셈과 함과 야벳이라 그때에 온 땅이 하나님 앞에 부패하여 포악함이 땅에 가득한지라 하나님이 보신즉 땅이 부패하였으니 이는 땅에서 모든 혈육 있는 자의 행위가 부패함이었더라

창세기 6장 5–12절

세상에는 '다수의 법칙'이란 것이 있습니다. 어떤 일을 결정해야 하는데 판단이 서지 않을 때 시선을 사람들에게 돌려서 다른 사람들의 행동을 살펴본 후, 소수의 의견보다는 많은 사람들의 의견이 옳다고 생각하여 자신도 그 다수의 사람들을 따라서 결정을 내리고 행동합니다. 이것을 가리켜서 '다수의 법칙'이라고 하는데 대부분의 사람들이 다수의 법칙을 지지하고 그 법칙에 의해 자신의 의사를 결정하고 살아갑니다.

그런데 성경은 그와 정반대의 다른 이론을 제시하고 있습니다. 아무리 다수의 사람들이 옳다고 하더라도 하나님 보시기에 아니라고 말씀하시면 거부할 줄 알아야 한다는 것입니다. 마태복음 7장 13-14절은 인생의 두 길에 대해 말씀하고 있는데, 한 길은 많은 사람들이 가는 넓은 길이고, 다른 한 길은 좁고 협착해서 가는 사람이 많지 않은 길입니다. 다수의 법칙대로 하면 많은 사람들이 가는 넓은 길로 가야 합니다. 그러나 성경은 넓은 길은 하나님이 원하시는 길이 아니기 때문에 그 길로 가서는 안 된다고 말씀합니다. 바른 신앙의 길은 다수의 법칙이 통하지 않는 남들이 가기 싫어하는 좁은 길입니다.

성경의 인물 중 다수의 법칙을 무시하고 하나님의 법칙에 따라서 산 사람들 중 한 사람이 바로 노아입니다. 그는 당시 모든 사람들이 가는 넓은 길을 거부하고 외로이 하나님께서 원하시는 좁고 협착한 길로 걸어간 사람입니다. 그래서 그는 모든 사람들로부터 완전히 '왕따'를 당했던 사람입니다. 사람들이 손가락질을 하고 수군거려도 하나님께서 인정해 주시면 그것으로 만족하며 묵묵히 믿음을 지킨 사람입니다.

그러한 노아의 신앙과 삶은 수많은 세월이 흐른 지금도 우리의 모범이 되고 있습니다. 믿음의 VIP였던 그의 신앙과 삶을 조명해 보고, 우리의 신앙생활에도 큰 도전이 되기를 바랍니다.

1. 구별된 삶으로 은혜를 입은 사람입니다(창 6:8)

창세기 6장 7-8절은 "이르시되 내가 창조한 사람을 내가 지면에서 쓸어버리되 사람으로부터 가축과 기는 것과 공중의 새까지 그리하리니 이는 내가 그것들을 지었음을 한탄함이니라 하시니라 그러나 노아는 여호와께 은혜를 입었더라"라고 말씀합니다. 당시 사람들의 삶은 하나님께서 한탄하실 정도로 타락하고 패역했습니다. 하나님이 보시기에 심히 좋았던 인간의 모습은 다 사라지고 하나님이 탄식하실 정도로 그 마음의 생각과 계획이 부패하였습니다.

그런데 노아의 모습은 달랐습니다. 모든 사람들이 자기 생각을 좇아서 살 때 노아는 하나님의 말씀을 좇아서 살았고, 모든 사람들이 패역한 삶을 살 때 노아는 거룩하고 경건한 삶을 살았습니다. 모든 사람들이 죄악된 길로 행할 때 노아는 하나님과 동행하려고 애를 썼습니다. 그런 노아의 모습은 하나님의 시선을 집중시키기에 충분했습니다. 하나님은 땅 위에 거하는 생명 있는 모든 존재들을 쓸어버리시기로 작정하셨지만 노아만큼은 살리시기로 결심하셨습니다. 그래서 노아는 하나님께 은혜를 입은 자입니다.

노아는 한마디로 구별된 삶을 살았습니다. 검은 천에 흰색 페인트가 한 방울 떨어지면 선명하게 표시가 나듯이 노아의 삶이 그랬습니다. 그는 다른 모든 사람들이 행하는 길로 치우치지 않고 하나님 중심의 믿음을 지켰습니다. 다른 사람들이 그를 바라볼 때 그는 유별난 삶을 사는 사람이었습니다. 그러나 사람들의 시선과 손가락질에 상관없이 많은 사람들이 걸어가는 패역한 삶에 휩쓸리지 않고 영적으로 깨끗한 삶을 살았기 때문에 하나님의 주목을 받을 수 있었고 은혜를 입을 수 있었던 것입니다.

예수님께서는, 마지막 때는 노아의 시대와 같다고 말씀하셨습니다. 노아의 시대는 사람들이 하나님을 외면한 채 자기 생각대로만 행하고, 온통 육신의 정욕과 안목의 정욕과 이생의 자랑만을 좇아서 살았습니다. 지금 이 시대를 사는 사람들도 아무렇지 않게 죄를 짓고 악을 행하며 살고 있습니다. 예수님께서는 이런 시대를 가리켜서 노아의 때와 같다고 표현하셨는데 이는 너무나도 당연한 말씀인 것 같습니다.

이토록 악한 시대를 살고 있는 우리에게 요구되는 것이 바로 구별된 삶입니다. 그러므로 모든 사람들이 가는 길이라고 덩달아 따라가지 말고, 가서는 안 되는 길이라면 절대로 가지 말아야 합니다. 노아처럼 마치 검은 천에 흰색 페인트가 한 방울 떨어지면 확연하게 구별되는 것처럼 그렇게 구별된 삶을 살아야 하는 것입니다. 사람들로부터 좀 유별나다는 소리를 들을 수 있을 정도로 구별된 삶을 살아야 합니다.

그런데 안타깝게도 우리가 다 아는 바대로 오늘날 그리스도인들은 그렇게 세상과 구별된 삶을 살지 못하고 있습니다. 악하고 패역한 세상을 향해 긍정도 부정도 아닌 적당히 타협하는 삶을 살고 있습니다.

그리스도인으로서 거룩한 삶의 모습이 있어야 하는데 그 모습을 찾아볼 수가 없는 것이 현실입니다. 모든 사람들이 세상이 패역하다고 말하는 이때에 세상이 패역할수록 우리의 삶이 더욱 빛을 발할 수 있도록 구별된 삶을 살아야 할 것입니다.

2. 순종의 삶으로 구원을 받은 사람입니다(창 7:23)

창세기 7장 23절은 "지면의 모든 생물을 쓸어버리시니 곧 사람과 가축과 기는 것과 공중의 새까지라 이들은 땅에서 쓸어버림을 당하였으되 오직 노아와 그와 함께 방주에 있던 자들만 남았더라"라고 말씀합니다. 하나님께서 홍수로 세상을 심판하실 때 땅 위에 생명을 가진 모든 존재들은 다 심판을 받았습니다. 그런데 하나님의 말씀에 순종하는 삶을 살았던 노아와 그 가족들은 구원을 받았습니다. 그가 심판을 면하고 구원을 받을 수 있었던 것은 순종의 결과였습니다.

노아의 삶을 한마디로 말하면 '순종의 삶'이었습니다. 하나님께서 홍수로 세상을 심판할 것이니 방주를 지으라고 말씀하셨을 때 그는 그 말씀대로 순종하여 120년 동안 방주를 지었습니다. 그리고 가족을 데리고 방주로 들어가라고 말씀하셨을 때, 비가 올 징조가 전혀 보이지 않았지만 순종하여 방주 안으로 들어갔습니다. 홍수가 다 그친 후에도 자기 마음대로 나오지 않고 하나님께서 나오라고 말씀하셨을 때 순종하여 방주 밖으로 나왔습니다.

다른 사람들이 볼 때 그의 삶은 바보스러울 정도로 하나님 말씀만 따라서 행동을 했고, 자기 생각이나 분별력이 전혀 없는 사람 같아 보였습니다. 그런데 그렇게 하나님의 말씀에 온전히 순종한 결과 세상 모든 사람들이 다 심판을 당할 때 그와 그의 가족만은 구원을 받았습니다. 사람들의 눈에는 너무 바보스러워 보였지만, 하나님께서 세상을 심판하실 때 그는 가장 복 있는 사람이 되었습니다.

이는 노아에게만 적용되는 말씀이 아니고 앞으로 하나님이 세상을 심판하시는 날에도 그러할 것입니다. 세상의 눈에는 노아처럼 바보스러워 보여도 묵묵히 하나님의 말씀에 순종하는 사람이 결국 복된 사람이 될 것입니다.

여기서 한 가지 질문을 드리겠습니다. 문제가 우스워 보이지만 결코 가볍게 웃어넘길 수만은 없는 깊은 의미가 담겨져 있는 질문입니다. "아버지께서 심부름을 시켰습니다. 이 심부름은 꼭 해야만 합니다. 어떻게 반응하는 것이 가장 지혜로운 태도일까요? 첫째, 좋은 말로 할 때 한다. 둘째, 조금 얻어맞고 한다. 셋째, 많이 얻어맞고 한다. 넷째, 계속 버티다가 끝내 쫓겨난다." 이 네 가지 중 당신은 하나님 앞에 어떤 모습으로 살고 계십니까? 물론 첫 번째가 가장 지혜로운 태도입니다.

그런데 우리는 실제로 첫 번째와 같이 살고 있지 않습니다. 두 번째와 같이 살아가는 경우가 대부분이고, 간혹 어떤 사람은 세 번째와 같이 살아갑니다. 신앙 간증을 듣다 보면 세 번째와 같은 사람들이라는 생각을 하게 됩니다. 좋게 말씀하실 때 순종하지 않고 많이 얻어맞고서야 어쩔 수 없이 하나님께로 돌아온 사람들이 너무 많습니다. 그런 사람들이 한결같이 하는 말은 "진작에 하나님을 믿을 걸!" 하는 말입니다.

노아가 첫 번째에 해당되는 사람이었다면, 당시 모든 사람들은 네 번째에 해당하는 사람들이었습니다. 하나님이 그렇게도 오랜 세월 동안 기회를 주시면서 돌아오라고 말씀하시고 애원하셨지만 돌아오지 않고 끝까지 버티다가 결국 심판을 면하지 못했던 것처럼 앞으로 종말의 때도 그와 똑같을 것입니다.

하나님은 계속해서 자기 종들을 통해 세상 사람들을 향해 외치십니다. 이제 그만 자신의 죄를 회개하고 그분의 품으로 돌아오기를 간절히 바라며 오래 참고 기다리고 계십니다. 그러나 세상의 수많은 사람들은 여전히 목을 곧게 하고 자기 주장만을 옳다고 내세우며 도무지 돌아오려고 하지를 않습니다. 이제 우리도 세상의 시선에 상관없이 노아처럼 바보스러울 정도로 하나님 말씀에 순종하는 삶을 살아야 구원의 길에 들어설 수 있을 것입니다.

3. 예배의 삶으로 축복을 받은 사람입니다(창 8:20)

창세기 8장 20-21절은 "노아가 여호와께 제단을 쌓고 모든 정결한 짐승과 모든 정결한 새 중에서 제물을 취하여 번제로 제단에 드렸더니 여호와께서 그 향기를 받으시고……"라고 말씀합니다. 홍수가 그치고 방주에서 나온 노아가 가장 먼저 한 일은 바로 하나님께 제단을 쌓고 번제를 드린 일입니다. 그가 방주에서 나온 후 가장 먼저 제단을 쌓았다는 것은 그가 얼마나 예배를 중요시하는 사람이었는가를 보여 줍니다.

그가 방주 안에 머물러 있었던 기간은 약 5개월 가량 됩니다. 그가 방주 안에 머물러 있는 동안 온 세상에는 천지개벽할 일들이 벌어졌습니다. 생명 있는 모든 존재들은 다 홍수로 심판을 받고 죽임을 당했습니다. 하나님이 심판을 말씀하셨지만 그렇게도 무섭게, 철저하게 심판하실 줄은 노아도 미처 몰랐을 것입니다. 자기 가족만이 살아남은 것이 믿기지 않을 정도로 세상은 다 하나님의 심판을 받고 멸망당한 것입니다.

그런 상황에서 방주에서 나온 노아가 할 일은 참으로 많았을 것입니다. 자신이 살던 집도 가보고 싶었을 것이고, 또 자기 일가친척들은 어찌 되었는지 궁금해서 달려갈 수도 있었을 것입니다. 그런데 그는 다른 모든 일보다 먼저 하나님을 위해 제단을 쌓고 정성껏 번제를 드렸습니다. 하나님께 번제드리는 것보다 더 급하고 중요한 일은 없다고 생각했던 것입니다. 그렇게 번제를 드렸을 때 하나님께서 그 향기를 흠향하시고 노아와 그 아들들에게 복을 내려 주셨습니다(창 9:1). 노아의 신앙은 예배를 귀하게 여기는 신앙이었습니다.

세상 모든 사람들의 소망은 복된 삶을 누리는 것이고, 더 나아가서 자기 자녀들이 복을 받고 잘되기를 바라는 것입니다. 세계 모든 나라들 중에서 가장 복을 사모하는 민족이 바로 우리 한국 사람들이라고 해도 과언이 아닐 것입니다. 한 해를 시작하는 정월 초하룻날이면 그 추운 날씨에도 불구하고 동해안을 찾아가고, 지리산 꼭대기를 찾아가고, 태백산 꼭대기를 찾아가서 두 손을 모아 간절히 소원을 빌고, 복을 받기 위해 정성을 다하는 모습을 곳곳에서 볼 수 있습니다.

그런 모습을 보고 있노라면 우리나라 사람들은 그렇게도 복 받기를 사모하면서도 복 받는 방법을 잘 모르는 우매한 민족이라는 생각도 하게 됩니다. 복은 그렇게 해서 받을 수 있는 것이 아니라 하나님께 예배드릴 때 받을 수 있습니다. 왜냐하면 우리 하나님은 천지와 만물을 지으신 창조주이시고, 우리가 사모하는 모든 복을 내려주시는 만복의 근원이시기 때문입니다. 그러므로 정말 복을 받고자 한다면 만복의 근원이신 하나님 앞에 예배를 잘 드려야 합니다.

하나님께 예배드리는 것보다 복 받을 수 있는 더 좋은 방법은 없습니다. 왜냐하면 하나님의 형상대로 지음받은 우리가 예배를 드릴 때 하나님께서 크게 기뻐하시기 때문입니다. 정성을 다해 예배드림으로 하나님을 기쁘게 하면 하나님은 하늘 문을 활짝 여시고 영육 간에 필요한 모든 은혜와 복을 부어 주십니다. 다른 어떤 일도 예배드리는 일보다 더 우선해서는 안 됩니다. 노아처럼 정성껏 예배드리는 삶을 살아서 우리뿐만 아니라 자손 대대로 복된 삶을 살아갈 수 있기를 바랍니다.

기도

1. 우리도 노아처럼 구별된 삶으로 은혜 입는 자들이 되게 하옵소서.
2. 우리도 노아처럼 순종하는 삶으로 구원받는 자들이 되게 하옵소서.
3. 우리도 노아처럼 예배하는 삶으로 축복받는 사람들이 되게 하옵소서.

4

하나님의 VIP 아브라함 1

여호와께서 아브람에게 이르시되 너는 너의 고향과 친척과 아버지의 집을 떠나 내가 네게 보여 줄 땅으로 가라 내가 너로 큰 민족을 이루고 네게 복을 주어 네 이름을 창대하게 하리니 너는 복이 될지라 너를 축복하는 자에게는 내가 복을 내리고 너를 저주하는 자에게는 내가 저주하리니 땅의 모든 족속이 너로 말미암아 복을 얻을 것이라 하신지라 이에 아브람이 여호와의 말씀을 따라갔고 롯도 그와 함께 갔으며 아브람이 하란을 떠날 때에 칠십오 세였더라 아브람이 그의 아내 사래와 조카 롯과 하란에서 모은 모든 소유와 얻은 사람들을 이끌고 가나안 땅으로 가려고 떠나서 마침내 가나안 땅에 들어갔더라 아브람이 그 땅을 지나 세겜 땅 모레 상수리나무에 이르니 그때에 가나안 사람이 그 땅에 거주하였더라 여호와께서 아브람에게 나타나 이르시되 내가 이 땅을 네 자손에게 주리라 하신지라 자기에게 나타나신 여호와께 그가 그곳에서 제단을 쌓고 거기서 벧엘 동쪽 산으로 옮겨 장막을 치니 서쪽은 벧엘이요 동쪽은 아이라 그가 그곳에서 여호와께 제단을 쌓고 여호와의 이름을 부르더니 점점 남방으로 옮겨갔더라.

창세기 12장 1–9절

우리나라 사람 중에 국제적으로 가장 높은 지위에 오른 사람은 아마 반기문 유엔 사무총장이 아닐까 생각합니다. 그는 2007년 1월 1일에 제8대 유엔 사무총장으로 선출이 되어서 현재까지 그 직무를 수행하고 있습니다. 그는 세계 어느 나라를 가든지 국가 원수에 준하는 예우를 받는 세계적인 지도자입니다. 오바마가 미국의 대통령이고 이명박 씨가 대한민국의 대통령이라면 반기문 유엔 사무총장은 전세계의 대통령이라고 할 수 있습니다.

도서출판 무한에서 출간된 《워런 버핏처럼 부자 되고 반기문처럼 성공하라》는 책의 내용을 보면, 가난한 집안에서 태어난 워런 버핏이 어떻게 세계 최고의 부자가 될 수 있었으며, 충북 음성 시골 동네에서 태어난 반기문 씨가 어떻게 세계 최고의 지도자가 될 수 있었는지 그 비결을 소상하게 소개하고 있습니다. 워런 버핏이 세계 최고의 부자라면 반기문 사무총장은 세계 최고의 지도자입니다. 우리나라 사람이 유엔 사무총장이 되었다는 것은 그의 개인적으로나 국가적으로도 큰 자부심을 가질 만한 일입니다.

어느 누가 보아도 반기문 유엔 사무총장은 분명히 최고로 성공한 사람이고 세계 최고의 VIP임에 틀림이 없습니다. 그런데 하나님의 시각으로 바라볼 때는 그렇지 않다는 데 안타까움이 있습니다. 그는 세계적인 VIP라고 할 수는 있지만 독실한 불교 신자이기 때문에 하나님의 VIP는 될 수 없습니다. 그가 만약 하나님을 믿는 사람이라면 세상 사람들이 우러러보는 VIP요, 하나님의 VIP도 되었을 것입니다.

세상 사람들이 우러러보는 VIP보다 하나님이 인정하시는 믿음의

VIP가 더 존귀한 사람입니다. 하나님이 인정하시는 믿음의 VIP였던 아브라함에 대해 살펴보도록 하겠습니다.

1. 황혼에 부름받은 사람입니다(창 12:1-3)

창세기 12장 1절은 "여호와께서 아브람에게 이르시되 너는 너의 고향과 친척과 아버지의 집을 떠나 내가 네게 보여 줄 땅으로 가라"고 말씀합니다. 하나님께서는 아브라함에게 중요한 사명을 맡기시기 위해 그를 부르셨습니다. 그가 부름을 받을 때 그의 나이는 칠십오 세였습니다. 그때나 지금이나 나이 칠십오 세면 노인이요 인생의 황혼기에 접어들어서 앞으로 살 날이 얼마 남지 않은 사람인데 하나님께서 그런 그를 부르셨습니다.

성경을 보면 하나님은 각 시대마다 사명자로 쓰시기 위해 사람들을 부르고 계시는데, 그때마다 참으로 다양한 직종의 사람들을 부르십니다. 모세나 다윗처럼 양을 치던 목동을 부르기도 하셨고, 엘리사처럼 농사짓는 농부를 부르기도 하셨으며, 베드로처럼 고기 잡는 어부를 부르기도 하셨습니다. 또 마태처럼 세관에 근무하는 공무원을 부르기도 하셨고, 심지어는 바울처럼 하나님의 일을 훼방하고 핍박하는 사람을 부르기도 하셨습니다. 하나님은 당신의 사명을 맡기시기 위해 그렇게 다양한 사람들을 부르셨습니다.

직업만 다양한 것이 아니고 부름받은 사람들의 연령도 다양합니다. 삼손이나 예레미야는 모태에 있을 때 부름을 받았고, 사무엘은 어린

아이 때에 부름을 받았으며, 다니엘은 청년의 때에 부름을 받았습니다. 그리고 장년의 때에 부름받은 사람도 있고, 아브라함처럼 노년의 때에 부름받은 사람도 있습니다. 아브라함은 인생의 황혼기에 부름을 받았지만 그 누구보다도 큰 사명을 잘 감당한 사람입니다.

세상에서 모든 것들은 다 절정기가 있습니다. 밤하늘의 달은 가장 밝은 빛을 내는 보름달이 절정기이고, 각양 아름다운 꽃들은 활짝 피어 만개했을 때가 절정기이며, 과수나무에 달린 과일은 맛있게 잘 익어서 수확할 때가 절정기이고, 사업을 하는 사람들은 장사가 잘돼서 매상이 늘어날 때가 절정기입니다. 아무리 예쁜 꽃이라도 피기도 전에 지면 소용이 없고, 아무리 맛있는 과일이라도 영글기 전에 떨어지면 소용이 없습니다.

그렇다면 인생의 절정기는 언제일까요? 어떤 사람들은 이십대 때가 인생의 절정기라고 말합니다. 어떤 사람들은 결혼해서 자녀를 낳고 단란한 가정을 꾸릴 때가 인생의 절정기라고 말합니다. 또 어떤 사람들은 자식들을 다 키워서 출가시키고 부부가 나란히 여행도 좀 다니면서 삶의 여유를 즐길 때가 자기 인생의 절정기라고 말합니다. 사회학적인 측면에서 볼 때는 그 말이 다 맞는 말일 수도 있습니다. 그런데 하나님의 관점에서 볼 때는 맞지 않는 말입니다.

인생의 절정기는 바로 하나님의 일을 하기 위해 쓰임받을 때입니다. 어릴 때 하나님의 영광을 위해서 쓰임받는다면 그 사람은 어릴 때가 자기 인생의 절정기입니다. 청년의 때에 하나님의 영광을 위해 쓰임받는다면 그 사람은 청년의 때가 자기 인생의 절정기입니다. 노년의 때에 하나님의 영광을 위해서 쓰임받는다면 그 사람은 노년의 때가 바로 자기 인생의 절정기입니다. 아브라함의 인생은 하나님의 부르심을 받은 칠십오 세부터가 절정기였습니다. 우리도 지금 이 순간이 바로 하나님께 쓰임받는 인생의 절정기가 되기를 바랍니다.

2. 믿음으로 순종한 사람입니다(창 12:4-6)

창세기 12장 4절은 "이에 아브람이 여호와의 말씀을 따라갔고 롯도 그와 함께 갔으며 아브람이 하란을 떠날 때에 칠십오 세였더라"고 말씀합니다. 하나님께서 아브람에게 말씀하신 것이 세 가지였는데 본토, 친척, 아비 집을 떠나라는 것이었습니다. 그것은 참으로 순종하기 어려운 명령이었습니다. 인생의 마지막을 준비해야 하는 나이에 본토, 친척, 아비 집을 떠난다는 것은 결코 쉬운 일이 아니었습니다.

더군다나 하나님은 그에게 본토, 친척, 아비 집을 떠나라고만 하셨지 어디로 가라고 방향을 제시해 주지는 않으셨습니다. 그는 하나님이 떠나라고 하시니까 떠나기는 하겠지만 어디로 떠나야 할지를 모르기 때문에 순종하지 않을 구실을 찾을 수도 있습니다. 그런데 아브람은 하나님의 말씀을 따라서 떠났다는 것입니다. 참으로 대단한 믿음입니다. 말씀을 따라서 갔다는 것은 곧 믿음으로 떠나면 하나님께서 인도하실 줄을 믿고 떠났다는 것을 의미합니다.

칠십오 세나 된 노인 아브람에게 본토, 친척, 아비 집을 떠나라고 말씀하시는 하나님도 대단하시지만, 그 말씀에 순종해서 본토, 친척, 아비 집을 떠나는 아브람도 대단한 사람입니다. 부담스러운 말씀이 주어질 때 어떻게 반응하느냐를 보면 그 사람의 믿음을 알 수가 있는데, 아브람은 그 부담스러운 말씀 앞에 믿음으로 순종했습니다. 그러한 아브람의 믿음은 하나님의 마음을 사로잡고 감동시키기에 충분했습니다.

유대인들은 예전부터 지금까지 가나안 땅을 지키기 위해 목숨을 걸고 있습니다. 왜냐하면 그 땅은 그들의 조상 아브람이 본토, 친척, 아비 집을 포기하고 떠났을 때 하나님께서 주신 땅이기 때문입니다. 아브람이 하나님의 말씀에 순종하기 위해 '삼중 포기'(본토, 친척, 아비 집)를 했더니 하나님께서는 그에게 '삼중 축복'(땅, 후손, 재물)을 주셨습니다. 소중한 것을 포기한 만큼 소중한 것을 축복으로 주셨습니다.

하나님의 말씀은 절대로 헛됨이 없고 거저가 없습니다. 하나님을 위해서 포기하는 만큼 채워 주시고 순종하는 만큼 축복해 주십니다. 소중한 것을 포기하면 소중한 것으로 채워 주시고, 작은 것을 포기하면 작은 것으로 갚아 주시고, 큰 것을 포기하면 큰 것으로 갚아 주십니다. 우리가 하나님을 위해서 포기하고 순종하는 만큼 하나님은 우리에게 새로운 것으로 축복해 주십니다. 하나님을 위해서 아무것도 포기하지 않고 아무것도 순종하지 않으면서 축복해 주시기를 바라는 것은 잘못된 태도입니다.

성경에는 수많은 기적과 이적의 말씀이 기록되어 있는데 그것은 다 믿음으로 순종한 결과 일어난 일들이었습니다. 순종하는 곳에 기적이 있었고 순종하는 곳에 하나님의 축복이 있었습니다. 지금까지 신앙생활을 해오면서 단 한번도 하나님의 역사를 체험한 적이 없다면 이는 한번도 하나님을 위해서 포기한 것이 없거나 순종한 것이 없기 때문입니다. 아브람처럼 소중한 것을 포기하고 순종해서 하나님이 채워 주시는 축복을 받으실 수 있기를 바랍니다.

3. 하나님께 예배한 사람입니다(창 12:7-8)

창세기 12장 7-8절은 "여호와께서 아브람에게 나타나 이르시되 내가 이 땅을 네 자손에게 주리라 하신지라 자기에게 나타나신 여호와께 그가 그곳에서 제단을 쌓고……"라고 말씀합니다. 아브람이 하나님의 말씀을 좇아서 갔더니 하나님께서 그를 가나안 땅으로 인도하셨습니다. 그가 가나안 땅에 도착해서 가장 먼저 행한 일은 바로 여호와를 위해 제단을 쌓고 번제를 드리는 일이었습니다. 그것은 바로 하나님께 번제드리는 것이 그의 삶에 있어서 가장 우선순위였음을 말해 주는 것입니다.

아브람이 가나안 땅에 도착했을 때 그곳은 황량하기 그지없는 곳이었습니다. 그곳에서 살아갈 계획을 세워야 하고, 거처할 집도 지어야 하고, 그야말로 서둘러 해야 할 일이 한두 가지가 아니었습니다. 그런데 아브람은 다른 어떤 일보다도 하나님을 위해서 번제드리는 일을 먼저 했습니다. 그것은 어디서 배우거나 훈련을 받아서 된 것이 아니고 그렇게 하는 것이 당연한 것인 줄 알고 그렇게 한 것입니다.

그렇게 하나님을 위해 번제드리는 그의 모습은 하나님의 마음을 감동시키기에 충분했습니다. 갈 바를 알지 못한 채 말씀을 따라서 가는 그의 모습과, 다른 모든 일보다 우선순위로 번제드리는 그의 모습은 하나님의 마음을 사로잡기에 충분했습니다. 하나님의 마음을 사로잡고 감동시키는 방법으로 말씀에 순종하고 예배드리는 것보다 더 좋은 방법은 없습니다. 그것은 예나 지금이나 변함없을 것이고 앞으로도 그럴 것입니다.

사람들마다 무엇이 삶의 우선순위인지는 그 사람이 행하는 일을 보면 알 수가 있습니다. 예배드리는 것보다 공부하는 것을 더 앞세우면 공부하는 것이 그 사람의 우선순위이고, 데이트하는 것을 예배드리는 것보다 더 앞세우면 데이트하는 것이 그 사람의 우선순위입니다. 또 골프 치는 것을 예배드리는 것보다 더 앞세우면 골프 치는 것이 그 사람의 우선순위이고, 사업하는 것을 예배드리는 것보다 더 앞세우면 사업이 그 사람의 우선순위입니다.

사람의 입장에서 생각하면 얼마든지 그럴 수 있고, 특히나 경쟁이 치열하고 복잡한 세상을 살면서 충분히 그럴 수 있다 여겨집니다. 그런데 하나님은 우리의 모든 삶에서 우선순위를 빼앗기는 것을 싫어하십니다. 하나님은 언제나 우리의 최고가 되셔야 하고 삶의 가장 우선순위가 되셔야 합니다. 왜냐하면 하나님은 우리를 지으신 창조주이시고, 우리를 죄와 사망에서 구원해 주신 분이기 때문입니다.

예배를 영어로 'worship' 혹은 'service'라고 합니다. 예배는 피조물인 인간이 창조주 하나님께 서비스해 드리는 것입니다. 우리가 레스토랑에 식사를 하러 갔을 때 좋은 서비스를 받으면 매우 기분이 좋은 것처럼, 우리가 하나님을 잘 예배해 드리면 하나님의 기분이 좋으시고, 하나님께서 기분이 좋으시면 하늘 문을 열고 우리를 축복해 주십니다. 그러므로 예배드리는 것은 하나님을 기쁘게 하고 내가 복을 받는 믿음의 최고 행위라고 할 수 있습니다. 아브람처럼 우리 모두 하나님께 예배드리는 것이 삶의 우선순위가 되기를 바랍니다.

기도

1. 우리도 아브람처럼 하나님께 쓰임받는 사람들이 되게 하옵소서.
2. 우리도 아브람처럼 하나님의 말씀에 순종하는 사람들이 되게 하옵소서.
3. 우리도 아브람처럼 예배드리는 것이 삶의 우선순위가 되게 하옵소서.

5

하나님의 VIP 아브라함 2

아브람이 애굽에서 그와 그의 아내와 모든 소유와 롯과 함께 네게브로 올라가니 아브람에게 가축과 은과 금이 풍부하였더라 그가 네게브에서부터 길을 떠나 벧엘에 이르며 벧엘과 아이 사이 곧 전에 장막 쳤던 곳에 이르니 그가 처음으로 제단을 쌓은 곳이라 그가 거기서 여호와의 이름을 불렀더라 아브람의 일행 롯도 양과 소와 장막이 있으므로 그 땅이 그들이 동거하기에 넉넉하지 못하였으니 이는 그들의 소유가 많아서 동거할 수 없었음이니라 그러므로 아브람의 가축의 목자와 롯의 가축의 목자가 서로 다투고 또 가나안 사람과 브리스 사람도 그 땅에 거주하였는지라 아브람이 롯에게 이르되 우리는 한 친족이라 나나 너나 내 목자나 네 목자나 서로 다투게 하지 말자 네 앞에 온 땅이 있지 아니하냐 나를 떠나가라 네가 좌하면 나는 우하고 네가 우하면 나는 좌하리라 이에 롯이 눈을 들어 요단 지역을 바라본즉 소알까지 온 땅에 물이 넉넉하니 여호와께서 소돔과 고모라를 멸하시기 전였으므로 여호와의 동산 같고 애굽 땅과 같았더라 그러므로 롯이 요단 온 지역을 택하고 동으로 옮기니 그들이 서로 떠난지라 아브람은 가나안 땅에 거주하였고 롯은 그 지역의 도시들에 머무르며 그 장막을 옮겨 소돔까지 이르렀더라 소돔 사람은 여호와 앞에 악하며 큰 죄인이었더라

창세기 13장 1–13절

얼마 전 〈LA타임즈〉에 보도된 내용 중에 "한반도에서 북한 김정일 국방위원장 다음으로 유명한 사람은 배용준이다"라는 기사가 실렸습니다. 일본에서 우리나라 영화배우인 배용준 씨에 대한 인기가 식을 줄 모르고 있습니다. 배용준 열풍이 이제는 배용준 광풍으로 바뀌고 있습니다. 그가 나타나는 곳은 어디든지 열광하는 일본 팬들로 인해 교통이 마비되는 상황이 벌어지고 있습니다.

세계 방송 중에 가장 콧대가 높기로 유명한 일본 국영 TV인 NHK도 배용준 씨가 일본 공항에 도착하는 장면부터 차를 타고 이동하는 장면을 생중계로 내보낼 정도입니다. 그가 일본에 입국해서 공항을 빠져나가고 나면 실신해서 쓰러지는 일본 여성들이 속출하기도 합니다. 그를 좋아하는 일본 팬들은 특정 연령층만이 아니고 20-80대에 이르는 전 일본 여성들이라고 합니다.

경제 관련 연구소들은 배용준 씨가 일본과 한국에 끼친 경제적 파급 효과는 약 3조 원에 이를 것으로 내다보고 있습니다. 그는 단순한 연예인 중 한 사람이 아니라 '걸어다니는 거대한 기업'이라고 할 수 있습니다. 누가 뭐라고 해도 그는 최고의 VIP임에 틀림이 없습니다. 그런데 하나님 보시기에는 전혀 그렇지 않다는 것입니다. 그는 하나님을 믿는 사람이 아니기 때문에 하나님이 보시기에 VIP가 될 수 없습니다. 사람들이 귀하게 여기는 VIP보다 하나님이 귀하게 여기시는 VIP가 되어야 합니다.

아브라함은 사람들이 보기에도 최고의 VIP였고, 하나님이 보시기에도 최고의 VIP였습니다. 오늘도 본문을 통해 믿음의 VIP였던 아브라함에 대해 살펴보도록 하겠습니다.

1. 믿음으로 양보한 사람입니다(창 13:8-9)

창세기 13장 8-9절은 "아브람이 롯에게 이르되 우리는 한 친족이라 나나 너나 내 목자나 네 목자나 서로 다투게 말자 네 앞에 온 땅이 있지 아니하냐 네가 좌하면 나는 우하고 네가 우하면 나는 좌하리라"고 말씀합니다. 이 말씀은 아브람이 자신의 종들과 조카 롯의 종들이 서로 다투는 모습을 보고 먼저 양보하는 내용입니다. 삼촌과 조카 사이에 서로 다투는 것이 좋지 않으므로 아브람이 먼저 모든 것을 양보하기로 한 것입니다.

아브람이 조카 롯을 불러서 먼저 마음에 드는 곳을 선택해서 가도록 했습니다. 우선권을 양보하는 아브람의 모습 속에서 그의 성숙한 신앙 인격을 엿볼 수 있습니다. 이권 때문에 서로 다툼이 벌어질 때 먼저 양보하는 사람이 신앙이 성숙한 사람입니다. 손해 보지 않으려고 언성을 높이며 싸우는 사람은 신앙이 성숙하지 못한 사람입니다. 서로 다투고 싸우는 것은 신앙 인격이 성숙하지 못해서 그런 것입니다.

아브람이 먼저 양보하자 롯은 기다렸다는 듯이 자신의 마음에 드는 지역을 선택해서 떠나갔습니다. 그런 롯을 볼 때 아브람의 마음은 서운하다 못해 아주 괘씸한 생각이 들 수도 있습니다. 그동안 누구 때문에 재산이 많아졌고, 누구 때문에 먹고 살 만하게 되었는데 그렇게 쉽게 좋은 땅을 차지하여 떠날 수 있느냐고 생각할 수도 있습니다. 누가 보더라도 롯의 행동은 옳지 않게 보입니다. 양심이 있는 사람이라면 그렇게 행동할 수 없는 것입니다. 겉으로 표현은 안 했지만 아브람의 마음속에 섭섭한 생각이 들지 않을 수가 없었을 것입니다.

그렇게 허전하고 섭섭한 마음을 달래고 있던 아브람에게 하나님께서 나타나셨습니다. 그리고 눈을 들어서 동서남북을 바라보게 하셨고, 그가 바라본 그 모든 땅을 그의 후손들에게 기업으로 주시겠다고 약속하셨습니다. 그것은 아브람이 전혀 생각지도 않았던 일입니다. 그런데 하나님은 그가 조카에게 자기 권리를 양보하는 아름다운 모습을 귀하게 보시고 그렇게 위로하시며 더 좋은 것으로 축복해 주셨던 것입니다.

롯이 선택해서 간 곳은 누가 보아도 살기 좋은 땅이었지만, 그 부요함 때문에 점점 더 타락하여 하나님의 심판으로 멸망하고 말았습니다. 그러나 아브람에게 약속해 주신 그 땅은 하나님의 기업이 되었고, 그의 후손들이 뿌리를 내리고 살 수 있는 젖과 꿀이 흐르는 땅이 되었습니다. 사람이 보기에 아무리 좋아 보이는 곳이라도 하나님이 함께하시지 않으면 아무것도 보장될 수 없습니다. 그러나 별것 아닌 것처럼 보여도 하나님이 축복해 주시면 오히려 더 좋은 곳이 될 수 있습니다.

양보하는 것은 아름다운 미덕이기 때문에 칭찬을 받아 마땅합니다. 아브람처럼 자기 권리를 포기하고, 손해를 감수하면서까지 믿음으로 좋은 것을 양보하면 반드시 하나님께서 보상해 주십니다. 사람은 처음보다 나중이 더 잘되어야 하고, 오늘보다 내일이 더 잘되어야 하는

데 나중이 더 잘되는 비결은 바로 양보하는 것입니다. 왜냐하면 믿음으로 양보하는 것은 좋은 땅에다 좋은 씨앗을 심는 것과 같기 때문입니다. 기회 있을 때마다 아브람처럼 양보의 씨앗을 많이 심어서 나중이 더 잘되는 축복을 받으시기 바랍니다.

2. 십일조를 바치는 사람입니다(창 14:17-20)

창세기 14장 20절은 "너희 대적을 네 손에 붙이신 지극히 높으신 하나님을 찬송할지로다 하매 아브람이 그 얻은 것에서 십분의 일을 멜기세덱에게 주었더라"고 말씀합니다. 아브람이 적국의 왕들에게 붙잡혀 갔던 조카 롯을 구해 오던 길에 획득한 전리품들 중에서 십분의 일을 멜기세덱에게 바쳤다는 것입니다. 멜기세덱은 곧 하나님을 가리키는데 그에게 전리품의 십분의 일을 바친 것은 곧 십일조를 바쳤다는 말입니다.

아브람이 얻은 전리품은 그냥 쉽게 얻은 것이 아닙니다. 자신의 집에서 기른 종 318명을 데리고 가서 피를 흘리고 싸워서 얻은 물건들입니다. 거의 전쟁 수준으로 생명을 걸고 싸워서 얻은 소중한 것들입니다. 그 소중한 전리품 중에서 십분의 일을 하나님께 바친 것입니다. 그것은 누가 가르치거나 시켜서 한 일이 아닙니다. 그렇다고 율법에 따라서 행한 것도 아닙니다. 그때는 율법을 주시기 훨씬 이전 시대입니다.

아브람이 그렇게 십일조를 바친 것은 당연히 그렇게 하는 것이 옳다고 여겼기 때문입니다. 왜냐하면 그가 대적을 이길 수 있었던 것은 자신의 힘으로 된 것이 아니라 지극히 높으신 하나님께서 이기게 해주셨기 때문이라고 믿었기 때문입니다. 하나님이 이기게 해주셨으므로 자신이 획득한 모든 전리품들은 다 하나님의 것이라는 믿음의 행위입니다. 하나님께 십일조를 바친 것은 모든 것이 다 하나님의 것임을 고백하는 것과 같습니다. 우리가 십일조를 바치는 것도 나의 모든 것이 다 하나님의 것임을 고백하는 믿음의 표현이라고 할 수 있습니다.

제가 시무하던 교회에 신앙이 아주 좋은 젊은 부부가 있었습니다. 모든 면에서 다 모범적이었는데 십일조 생활을 제대로 하지 않는 것이 의아했습니다. 불러서 상담을 해보니 본 교회에 바쳐야 할 십일조를 가지고 매달 농촌에 있는 한 교회의 어려운 목회자 자녀를 돕기 위해서 보낸다는 것이었습니다. 그것은 마치 이 나라에 내야 할 세금을 내 마음대로 아프리카의 가난한 나라를 위해서 보내는 것과 마찬가지이기 때문에 헌금생활을 바르게 한다고 할 수 없습니다.

또 어떤 집사님은 십일조를 가지고 쪼개서 선교헌금 내고 감사헌금 내고 건축헌금을 내는 분이 계셨는데, 그것은 마치 국가에 바쳐야 할 세금을 가지고 집세 내고, 자동차 할부금 내고, 학교 등록금 내는 것과 마찬가지이기 때문에 이 또한 헌금생활을 바르게 하는 것이 아닙니다. 형편이 어려워도 수입이 있으면 정당하게 세금을 내야 하는 것처럼, 수입이 많든지 적든지 십일조를 온전하게 바치는 것이 성경적인 가르침이고 올바른 신앙인의 모습입니다.

에덴동산에 살던 아담과 하와에게 절대로 따먹어서는 안 되는 선악과가 있었듯이 오늘 우리에게도 따먹어서는 안 되는 선악과가 있습니다. 우리가 반드시 지켜야 할 선악과는 세 가지인데 첫째는 주일성수하는 것이요, 둘째는 주의 종을 섬기는 일이요, 셋째는 십일조입니다. 하나님은 모든 성도들이 이 세 가지를 꼭 지키기를 원하십니다. 그러므로 우리 모두가 아브람처럼 온전한 십일조를 잘 바쳐서 하늘 문이 열리고 하나님이 약속하신 축복을 받게 되기를 바랍니다.

3. 청렴하고 깨끗한 사람입니다(창 14:21-24)

창세기 14장 23절은 "네 말이 내가 아브람으로 치부하게 하였다 할까 하여 네게 속한 것은 실 한 오라기나 들메끈 한 가닥도 내가 가지지 아니하리라"고 말씀합니다. 아브람이 전리품을 취해 가지고 돌아오자 소돔 왕은 그에게 "당신이 수고해서 얻은 물품들이니 당신이 가지시오"라고 하였습니다. 그러자 아브람은 말하기를 "나는 신발 끈 하나 실오라기 하나라도 취하지 않겠습니다"라고 했습니다. 그리고 자기는 하나도 가지지 않는 대신에 자기와 함께 가서 싸우고 수고했던 사람들에게 분깃을 나누어 주도록 했습니다.

그가 수고해서 얻은 것이기 때문에 전부를 다 가진다고 해도 누가 뭐라 할 사람은 없었습니다. 당시 그는 족장이었기 때문에 좋은 물건은 자신이 가지고 좋지 않은 물건들은 다른 사람들에게 나누어 줄 수도 있었습니다. 그렇지만 아브람은 전리품 중에서 그 무엇도 취하지 않았고 함께 갔던 사람들에게는 그들의 몫을 나누어 주도록 했습니다. 그가 얼마나 깨끗하고 청렴한 사람이었는가를 극명하게 보여 주는 말씀입니다.

견물생심(見物生心)이라는 말이 있듯이 사람은 누구나 좋은 것을 보면 갖고 싶은 충동이 일어나게 됩니다. 그리고 사람의 욕심은 끝이 없어서 가지고 나면 더 많은 것을 가지고 싶은 욕구가 생깁니다. 그래서 어떤 사람은 견물생심과 욕심을 뿌리치지 못해 남의 것을 훔치거나 빼앗는 사람들도 있습니다. 이 세상에는 온통 그런 사람들로 가득 차 있습니다. 세상이 혼란한 것도 다 그런 욕심을 가진 사람들이 설쳐대기 때문입니다.

맑은 소리사에서 출간된 《벼랑 끝에 나를 세워라》(박형미 저)는 책이 있는데, 그 책의 내용에 보면 우리나라의 부정부패 지수가 세계 50위권에 속한다고 합니다. 정치인들은 말할 것도 없고 공무원들, 민간 기업인들, 말단 사무직 직원에 이르기까지 우리나라는 곳곳에 부정부패가 만연해 있다는 것입니다. 부정부패가 너무 심해서 '부패 공화국'이라는 오명이 덧붙여져 있기도 합니다.

조금만 높은 자리에 올라도 기회를 놓칠세라 부정한 뒷거래를 하고 부정한 돈으로 자기 주머니를 채우느라 여념이 없습니다. 그러다가 운이 좋으면 그냥 넘어가고, 재수가 나쁘면 들통이 나서 감옥에 들어갑니다. 감옥에 가는 사람들마다 "다들 부정한 돈으로 자기 주머니를 채우고 있는데 왜 나만 가지고 그러느냐?"며 자신의 죄에 대해 반성하기는커녕 재수가 없어 걸렸다는 반응을 보이기 일쑤입니다. 부정부패를 일삼다가 감옥에 가는 사람들이 너무 많아서 이제는 전국에 감옥을 더 많이 지어야 할 지경이라고 합니다.

시편 말씀 중에 "터가 무너지면 의인이 무엇을 할꼬"라는 구절이 있습니다. 그리스도인들은 의로운 사람들이 되어야 하고 나라를 견고히 세우는 터가 되어야 합니다. 아브람처럼 깨끗하고 청렴해야 합니다. '크리스천' 하면 깨끗하고 청렴한 것이 트레이드마크가 되어야 합니다. 크리스천이라고 하면 모든 일을 믿고 맡길 수 있어야 합니다. 아브람처럼 깨끗하고 청렴한 사람들이 되어서 이 세상을 살맛나게 하는 우리 모두가 될 수 있기를 바랍니다.

기도

1. 우리도 아브람처럼 양보할 줄 아는 넉넉한 마음을 가질 수 있게 하옵소서.
2. 우리도 아브람처럼 온전한 십일조를 바치는 사람들이 되게 하옵소서.
3. 우리도 아브람처럼 깨끗하고 청렴한 사람들이 되게 하옵소서.

6

하나님의 VIP 아브라함 3

여호와께서 마므레의 상수리나무들이 있는 곳에서 아브라함에게 나타나시니라 날이 뜨거울 때에 그가 장막 문에 앉아 있다가 눈을 들어 본즉 사람 셋이 맞은편에 서 있는지라 그가 그들을 보자 곧 장막 문에서 달려나가 영접하며 몸을 땅에 굽혀 이르되 내 주여 내가 주께 은혜를 입었사오면 원하건대 종을 떠나 지나가지 마시옵고 물을 조금 가져오게 하사 당신들의 발을 씻으시고 나무 아래에서 쉬소서 내가 떡을 조금 가져오리니 당신들의 마음을 상쾌하게 하신 후에 지나가소서 당신들이 종에게 오셨음이니이다 그들이 이르되 네 말대로 그리하라 아브라함이 급히 장막으로 가서 사라에게 이르되 속히 고운 가루 세 스아를 가져다가 반죽하여 떡을 만들라 하고 아브라함이 또 가축 떼 있는 곳으로 달려가서 기름지고 좋은 송아지를 잡아 하인에게 주니 그가 급히 요리한지라 아브라함이 엉긴 젖과 우유와 하인이 요리한 송아지를 가져다가 그들 앞에 차려 놓고 나무 아래에 모셔 서매 그들이 먹으니라 그들이 아브라함에게 이르되 네 아내 사라가 어디 있느냐 대답하되 장막에 있나이다 그가 이르시되 내년 이맘때 내가 반드시 네게로 돌아오리니 네 아내 사라에게 아들이 있으리라 하시니 사라가 그 뒤 장막 문에서 들었더라 아브라함과 사라는 나이가 많아 늙었고 사라에게는 여성의 생리가 끊어졌는지라.

창세기 18장 1–15절

맑은소리 출판사에서 《벼랑 끝에 나를 세워라》라는 책을 출간하였는데, 서점에서 판매 돌풍을 일으키고 있습니다. 그 책은 화진 화장품 회사 부회장으로 있는 박형미 씨의 자서전으로 사회적으로 힘들고 어려운 이때에 많은 사람들에게 희망을 주는 책이라고 할 수 있습니다. 그는 15년 전 그의 나이 29세 때, 아이에게 줄 우유가 없어서 우유 값을 벌려고 버스 토큰 세 개를 가지고 나와서 화장품 회사에 영업사원으로 취직을 했습니다.

입사한 지 10년 만에 그는 연봉 12억 원(월급 1억 원)을 받는 사람이 되었고, 그 회사의 부회장이 되었습니다. 그는 세상을 깜짝 놀라게 하는 사람으로 매스컴의 주목을 받는 성공 신화의 주인공이 되었습니다. 최근에는 그의 성공 스토리가 알려지면서 한국 최고의 브랜드 대상을 수상하기도 했습니다. 평범한 가정주부였던 그가 그렇게 성공 신화의 주인공이 될 수 있었던 것은 절박한 처지에서 벼랑 끝에 자신을 세우고 뒤로 물러서면 죽는다는 정신으로 노력했기 때문입니다. 그는 정말 이 시대의 자랑스러운 VIP입니다.

성경에도 그런 성공 신화의 주인공이 있는데 그가 바로 아브라함입니다. 그는 본래 갈대아 우르라는 곳에서 태어났고, 그의 아버지는 각종 우상을 만들어서 판매하는 직업을 가진 사람이었습니다. 아브라함은 어릴 때부터 그런 아버지의 일을 도우면서 자랐습니다. 그에게 인생의 비전은 없었습니다. 그러던 그가 하나님이 벗으로 여기실 만큼 위대한 사람이 되었고 믿음의 조상이 되었습니다. 그는 진정한 믿음의 VIP입니다.

아브라함의 신앙과 삶의 면면을 살펴본다는 것은 오늘 우리에게도 큰 도전이 될 것입니다. 본문을 통해 아브라함의 신앙과 삶의 모습을 본받게 되기를 바랍니다.

1. 나그네를 대접한 사람입니다(창 18:1-8)

창세기 18장 1-4절은 "……달려나가 영접하며 몸을 땅에 굽혀……원하건대 종을 떠나 지나가지 마시옵고 물을 조금 가져오게 하사 당신들의 발을 씻으시고 나무 아래에서 쉬소서"라고 말씀합니다. 아브라함은 자기 집 문 앞에 앉았다가 지나가는 사람들을 보고 한걸음에 달려 나가서 그들을 영접하고 극진히 대접했습니다. 그가 그렇게 나그네를 대접한 것은 누가 시켜서 한 일이 아니고 마음에서 우러나서 습관처럼 행한 일이었습니다.

그가 나그네들을 대접한 내용을 살펴보면 형식적인 것이 아니고 극진하게 대접했음을 알 수 있습니다. 몸을 굽혀서 그들을 영접했고 물을 떠다가 발을 씻게 했습니다. 그리고 자기 아내에게 떡을 굽게 하고 가장 기름지고 좋은 송아지를 잡아 맛있는 요리를 해서 대접했습니다. 요즘에도 그 정도면 최고의 대접이라 할 수 있지만 당시에는 최고의 극진한 대접이었습니다.

그때 아브라함의 신분은 족장이었습니다. 족장은 많은 종들을 거느리고 살면서 섬김을 받고 대접을 받는 위치에 있는 사람입니다. 그런데 그는 자신의 신분을 내세우지 않고 마치 여느 종들이 하는 것처럼 나그네들을 대접하고 섬겼습니다. 그의 대접이 너무나 극진한 나머지 나그네들의 마음을 감동시켰고 하나님의 마음 또한 감동시켰습니다. 그 결과 평생에 소원하던 아들을 낳는 축복을 받았습니다. 대가를 바라고 한 일이 아니었는데 그의 행동이 너무나 아름답고 극진한지라 하나님께서 그의 소원을 이루어 주셨던 것입니다.

우리나라에서 최고급 호텔하면 롯데호텔을 꼽을 수 있습니다. 그 호텔은 수준이 있는 만큼 전세계에서 유명한 분들이 많이 이용하고 있습니다. 방송에서 롯데호텔 총주방장으로 근무하시는 분(이병후 씨, 50세)의 일상을 본 적이 있습니다. 총주방장(總廚房長)이 되기까지 오랜 세월이 지났고 많은 경력이 있는 분인 만큼 그분이 만들어 내는 요리(料理)는 요리라기보다 하나의 예술작품에 가깝다는 생각이 들었습니다.

취재진이 그에게 질문하기를, 최고급 호텔 총주방장으로서 가장 보람을 느낄 때가 언제냐고 물었습니다. 유명한 요리사이기 때문에 자신이 만든 예술작품 같은 요리를 손님들이 맛보고 감탄할 때 보람을 느낄 수도 있을 것이고, 아니면 최고급 호텔인 만큼 세계적으로 유명한 사람들을 위해서 아주 특별한 음식을 만들 때 보람을 느낄 수도 있을 것입니다. 그런데 그의 대답은 한 달에 한 번씩 양로원(養老院)을 방문해서 소박하게 만든 음식으로 어른들을 대접할 때 가장 기쁘고 보람을 느낀다고 했습니다.

남을 대접하는 것은 참으로 아름답고 보람 있는 일입니다. 그리고 대접을 받는 사람보다 대접하는 사람의 마음이 더 기쁩니다. 마태복음 7장을 산상수훈의 황금률이라고 하는데, 그 황금률의 중심 구절이 바로 “대접을 받고자 하는 대로 먼저 남을 대접하라”는 말씀입니다. 성경은 남을 대접하는 것에 대해서 많은 말씀을 하고 있습니다. 아브라함처럼 믿음으로 하나님의 종들을 잘 대접하고 사람들을 잘 대접하셔서 큰 복을 받으시기 바랍니다.

2. 하나님을 사랑한 사람입니다(창 22:1-19)

창세기 22장 12절은 “사자가 이르시되 그 아이에게 네 손을 대지 말라 그에게 아무 일도 하지 말라 네가 네 아들 네 독자까지도 내게 아끼지 아니하였으니 내가 이제야 네가 하나님을 경외하는 줄을 아노라”라고 말씀합니다. 하나님은 아브라함의 믿음을 시험하시기 위해 백 세에 낳은 아들을 번제로 드리라고 말씀하셨습니다. 백 세에 낳은 귀한 아들을 더 사랑하는지 아니면 하나님을 더 사랑하는지 시험해 보려고 하신 것입니다.

젊어서 낳은 자식도 귀엽고 예쁘고 사랑스러운데, 하물며 자식 낳는 것을 포기하고 있다가 백 세에 낳은 아들이었으니 얼마나 귀하고 사랑스러웠겠습니까? 아마 며칠 동안 밥을 먹지 않아도 그 아들만 쳐다보고 있으면 배가 부른 것 같은 느낌을 받았을 것입니다. 하나님밖에 모르던 아브라함이 아들을 낳은 뒤론 그 아들에게 너무 마음이 빼앗겨서 어쩔 줄을 몰랐습니다. 그래서 하나님이 아브라함의 믿음을 시험해 보시려고 하신 것입니다.

하나님의 말씀이 임했을 때 아브라함은 조금도 망설이거나 지체하지 않고 순종했습니다. 아침에 일찍이 일어나서 아들을 데리고 하나님이 지시하신 산으로 갔고, 그곳에서 아들을 결박하여 번제물로 바치려고 했습니다. 그냥 시늉만 낸 것이 아니고 실제로 그렇게 하려고 했습니다. 그가 그렇게 할 수 있었던 것은 두 가지 이유 때문인데, 첫째는 아들보다 하나님을 더 사랑했기 때문이고 둘째는 아들을 잡아서 번제물로 바치더라도 하나님이 아들을 다시 살리실 것을 믿었기 때문입니다(히 11:19).

샌프란시스코 Pier39번가에 가면 길거리에서 나뭇가지로 감쪽같이 위장하고 있다가 지나가는 사람들을 깜짝 놀라게 하는 사람이 있습니다. 그는 하루종일 그 일을 하면서 팁을 받습니다. 참 별난 사람입니다. 지나가던 사람들이 그 사람 때문에 깜짝 놀라고 그것이 재미있다고 그에게 팁을 주고 갑니다. 아마 이 세상에서 사람들을 놀라게 하고 팁을 받는 사람은 그 사람밖에 없을 것입니다.

인간은 작은 일에도 깜짝깜짝 놀랄 때가 많습니다. 그러나 하나님은 절대로 놀라시지 않습니다. 하나님이 행하시는 일 때문에 인간이 놀라는 일은 많아도, 인간의 행동 때문에 하나님이 놀라실 일은 전혀 없습니다. 하나님은 창조주이시고 능치 못함이 없으신 분이기 때문에 어지간한 일로는 절대로 놀라시는 분이 아닙니다. 그런데 아브라함의 행동에 하나님이 놀라셨습니다.

설마 백 세에 낳은 그 귀한 아들을 번제물로 바치겠는가라고 생각했지만, 아브라함이 정말 아들을 잡아서 번제물로 바치려고 하자 하나님이 놀라셔서 그 일을 중단시키셨습니다. 성경에 수많은 사람들이 나오지만 하나님을 놀라게 한 사람은 아브라함밖에 없습니다. 하나님의 마음을 기쁘게 한 사람은 있어도 믿음이 너무 좋아서 하나님을 놀라게 한 사람은 아브라함밖에 없습니다. 우리도 아브라함처럼 세상 그 무엇보다 하나님을 가장 사랑하는 사람이 될 수 있기를 바랍니다.

3. 정직하고 겸손한 사람입니다(창 23:1-20)

창세기 23장 6-7절은 "내 주여 들으소서 당신은 우리 가운데 있는 하나님이 세우신 지도자이시니 우리 묘실 중에서 좋은 것을 택하여 당신의 죽은 자를 장사하소서……아브라함이 일어나 그 땅 주민 헷 족속을 향하여 몸을 굽히고"라고 말씀합니다. 아브라함의 아내 사라가 죽어서 장사지낼 수 있는 묘지가 필요했습니다. 그래서 아브라함은 헷 사람들의 소유로 있는 땅을 매장지로 사고자 했습니다. 그것을 보면 그가 평생을 땅 한 평 없이 얼마나 청렴하게 살았는지 알 수 있습니다.

그런데 아브라함의 요청을 받은 헷 사람들이 그가 필요로 하는 땅을 무상으로 주겠다고 합니다. 헷 사람들은 이방인들인데 그들이 아브라함이 원하는 땅을 그냥 제공하겠다는 것은 그가 그들에게 얼마나 인정받고 존경받는 하나님의 사람이었는가를 알 수 있습니다. 진정한 하나님의 사람은 교회 밖에서도 인정받고 존경받아야 합니다. 교회 밖의 불신자들로부터 존경받는 사람이 진정한 그리스도인입니다.

아브라함이 그렇게 인정받고 존경받을 수 있었던 이유는 바로 청렴결백하고 정직했기 때문입니다. 헷 사람들이 땅을 제공하겠다고 했을 때 아브라함이 일어나 그들에게 몸을 굽혔습니다. 아브라함의 특징 중 하나는 바로 몸을 잘 굽힐 줄 아는 사람이라는 것입니다. 그는 신분과 지위, 나이를 생각할 때 몸을 굽히지 않아도 될 만한 사람이었습니다. 그런데 그는 언제나 사람들 앞에 몸을 굽혔습니다. 신분이 높은 족장이었지만 청렴하였고 겸손하게 몸을 굽힐 줄 알았기 때문에 사람들로부터 존경받을 수 있었던 것입니다.

알버트 슈바이처 박사를 가리켜서 '20세기의 예수'라고 부릅니다. 그는 검은 대륙 아프리카에서 죽어가는 생명들을 살리기 위해 자신의 전 재산을 팔아서 병원을 지었습니다. 그런데 밀려드는 수많은 환자들을 다 수용할 수 없어서 어쩔 수 없이 모금운동에 나서기로 하였습니다. 모금운동(募金運動)을 하기 위해 자기 고향으로 돌아오게 되었는데, 고향 역에는 그를 영접하려는 친척들을 비롯해 수많은 사람들이 모여 있었습니다.

드디어 기차가 도착하자 거기에 모인 사람들은 일제히 기차의 1등 칸 쪽을 바라보았습니다. 그가 당연히 1등 칸을 타고 왔으리라고 생각한 것입니다. 그런데 놀랍게도 그는 1등 칸도 2등 칸도 아닌 기차의 맨 뒤쪽인 3등 칸에서 내려오는 것이었습니다. 그래서 사람들이 달려가서 "왜 3등 칸을 타고 오셨느냐?"고 물었습니다. 그러자 슈바이처 박사는 웃으면서 "4등 칸이 없어서 3등 칸을 타고 왔습니다"라고 대답을 했다는 것입니다.

그는 참으로 겸손한 사람이었습니다. 하나님은 겸손한 그에게 큰 은혜를 베풀어 주셔서 그 누구도 이루지 못한 큰 역사(役事)를 이루게 하셨습니다. 인간이 살아가는 삶의 방식은 시대와 역사의 흐름에 따라 다소 달라질 수 있습니다. 그러나 겸손한 사람에게 은혜를 베풀어 주시는 하나님의 마음은 시간이 아무리 흘러도 변치 않으실 것입니다. 과거에도 겸손한 사람에게 은혜를 베풀어 주셨던 것처럼 지금도 그리고 앞으로도 계속 겸손한 사람에게 은혜를 베풀어 주실 것입니다. 우리 모두 겸손한 마음을 가져서 하나님이 베풀어 주시는 놀라운 은혜를 받는 주인공이 될 수 있기를 바랍니다.

기도

1. 우리도 아브라함처럼 남을 대접할 줄 아는 사람이 되게 하옵소서.
2. 우리도 아브라함처럼 하나님을 사랑하는 사람이 되게 하옵소서.
3. 우리도 아브라함처럼 겸손함으로 존경받는 사람이 되게 하옵소서.

7

하나님의 VIP **사라**

하나님이 또 아브라함에게 이르시되 네 아내 사래는 이름을 사래라 하지 말고 사라라 하라 내가 그에게 복을 주어 그가 네게 아들을 낳아 주게 하며 내가 그에게 복을 주어 그를 여러 민족의 어머니가 되게 하리니 민족의 여러 왕이 그에게서 나리라.

창세기 17장 15-16절

러시아 속담에 "전쟁에 나갈 때는 한번 기도하라. 바다에 나갈 때는 두 번 기도하라. 결혼을 할 때는 세 번 기도하라"는 말이 있습니다. 배우자를 만나서 결혼하는 것이 인생에서 가장 중요한 일임을 일깨워주는 말씀입니다. 인생을 살아가는 데 있어서 가장 필요하고 소중한 만남이 있다면 그것은 바로 배우자를 잘 만나는 것입니다. 왜냐하면 배우자를 잘 만나면 인생이 행복할 수 있고 배우자를 잘못 만나면 인생이 불행해지기 때문입니다.

남녀 간에 일단 한번 만나서 결혼을 하고 배우자가 되면 평생을 같이 살아야 하기 때문에 배우자를 선택하는 일은 정말 중요합니다. 그래서 옛날부터 결혼은 '인륜지대사'(人倫之大事)라고 해서 인생에 아주 큰 일로 여겼습니다. 물건은 샀다가도 마음에 안 들면 도로 물릴 수 있고 버릴 수도 있지만 배우자는 한번 선택하고 나면 물릴 수도 없고 버릴 수도 없습니다. 그렇기 때문에 배우자를 잘 선택하는 것은 정말 중요합니다.

성경에 나오는 인물 중에도 좋은 사람이었지만 배우자를 잘못 만나서 인생을 망친 사람이 있는가 하면, 그저 평범한 사람이었는데 배우자를 잘 만나서 성공한 사람이 있습니다. 아합 왕은 본래 괜찮은 사람이었지만 부인 이세벨을 잘못 만나 인생을 망쳐버리고 말았습니다. 그런가 하면 아브라함은 문제가 많은 평범한 사람이었지만 부인 사라를 잘 만나서 믿음의 조상이 될 수 있었습니다. 아브라함이 훌륭한 사람이 될 수 있었던 것은 그의 부인 사라의 훌륭한 내조가 있었기 때문입니다.

하나님은 사라의 믿음을 인정하셔서 '열국의 어머니'가 되게 해주셨습니다. 그는 항상 남편의 그늘에 가려져서 잘 드러나지 않았지만 그녀는 분명 믿음의 VIP였습니다.

1. 말없이 정성껏 내조한 여인입니다(창 18:6)

창세기 18장 6절은 "아브라함이 급히 장막으로 가서 사라에게 이르되 속히 고운 가루 세 스아를 가져다가 반죽하여 떡을 만들라 하고"라고 말씀합니다. 아브라함은 장막 문에 앉았다가 지나가는 나그네를 영접하여 떡과 고기로 정성껏 대접했습니다. 그는 나그네들을 대접하기 위해 자기 아내인 사라에게 급히 떡을 만들라고 요구했습니다. 미리 예약된 손님들이 아니고 지나가는 사람들을 갑자기 데리고 와서 대접한다는 것은 여간 당황스러운 일이 아닙니다.

남자들은 손님 치르는 일을 쉽게 생각하지만 여자들은 여간 힘들어하지 않습니다. 남자들은 말로만 하지만 여자들은 집안 청소하는 일부터 무슨 반찬을 준비할 것인지, 메뉴는 무엇으로 할 것인지 여러모로 신경을 쓰게 됩니다. 그런데 그렇게 생각하고 준비할 여유도 없이 남편이 갑자기 손님들을 데리고 와서 급히 요리를 하라고 하면 여자들은 엄청 스트레스를 받게 될 것입니다. 그리고 그런 일이 몇 차례 반복되면 부부간에 언성이 높아지고 싸움을 하게 됩니다.

그런데 아브라함의 아내인 사라는 좀 달랐습니다. 남편 아브라함이 손님들을 데리고 올 때마다 한번도 짜증을 내거나 싫은 내색을 보이지 않고 정성을 다해 음식을 만들어서 대접했습니다. 성격이 착한 여인이어서 그럴 수도 있고, 반대로 성격이 무딘 여인이어서 그럴 수도 있지만 제가 생각하기에는 믿음이 좋아서 그렇게 순종한 것이라 여겨집니다. 손님 대접하는 것을 보면 그녀의 믿음을 알 수 있습니다.

우리가 생활 속에서 누리는 기쁨 중에서 남을 대접하는 기쁨은 그 무엇과 비교할 수 없습니다. 대접을 받는 사람보다 대접하는 사람의 마음이 더 기쁩니다. 남을 대접해야겠다는 감동이 올 때 그 감동을 소멸하지 말고 정성껏 대접하고 나면 얼마나 마음이 기쁜지 모릅니다. 그냥 대접을 해도 좋은데 주님의 이름으로 대접하고, 믿음으로 대접하고, 형제를 사랑하는 마음으로 대접하고, 섬기는 마음으로 대접할 때 마음속에 형용할 수 없는 큰 기쁨을 누리게 됩니다.

열왕기하 4장에 나오는 수넴 여인은 대접하는 일에 있어서 최고의 사람이라고 할 수 있습니다. 그녀는 어느 날 집 앞을 지나가는 한 사람을 보았는데, 평범한 사람 같아 보이지 않고 마음속에 대접하고 싶은 감동이 일어났습니다. 감동을 주실 때는 감동이 식어지기 전에 곧바로 실천해야 합니다. 그래서 그녀는 자기 남편과 함께 그 사람을 극진하게 대접했는데, 그가 바로 엘리사 선지자였던 것입니다(왕하 4:8-16).

성 프란시스에게 어느 날 한 문둥이가 찾아와서 하룻밤을 자고 가게 해달라고 간청했습니다. 프란시스는 진물이 나고 냄새가 나는 그 문둥이를 씻겨주고 정성껏 저녁 식사를 대접했습니다. 그리고 따로 방이 없어서 그날 밤 함께 잠을 잤는데 새벽에 일어나서 보니 그 문둥이는 사라지고 향기가 진동하면서 예수님의 음성이 들리기를 "어젯밤에 대접을 잘 받았노라"고 하셨습니다. 지금도 누군가를 대접하다가 천사를 만날 수 있습니다. 아브라함의 아내 사라처럼 정성을 다해 대접함으로 큰 복을 받으시기 바랍니다.

2. 약속의 말씀을 믿었던 여인입니다(히 11:11)

히브리서 11장 11절은 "믿음으로 사라 자신도 나이가 많아 단산하였으나 잉태할 수 있는 힘을 얻었으니 이는 약속하신 이를 미쁘신 줄 알았음이라"고 말씀합니다. 아브라함과 사라가 지나가는 나그네들을 정성껏 대접했는데 나중에 알고 보니 그들이 바로 하나님의 천사들이었습니다. 이에 천사들은 아브라함과 사라에게 기한이 차서 내년 이맘때가 되면 아들을 낳아서 품에 안게 될 것이라고 축복해 주었습니다.

그런데 아브라함과 사라는 이미 나이가 많아서 생산 능력이 끊어진 때였습니다. 아브라함의 나이는 99세였고, 사라의 나이는 89세였으니 인체 생리학적으로도 자녀를 낳을 수 있는 가능성은 0.01%도 없었습니다. 그렇게 다 늙은 할아버지 할머니에게 1년 후에 아들을 낳아서 품에 안게 될 것이라고 말하는 것은 그들을 조롱하는 말로 들을 수도 있었을 것입니다.

그런데 사라는 그 말을 농담으로 듣거나 흘려서 듣지 않고 믿음으로 받아들였습니다. 하나님은 능치 못함이 없으신 분임을 믿었고, 한 번 약속하신 말씀은 반드시 이루신다는 것 또한 믿었습니다. 그러자 그의 믿음대로 잉태하는 힘이 생겼고, 약속하신 말씀대로 1년 후에 꿈에 그리던 아들을 낳아서 품에 안을 수 있었는데 그가 바로 이삭입니다. 그것은 순전히 사라의 믿음대로 하나님이 역사하신 결과였습니다.

지금까지 세계에서 최고령 출산 기록은 미국의 프리다 번바움 할머니가 66세의 나이로 자녀를 낳은 것입니다. 그런데 최근에 그 기록이 깨졌습니다. 인도의 옴칼리 판워르 할머니가 70세의 나이로 쌍둥이를 낳았습니다. 그녀의 남편 나이는 77세인데, 그동안 아들이 없었기 때문에 아들을 낳아 가계를 물려주고 싶어서 전 재산을 다 팔아 인공수정을 하여 그토록 바라던 아들을 낳은 것입니다. 의학의 힘을 빌리기는 했지만 대단한 일입니다.

그런데 그들이 자식을 낳은 것과 사라가 자식을 낳은 것은 근본적으로 다른 점이 있습니다. 그들은 현대의학의 도움을 받아 인공수정이라는 방법으로 아들을 낳았지만 아브라함과 사라는 그런 방법을 통하지 않고 지극히 정상적인 방법으로 임신을 했고 아들을 낳았습니다. 인도의 할머니가 70세의 나이로 아들을 낳은 것도 대단하지만 아브라함과 사라에게 비하면 아무것도 아닙니다.

하나님은 불가능을 가능케 하시는 분이고, 없는 것을 있게 하시는 분이며, 안 되는 것을 되게 하시는 분입니다. 그러나 모든 사람에게 그런 것이 아니라 사라처럼 하나님의 말씀을 일점일획도 의심하지 않고 믿는 이들에게 능력의 하나님으로 다가오십니다. 사라의 본래 이름은 사래였습니다. 평범한 아줌마라는 뜻입니다. 평범한 아줌마였던 그를 '열국의 어머니' 사라로 축복하신 것은 바로 그 믿음을 보셨기 때문입니다. 우리 모두 사라처럼 하나님의 말씀을 의심 없이 그대로 믿어서 큰 축복을 받게 되기를 바랍니다.

3. 남편을 머리로 인정한 여인입니다(벧전 3:6)

베드로전서 3장 6절은 "사라가 아브라함을 주라 칭하여 순종한 것 같이 너희는 선을 행하고 아무 두려운 일에도 놀라지 아니하면 그의 딸이 된 것이니라"라고 말씀합니다. 사라는 남편 아브라함을 자신의 주인으로 부르면서 복종했습니다. 그녀는 가정에서 뿐만 아니라 모든 일에 있어서 남편 중심으로 살았습니다. 남편을 주(主)라 칭했다는 것은 항상 남편을 자신의 주인으로 인정하고 받들어 섬기면서 살았음을 말해 주는 것입니다.

아브라함이 모든 일을 잘하거나 완벽한 남자라서 그렇게 복종한 것이 아닙니다. 아브라함은 부족한 점도 많고 실수도 많은 사람이었습니다. 가나안 땅에서 살다가 남방으로 내려간 것도 실수였고, 남방으로 내려간 후 그곳 사람들이 자기 아내를 빼앗고 자기를 죽일까봐 사라에게 자기를 남편이라고 하지 말고 오빠라고 시켰던 사람입니다. 사라는 남편이 시키는 대로 했다가 애굽 사람들에게 잡혀가는 신세가 되고 말았습니다. 그 정도면 보통 여인들 같았으면 남편을 원망하고 원수같이 여기며 이혼을 요구할 수도 있습니다.

그런데 사라는 조금도 남편을 원망하거나 미워하지 않고 아브라함을 여전히 자기 남편으로 여기고 그에게 복종했습니다. 남편의 부족함과 실수를 그대로 끌어안고 남편의 권위를 세워 주었습니다. 아브라함이 하나님께 인정받고 믿음의 조상이 될 수 있었던 이유는 순전히 아내인 사라의 헌신적인 내조가 있었기 때문입니다. 그런 사라의 모습을 하나님께서 귀히 여기시고 그를 '열국의 어머니'로 축복해 주신 것입니다.

"남편은 아내 하기 나름"이라는 TV광고가 있습니다. 남편을 무능한 남자로 만드는 것도, 유능한 남자로 만드는 것도 다 아내의 역할에 달려 있습니다. 집안에서 아내가 남편의 기를 죽이면 남편은 밖에 나가서도 기를 펴지 못합니다. 그러나 집안에서 아내가 남편의 기를 살려주면 남편은 밖에 나가서도 기가 살고 항상 당당할 수 있습니다. 남편이 좀 부족하고 실수를 해도 아내는 그 모든 것을 감싸 주고 기를 세워 주어야 합니다.

왜냐하면 남편은 아내의 머리이기 때문입니다. 성경은 여자의 머리는 남자라고 말씀합니다(고전 11:3). 즉 남편은 아내의 머리라는 말입니다. 가정은 하나님께서 세우신 최초의 기관인데, 그 가정이 질서 있고, 화목하고, 건강하기 위해서는 남편이 머리가 되어야 한다는 것입니다. 남편이 머리가 된다는 말은 곧 남편 중심의 가정이 되어야 한다는 말입니다. 남편을 자신의 머리로 인정하고 그 남편에게 복종하는 것이 아내의 도리입니다.

지금 봉하 마을에서 살고 있는 고 노무현 전 대통령의 부인 권양숙 여사는 고등학교 졸업이 학력의 전부입니다. 권양숙 씨는 남편 노무현 씨가 고시공부를 할 때부터 온갖 고생을 다하며 내조했습니다. 그 후 남편이 대통령이 되니 자기는 영부인이 될 수 있었습니다. 사라 역시 부족한 남편을 잘 내조해서 아브라함이 열국의 아버지가 되자 그녀도 열국의 어머니가 될 수 있었습니다. 당신도 남편이 부족하다고 무시하지 말고 잘 복종하고 내조함으로 건강하고 행복한 가정을 꾸려 가프시기 바랍니다.

기도

1. 우리도 사라처럼 사람들을 잘 대접하는 사람이 되게 하옵소서.
2. 우리도 사라처럼 하나님의 말씀을 있는 그대로 믿는 사람이 되게 하옵소서.
3. 우리도 사라처럼 남편을 머리로 인정하고 복종하게 하옵소서.

8

하나님의 VIP 이삭

여호와께서 말씀하신 대로 사라를 돌보셨고 여호와께서 말씀하신 대로 사라에게 행하셨으므로 사라가 임신하고 하나님이 말씀하신 시기가 되어 노년의 아브라함에게 아들을 낳으니 아브라함이 그에게 태어난 아들 곧 사라가 자기에게 낳은 아들을 이름하여 이삭이라 하였고 그 아들 이삭이 난 지 팔 일 만에 그가 하나님이 명령하신 대로 할례를 행하였더라 아브라함이 그의 아들 이삭이 그에게 태어날 때에 백 세라 사라가 이르되 하나님이 나를 웃게 하시니 듣는 자가 다 나와 함께 웃으리로다.

창세기 21장 1–6절

자기 이름이 마음에 들지 않는다고 가정법원에 개명 신청을 하는 사람들이 많습니다. 개명 신청을 한 이름들 중에 정말 웃기고 재미있는 이름들이 많습니다. 김생선, 백김치, 변기통, 설사국, 석을년, 임신중, 이십원, 지애미, 조진년, 박비듬, 권태기, 우동국, 방귀녀, 방귀남, 신호등, 왕변태 등등 정말 별 우스운 이름들이 많습니다. 이 우스운 이름 때문에 그들이 얼마나 많은 스트레스를 받았을지 짐작이 됩니다.

이삭이란 이름은 히브리어로 '이초하크'인데 '웃음'이란 뜻입니다. 하나님께서 아브라함과 사라에게 아들을 낳을 것이라고 말씀하셨을 때 99세 된 아브라함과 89세 된 사라가 들을 때는 너무나 어이없는 일이어서 웃었습니다. 그런데 신기한 것은 그렇게 어이가 없어 웃다가 실제로 웃을 일이 생긴 것입니다. 그래서 백 세에 낳은 아들의 이름을 '웃음'이라는 뜻을 가진 이삭이라고 지었습니다. 다 늙도록 아들을 낳지 못해서 웃을 일이 없었던 그들이 하나님의 말씀을 듣고 웃었더니 실제로 아들을 낳고 웃을 일이 생긴 것입니다.

요즘은 세계적인 불황이 겹쳐서 웃을 일이 더더구나 없는 것 같습니다. 사람들마다 마음에 근심과 걱정이 가득한 나머지 얼굴 표정이 모두 굳어 있습니다. 그러나 웃을 일이 없어도 웃다 보면 웃을 일이 생기게 될 것입니다. 옛말에 '일소일소 일노일노'(一笑一小 一怒一老)라고 했습니다. 한번 웃으면 한번 젊어지고, 한번 노하면 한번 늙어진다는 뜻입니다. 젊어지고 건강하게 살려면 웃으면서 살아야 합니다.

아브라함이 믿음의 조상이었던 만큼 그의 아들 이삭 또한 믿음의 VIP였습니다. 본문을 통해 이삭이 어떤 사람이었는지 살펴보겠습니다.

1. 순종의 사람입니다(창 22:9)

창세기 22장 9-10절은 “하나님이 그에게 일러 주신 곳에 이른지라 이에 아브라함이 그곳에 제단을 쌓고 나무를 벌여 놓고 그의 아들 이삭을 결박하여 제단 나무 위에 놓고 손을 내밀어 칼을 잡고 그 아들을 잡으려 하니”라고 말씀합니다. 아브라함은 하나님의 말씀에 온전히 순종하기 위해 하나님이 지시하신 산에 도착했습니다. 그리고 하나님이 명하신 대로 사랑하는 아들 이삭을 제물로 바치려고 결박하여 제단 위에 올려놓았습니다.

그때 아브라함의 나이는 백 세가 넘었고 아들 이삭의 나이는 열세 살이 되었을 때입니다. 남자아이 열세 살이면 꽤 기운을 쓸 수 있는 나이입니다. 아브라함이 이삭을 결박하려고 할 때 아들이 결박당하지 않으려고 몸부림을 치거나 도망을 치게 되면 결박할 수 없었을 것입니다. 아무리 아브라함이 기운이 세다 해도 결코 쉬운 일이 아니었을 텐데, 늙은 아브라함이 아들을 결박해서 제단 위에 올려놓았다는 것입니다.

그것은 아브라함이 이삭을 결박했다기보다 이삭이 아버지의 뜻에 순종해서 결박을 당해 준 것이 분명합니다. 하나님의 말씀에 온전히 순종하기 원하는 아버지의 뜻에 자신도 온전히 순종하기 원했던 것입니다. 또한 그에게는 자신이 번제물로 희생되더라도 하나님은 죽은 자를 다시 살리시는 분이라는 믿음이 있었기 때문입니다. 이삭의 생애 가운데서 그가 가장 뚜렷이 보여 주는 것은 바로 그가 순종의 사람이라는 것입니다. 아버지의 뜻에 온전히 순종하는 이삭의 모습에서 우리는 하나님의 뜻에 순종하신 예수님의 모습을 볼 수 있습니다.

마산에 있는 어느 교회 목사님의 사택에 어느 날 도둑이 들었습니다. 도둑은 칼을 들고 잠자던 목사님과 사모님을 깨워서 손을 머리 위로 올리게 한 후 온 집안을 뒤지기 시작했습니다. 칼을 든 도둑이 시키는 대로 가방을 열라고 하면 열고, 책상을 열라고 하면 열었습니다. 몇 시간 동안 집안을 다 뒤졌지만 워낙 가난했기 때문에 훔쳐갈 만한 물건이 없었습니다. 결국 그 도둑은 목사님 내외를 불쌍히 여겨 오히려 자기 주머니에 가지고 있던 몇천 원을 던져주고 가더랍니다.

도둑이 가고 난 후 목사님과 사모님은 무릎을 꿇고 "하나님 아버지! 저희들은 오늘 밤 도둑이 시키는 대로 무조건 순종했습니다. 몇 시간 동안 도둑이 시키는 대로 순종했더니 이렇게 몇천 원을 주고 가네요. 도둑의 말에 순종해도 이렇게 몇천 원을 받는데 하물며 하나님의 말씀에 잘 순종했다면 얼마나 더 많은 주님의 사랑을 받았을까요?"라며 회개했다고 합니다.

존 트랩이라는 사람은 말하기를 "현명한 아내는 순종함으로 남편을 지배한다"고 했습니다. 그 말을 우리 신앙생활에 적용하면 "현명한 성도는 순종함으로 하나님을 지배한다"는 말로 바꿀 수 있습니다. 하나님께서는 말씀대로 순종하는 사람에게 거절을 못 하십니다. 하나님은 시간과 공간의 제약을 받지 않으십니다. 그렇기 때문에 말씀대로 순종하면 때와 장소를 가리지 않고 역사해 주십니다. 이삭처럼 하나님의 말씀에 잘 순종함으로 믿음의 VIP가 되고 하나님의 놀라운 역사를 체험하시기 바랍니다.

2. 기도의 사람입니다(창 24:63, 25:21)

창세기 25장 21절은 "이삭이 그의 아내가 임신하지 못하므로 그를 위하여 여호와께 간구하매 여호와께서 그의 간구를 들으셨으므로 그의 아내 리브가가 임신하였더니"라고 말씀합니다. 이삭은 사십 세에 리브가를 아내로 맞이해서 장가들었습니다. 그때나 지금이나 남자가 사십 세에 장가를 들었다는 것은 굉장히 늦은 나이에 장가를 든 것입니다. 그는 결혼을 늦게 한 만큼 하루빨리 자식 낳기를 소원했지만 불행하게도 아내 리브가가 잉태를 하지 못했습니다.

이삭에게 있어서 아내 리브가가 잉태를 하지 못한다는 것은 참으로 심각한 문제였습니다. 그가 그 문제를 해결하기 위해 사용한 믿음의 방법은 바로 기도였습니다. 이삭은 문제를 가지고 하나님께 나아가 간절히 간구했습니다. 간구(懇求)는 평범하고 일반적인 기도가 아닙니다. 그야말로 간절한 마음으로 하나님께 애원하고, 매달리고, 부르짖는 것을 말합니다. 하나님은 그의 간구를 들으시고 리브가에게 잉태의 복을 주셨습니다. 리브가의 잉태는 순전히 이삭의 기도와 간구로 얻은 응답이었습니다.

이삭의 생애 가운데 보여 주는 믿음의 모범은 바로 그가 기도하는 사람이라는 것입니다. 그는 실망할 수밖에 없는 문제를 만났지만 실망하지 않고 하나님께 간구했습니다. 기도는 전능하신 하나님을 움직이게 하는 열쇠입니다. 작은 열쇠로 큰 배를 움직일 수 있듯이 보잘것없는 우리가 기도하면 전능하신 하나님이 움직이십니다. 하나님이 움직이시면 길이 없던 곳에 길이 생기고, 해결할 수 없는 문제가 해결되고, 믿을 수 없는 기적의 역사가 일어나게 됩니다.

무엇이든지 닫혀 있다는 것은 별로 좋지 않습니다. 사람이 살고 있는 집도 출입문이 굳게 닫혀 있는 것은 좋지 않습니다. 사람이 사는 집의 문은 사람들이 드나들 수 있도록 항상 열려 있어야 합니다. 인간관계도 서로 마음 문을 활짝 열고 대화하며 살아야 합니다. 그런데 무엇보다도 하늘 문이 굳게 닫혀 있는 것이 가장 불행한 일이라 하겠습니다.

하늘 문이 닫혀버리면 아무것도 되는 일이 없고 인생에 찬바람만 불어옵니다. 하늘 문이 활짝 열려서 충만한 은혜를 받아야 모든 일이 형통할 수 있는데 하나님과의 관계가 단절(斷絕)되고 하늘 문이 굳게 닫혀 있다면 되는 일이 아무것도 없습니다. 일이 잘 풀리고 승승장구하던 사람도 하늘 문이 닫혀버리면 모든 삶이 하루아침에 곤두박질치게 됩니다. 우리 인생도 하늘 문이 닫히는 일이 없어야 합니다.

하늘 문을 여는 열쇠가 바로 기도입니다. 기도하는 사람에게는 항상 하늘 문이 활짝 열려 있기 때문에 하늘로부터 임하는 은혜와 축복을 누리면서 살게 됩니다. 우리의 삶에 있어서 기도보다 더 중요한 일은 없습니다. 그러므로 결코 기도하는 일을 소홀히 해서는 안 될 것입니다. 이삭처럼 문제 앞에 기도하여서 난관을 극복하고 하나님의 놀라운 역사를 체험하는 우리 모두가 될 수 있기를 바랍니다.

3. 화해의 사람입니다(창 26:30-31)

창세기 26장 30-31절은 "이삭이 그들을 위하여 잔치를 베풀매 그들이 먹고 마시고 아침에 일찍이 일어나 서로 맹세한 후에 이삭이 그들을 보내매 그들이 평안히 갔더라"라고 말씀합니다. 이삭이 자기를 찾아온 사람들에게 잔치를 베풀고 평안히 돌아가도록 배려해 주었다는 것입니다. 마땅히 대접해야 할 사람들에게 그렇게 한 것이 아니고, 지난 날 자기를 괴롭혔던 원수들에게 그렇게 한 것입니다.

그들은 이삭이 힘들게 우물을 파서 물을 얻을 때마다 몰려와서 시비를 걸고, 우물을 빼앗고, 온갖 훼방을 일삼던 사람들이었습니다. 오늘날로 말하면 힘들게 이뤄 놓은 사업장을 강탈하고 훼방하는 것과 같은 것입니다. 그런 나쁜 사람들에게 잔치를 베풀고 평안히 돌아가도록 배려해 주었다는 것은 참으로 놀라운 일입니다. 그들에게 먼저 화해의 손을 내민 것을 볼 때 이삭은 참으로 훌륭한 하나님의 사람이었음을 알 수 있습니다.

이삭이 그렇게 먼저 화해의 손을 내민 것은 인간관계를 중요하게 여겼기 때문입니다. 그런데 세상은 물질적으로 손해를 보지 않으려고 인간관계를 깨버리는 사람들이 점점 더 많아지고 있습니다. 그리고 더 많은 재물을 얻기 위해 가까운 이웃들을 이용하는 사람들도 많습니다. 그런데 이삭의 경우는 그렇지 않았습니다. 물질보다는 인간관계를 더 소중하게 여겼고, 자신에게 엄청난 피해를 안겨 준 사람들이었지만 정중하게 영접하고 대접해 주었습니다. 이로 볼 때 그는 진정한 하나님의 사람이었음이 분명합니다.

사도 바울은 믿음의 아들 디모데에게 서신을 보내면서 말세가 되면 사람들마다 정이 메마를 것이고, 사나워질 것이며, 또 원통한 마음을 풀지 않을 것이라고 예언했습니다. 사람은 서로 간에 정이 있어야 하는데 정이 메말라 버린다는 것은 인간미가 다 사라지고 만다는 것입니다. 서로 간에 정이 메마르다 보니 한번 다투거나 싸우고 나면 원통한 마음을 풀지 않게 되는 것입니다.

예수께서도 말씀하시기를 하나님께 예물을 드리다가 형제에게 원망 들을 만한 일이 있거든 먼저 가서 화해하고 와서 예물을 드리라고 했습니다. 하나님 앞에 예배드리는 것은 참으로 중요하지만, 예배보다 더 중요한 일이 바로 형제간에 서로 용서하고 화해하는 것입니다. 용서하지 못하는 마음과 화해하지 못한 인간관계를 가지고 예배드리는 것을 하나님은 원치 않으십니다. 하나님은 우리의 인간관계가 깨어지는 것을 매우 안타깝게 생각하십니다.

내가 하나님과 좋은 관계를 갖는다는 것은 곧 모든 사람들과 좋은 관계를 갖는다는 의미입니다. 왜냐하면 모든 사람이 곧 하나님의 형상대로 지으심을 받은 존재들이기 때문입니다. 인간관계가 깨지는 것은 곧 하나님과의 관계가 깨지는 것과 같습니다. 그렇기 때문에 사람은 감정을 가진 이상 서로 싸울 수 있고 다툴 수도 있지만 그런 일이 있은 후에는 시간을 오래 끌지 말고 해가 지기 전에 서로 화해해야 합니다. 먼저 화해의 손을 내미는 사람이 성숙한 사람이고 하나님께 복받을 사람입니다. 이삭처럼 화해의 사람들이 되시기 바랍니다.

기도

1. 우리도 이삭처럼 적극적으로 순종하는 사람이 되게 하옵소서.
2. 우리도 이삭처럼 기도로 문제를 극복하는 사람이 되게 하옵소서.
3. 우리도 이삭처럼 먼저 화해의 손을 내미는 사람이 되게 하옵소서.

9

하나님의 VIP 야곱 1

아브라함의 아들 이삭의 족보는 이러하니라 아브라함이 이삭을 낳았고 이삭은 사십 세에 리브가를 맞이하여 아내를 삼았으니 리브가는 밧단 아람의 아람 족속 중 브두엘의 딸이요 아람 족속 중 라반의 누이였더라 이삭이 그의 아내가 임신하지 못하므로 그를 위하여 여호와께 간구하매 여호와께서 그의 간구를 들으셨으므로 그의 아내 리브가가 임신하였더니 그 아들들이 그의 태 속에서 서로 싸우는지라 그가 이르되 이럴 경우에는 내가 어찌할꼬 하고 가서 여호와께 묻자온대 여호와께서 그에게 이르시되 두 국민이 네 태중에 있구나 두 민족이 네 복중에서부터 나누이리라 이 족속이 저 족속보다 강하겠고 큰 자가 어린 자를 섬기리라 하셨더라.

창세기 25장 19-34절

우리나라 대통령을 지내신 분들 중에 김영삼 전 대통령은 경상남도 남해안 거제도에서 태어나 자랐고, 김대중 전 대통령은 전라남도 목포 앞바다에 있는 하의도라는 작은 섬에서 자랐습니다. 그 작은 섬에서 태어나고 자란 분들이 출세하고 성공해서 우리나라의 역대 대통령을 지냈습니다. 그런 분들에게 딱 어울리는 말이 있는데 "개천에서 용 났다"는 말입니다. 보잘것없는 마을에서 훌륭한 인물이 태어난 것을 가리켜 "개천에서 용 났다"고 하고, 별 볼 일 없던 사람이 성공해서 유명하게 되면 "미꾸라지 용 됐다"고 합니다.

성경에 나오는 사람들 중에 그 말이 아주 잘 어울리는 사람이 있는데 그가 바로 야곱입니다. 그는 본래 보잘것없는 사람이었습니다. 하나님은 이전의 그를 가리켜서 "버러지 같은 너 야곱아"(사 41:14)라고 말씀하셨습니다. 그러한 그가 출세하고 성공해서 이스라엘 민족의 조상이 되었습니다. 이스라엘이란 나라 이름은 바로 야곱의 이름에서 비롯되었습니다.

이스라엘 민족사를 말할 때 야곱을 빼놓고는 말할 수 없을 정도로 그는 이스라엘에게 있어서 매우 중요한 사람입니다. 그는 이스라엘 민족의 조상이 되었을 뿐만 아니라 물질적으로도 엄청난 복을 받아서 거부가 되었습니다. 그가 집을 떠날 때는 아무것도 가진 것이 없는 빈털터리였지만, 세월이 흐른 뒤 귀향할 때는 수많은 가솔들과 재물을 거느렸습니다. 빈손으로 떠났던 그가 거부가 되어 '금의환향'(錦衣還鄕)을 한 것입니다. 그가 그렇게 금의환향의 주인공이 될 수 있었던 비결이 무엇일까요?

한 편의 드라마 같은 야곱의 인생을 생각하면 오늘 우리도 큰 희망을 가질 수 있습니다. 본문을 통해 믿음의 VIP였던 야곱의 인생에 대해 살펴보도록 하겠습니다.

1. 자기 장막을 귀하게 여긴 사람입니다(창 25:27)

창세기 25장 27절은 “그 아이들이 장성하매 에서는 익숙한 사냥꾼이었으므로 들사람이 되고 야곱은 조용한 사람이었으므로 장막에 거주하니”라고 말씀합니다. 에서와 야곱은 이삭이 리브가와 결혼한 지 20년 만에 낳은 귀한 아들들이었습니다. 그들은 쌍둥이로 태어났지만 성장하면서 완전히 다른 스타일의 사람들이 되었습니다. 에서는 들과 산으로 돌아다니면서 사냥을 일삼는 들사람이 되었고, 야곱은 주로 장막에 거하며 어머니를 돕는 가정적인 사람이 되었습니다.

에서는 들사람이었기 때문에 한 곳에 차분히 머물러 있지 못하고 항상 사냥감을 좇아서 여기저기로 옮겨 다녔습니다. 그에 반해 야곱은 조용한 사람이었기 때문에 항상 장막에 거하면서 어머니의 일을 도와드렸습니다. 사냥감을 찾아서 떠돌아다니는 들사람인 에서를 육적인 사람이라고 한다면 장막에 거하는 야곱은 영적인 사람이라고 할 수 있습니다.

그들은 한 부모에게서 쌍둥이로 태어났지만 너무나 대조적인 삶을 살았습니다. 그런데 그 대조적인 삶의 모습 때문에 그들의 운명은 완전히 뒤바뀌고 말았습니다. 야곱은 동생이었으면서도 신앙의 계보를 잇는 민족 지도자가 되었고, 에서는 형이었지만 신앙의 계보에서 완전히 이탈해서 유리방황하는 불행한 사람이 되고 말았습니다. 여기서 우리는 어떤 삶을 사느냐에 따라서 그 사람의 장래와 운명이 결정된다는 것을 알 수 있습니다.

교인들의 신앙생활을 살펴보면, 들사람인 에서 스타일의 성도들이 있는가 하면 장막 중심의 사람인 야곱 스타일의 성도들이 있습니다. 에서 스타일의 성도는 한 교회에 정착하지 못하고 항상 자기 유익을 좇아 이 교회 저 교회 떠돌아다닙니다. 그러나 야곱 스타일의 성도는 항상 변함없는 모습으로 한 곳에 잘 정착하여 안정된 신앙생활을 합니다.

돌아다니는 것도 일종의 습관입니다. 이리저리 돌아다니기를 좋아하는 사람은 늘 돌아다녀야 합니다. 가만히 앉아 있으면 세상 돌아가는 것이 궁금하고 좀이 쑤셔서 가만히 앉아 있지를 못합니다. 신앙생활도 어느 한 교회에 정착하지 못하고 이 교회 저 교회를 떠돌아다닙니다. 그런 사람은 매사가 자기 중심적이기 때문에 어느 교회를 가더라도 마음에 흡족함이 없습니다. 가는 교회마다 밝은 면을 보기보다 어두운 면을 보고 불평불만을 앞세우면서 더 좋은 교회를 찾아서 돌아다니는 것입니다.

그런 분들은 하루라도 빨리 천국에 가셔야 합니다. 왜냐하면 천국에 가야 완벽한 교회를 만나고 완벽한 목사님을 만날 수 있기 때문입니다. 이 세상에는 어느 나라 어느 곳을 가도 완벽한 교회가 없고 완벽한 목사님도 만날 수 없습니다. 좋은 교회, 좋은 목사님인가 싶어서 가까이 다가가서 지내다 보면 보이지 않던 허물과 문제들이 보이게 마련입니다. 그러므로 지금까지 더 좋은 교회를 찾아서 돌아다녔다면 이제는 "여기가 좋사오니" 하고 내 교회에 잘 정착해서 신앙생활하시기 바랍니다.

2. 장자 명분을 귀하게 여긴 사람입니다(창 25:31)

창세기 25장 31-33절은 "야곱이 이르되 형의 장자의 명분을 오늘 내게 팔라……야곱이 이르되 오늘 내게 맹세하라 에서가 맹세하고 장자의 명분을 야곱에게 판지라"라고 말씀합니다. 형 에서는 자신의 장자 명분을 경홀히 여겼고, 동생 야곱은 장자의 명분을 귀중하게 여겼습니다. 에서는 육신의 배고픔을 이기지 못한 나머지 자신의 장자 명분을 동생 야곱에게 팔았습니다. 그것이 두 사람의 운명을 뒤바꿔 놓았습니다.

형 에서는 자신에게 주어진 장자의 명분보다 당장의 배고픔을 더 중요하게 여겼습니다. 그는 배고픔을 해결하기 위해 팥죽 한 그릇에 장자의 명분을 팔아버린 것입니다. 그런데 동생 야곱은 육신의 소욕보다 장자의 명분을 더 귀하게 여겼습니다. 그는 육신의 양식을 내어주고 장자의 명분을 자신의 것으로 삼았습니다. 그때부터 에서는 후회할 일들이 많아졌고 야곱은 기뻐할 일들이 많아졌습니다.

에서가 물질적인 가치관을 가진 사람이라고 한다면, 야곱은 영적인 가치관을 가진 사람이라고 할 수 있습니다. 영적인 가치관을 가진 야곱은 신앙을 계승해서 믿음의 족장이 될 수 있었지만, 육적인 가치관을 가진 에서는 육적인 것만을 쫓아다니다가 믿음의 계보에서 완전히 이탈하여 유리방황하는 인생이 되고 말았습니다. 성경에 나오는 인물 중에서 가장 불행한 사람 중 한 사람이 바로 에서입니다.

오늘 우리에게도 절대로 경홀히 여겨서는 안 될 장자권이 주어져 있음을 알아야 합니다. 두 가지가 바로 우리에게 주어진 장자권인데 첫째는, 예수님을 믿고 구원받은 것이고 둘째는, 하나님이 주신 직분입니다. 이 두 가지는 우리가 스스로 취한 것이 아니고 하나님이 주신 것입니다. 그러므로 우리가 축복받고 하나님 앞에 믿음의 VIP가 되려면 이 장자권을 소중히 여기고 잘 지켜야 합니다.

그런데 안타까운 마음을 갖게 하는 교인들이 참으로 많은 것 같습니다. 신앙생활은 목숨을 걸어야 할 만큼 중요한 일임에도 불구하고 그렇게 살고 있지 않다는 것입니다. 육신의 소욕 때문에 예수 믿는 것을 포기한다면 그것은 식물 때문에 장자권을 포기한 에서와 같은 것입니다. 예수를 믿는다는 것은 취미생활을 하다가 형편이 어려우면 중단하는 것 같은 하찮은 일이 아닙니다. 그런데 힘든 상황을 만났다고 신앙생활을 포기하는 것은 에서와 같은 사람이 되는 것입니다. 형편이 어렵다고 신앙생활을 하지 않는다면, 수십 번도 아니 수백 번도 더 신앙을 포기해야 할 때가 많은 것이 우리 인생입니다.

또한 우리가 신앙생활을 잘하려면 반드시 한 교회에 소속이 되어야 하고, 직책이나 직분이 주어질 때 그것을 소중히 여기고 최선을 다해 감당해야 하는데, 그것이 바로 우리에게 주어진 장자권입니다. 그 직분은 부담스러운 것이기도 하지만 또한 축복의 토대가 됩니다. 그러므로 힘들고 어려워도 교회 내에서 주어진 직분이나 직책을 소홀히 여겨서는 안 됩니다. 에서처럼 육신의 사람이 되지 말고 야곱처럼 영적인 사람이 되어 장자의 명분을 귀하게 여김으로 큰 복을 받으시기 바랍니다.

3. 별미 대접을 귀하게 여긴 사람입니다(창 27:4)

창세기 27장 4절은 "내가 즐기는 별미를 만들어 내게로 가져와서 먹게 하여 내가 죽기 전에 내 마음껏 네게 축복하게 하라"고 말씀합니다. 이삭이 나이가 많아 노쇠해졌을 때 꼭 해야 할 일이 있었는데 그것은 바로 자신의 장자인 에서에게 상속을 약속하는 축복 기도를 하는 일이었습니다. 그것은 당시 히브리인들에게 있어서 아주 중요한 의식 중 하나였습니다. 그들은 족장이 하나님의 이름으로 축복하면 그대로 이루어지는 것으로 여겼습니다.

그 중요한 의식을 행하기 전 에서에게 요구한 것이 바로 자신이 즐기는 별미를 만들어 가지고 오라는 것이었습니다. 그러면 별미를 먹고 여호와의 이름으로 축복하겠다는 것입니다. 어머니를 통해 그 말을 전해들은 야곱은 약삭빠르게 자기가 먼저 축복 기도를 받기 위해 집에 있는 염소를 잡아서 아버지가 즐겨 먹는 별미를 만들어 가지고 가서 먼저 대접을 했습니다. 나이가 많아 눈이 어둡고 분별력이 없어진 이삭은 그가 큰아들 에서인 줄 알고 여호와의 이름으로 모든 축복을 빌어 주었습니다.

그런데 나중에야 사냥한 고기로 별미를 만들어 온 에서는 동생이 자신이 받을 축복을 다 가로챈 걸 알고 분노하였습니다. 형과 아버지를 속이고 먼저 축복 기도를 받은 야곱의 모습은 정말 바른 행동이라고 할 수 없습니다. 그러나 성경이 이런 야곱의 모습을 가감 없이 기록한 것은 축복 기도를 받기 위해 아버지가 좋아하는 별미를 대접한 그의 모습을 강조하기 위해서입니다. 그 믿음이 그로 하여금 복을 받게 하였습니다.

예전에는 부흥회 때 강사 목사님들이 하나님께 복을 받으려면 주의 종에게 별미 대접을 잘해야 한다면서 식사 대접도 하게 하고, 양복도 사주고, 자동차도 사주도록 강요하는 일이 있었습니다. 여기서 별미 대접을 한다는 것은 그런 것이 아니라 하나님이 좋아하시는 일을 행하는 것입니다. 말씀에 순종 잘하고, 항상 깨어서 기도하고, 열심히 전도하는 일 등의 헌신의 삶이 바로 하나님이 좋아하시는 별미를 대접하는 것입니다. 오늘날도 성도들이 그렇게 하나님께 별미를 대접하는 신앙생활에 힘쓰신다면 반드시 복을 받게 될 것입니다.

하나님이 제사장들에게 주신 권세가 두 가지 있습니다. 첫째는 백성들의 편에 서서 하나님께 제사를 드리는 것이고, 둘째는 하나님의 편에 서서 백성들을 축복하는 것입니다. 제사를 드릴 때는 반드시 제사장들이 집례하도록 되어 있었습니다. 성경은 제사장들이 백성들을 축복하면 하나님이 축복해 주시겠다고 약속하셨습니다(민 6:27). 그렇기 때문에 하나님의 백성이 제사장에게 축복 기도를 받는다는 것은 매우 중요한 일이었습니다.

구약 시대가 그랬다면 오늘날도 마찬가지입니다. 지금 아무리 만인 제사장설을 주장하더라도, 하나님의 일을 감당하기 위해 기름 부음 받은 주의 종이 성도들을 축복하며 기도하는 것은 아주 중요합니다. 성도들은 그저 할 수만 있으면 하나님이 원하시는 별미 대접을 잘하시고, 주의 종들은 성도들에게 믿음으로 축복 기도를 해드릴 수 있어야 합니다. 그럴 때 반드시 복을 받게 될 것입니다. 야곱처럼 별미 대접하는 것을 귀하게 여기시기 바랍니다.

기도

1. 떠돌이 신앙생활을 청산하고 야곱처럼 한 교회에 정착하는 신앙생활을 하게 하옵소서.
2. 아무리 힘들고 어려워도 영적인 장자권을 소중히 여기고 잘 지킬 수 있게 하옵소서.
3. 하나님이 좋아하시는 별미를 잘 대접해서 영육 간에 축복받는 사람이 되게 하옵소서.

10

하나님의 VIP **야곱 2**

야곱이 브엘세바에서 떠나 하란으로 향하여 가더니 한 곳에 이르러는 해가 진지라 거기서 유숙하려고 그곳의 한 돌을 가져다가 베개로 삼고 거기 누워 자더니 꿈에 본즉 사닥다리가 땅 위에 서 있는데 그 꼭대기가 하늘에 닿았고 또 본즉 하나님의 사자들이 그 위에서 오르락내리락하고 또 본즉 여호와께서 그 위에 서서 이르시되 나는 여호와니 너의 조부 아브라함의 하나님이요 이삭의 하나님이라 네가 누워 있는 땅을 내가 너와 네 자손에게 주리니 네 자손이 땅의 티끌 같이 되어 네가 서쪽과 동쪽과 북쪽과 남쪽으로 퍼져나갈지며 땅의 모든 족속이 너와 네 자손으로 말미암아 복을 받으리라 내가 너와 함께 있어 네가 어디로 가든지 너를 지키며 너를 이끌어 이 땅으로 돌아오게 할지라 내가 네게 허락한 것을 다 이루기까지 너를 떠나지 아니하리라 하신지라 야곱이 잠이 깨어 이르되 여호와께서 과연 여기 계시거늘 내가 알지 못하였도다 이에 두려워하여 이르되 두렵도다 이곳이여 이것은 다름 아닌 하나님의 집이요 이는 하늘의 문이로다 하고 야곱이 아침에 일찍이 일어나 베개로 삼았던 돌을 가져다가 기둥으로 세우고 그 위에 기름을 붓고 그곳 이름을 벧엘이라 하였더라.

창세기 28장 10-22절

예수님의 첫 번째 기적은 가나의 혼인잔치 집에서 물이 포도주로 변한 사건입니다. 과연 어느 순간에 물이 포도주로 변했을까요? 한번 알아맞혀보시기 바랍니다. 첫째, 항아리에 담긴 물을 뜨는 순간에 포도주로 변했을 것이다. 둘째, 항아리에 담긴 물을 떠서 들고 가는 순간에 포도주로 변했을 것이다. 셋째, 물을 떠서 연회장에게 갖다 주었을 때 포도주로 변했을 것이다. 사실 그것은 아무도 알 수 없습니다.

예수님이 공생애 기간에 행하신 첫 기적이 바로 물을 포도주로 변화시킨 사건인데, 예수님이 행하신 기적마다 각각의 주제가 있습니다. 그 첫 번째 기적의 주제는 바로 '변화'였습니다. 왜 가장 먼저 변화라는 주제로 첫 번째 기적을 행하셨을까요? 그것은 바로 누구든지 예수 그리스도를 믿으면 변화될 수 있다는 것과 누구든지 예수 그리스도를 믿으면 변화되어야 한다는 메시지를 전하시기 위함이었습니다. 예수를 믿는데도 아무런 변화가 없다면 자신의 신앙을 뒤돌아보아야 합니다.

성경에 나오는 인물 중 하나님을 만나고 난 후 가장 크게 변화된 사람은 바로 야곱입니다. 과거에 그는 '버러지 같은 야곱'이었는데 이제는 '이스라엘'(승리자)이 되었습니다. 과거에 그는 남을 속이는 자였지만 이후에는 온 백성들로부터 존경받는 민족의 지도자가 되었습니다. 과거에 그는 무일푼 인생이었지만 이후에는 엄청난 거부가 되었습니다. 그는 하나님 안에서 변화된 진정한 믿음의 VIP였습니다.

한 편의 드라마와 같은 인생을 살았던 야곱이 오늘 우리에게 큰 도전과 희망을 줍니다. 그는 과연 어떤 사람이었는지 본문을 통해 살펴보도록 하겠습니다.

1. 서원을 이행한 사람입니다(창 28:20-22)

창세기 28장 20-22절은 "야곱이 서원하여 이르되……내가 기둥으로 세운 이 돌이 하나님의 집이 될 것이요 하나님께서 내게 주신 모든 것에서 십분의 일을 내가 반드시 하나님께 드리겠나이다 하였더라"고 말씀합니다. 야곱은 형과 아버지를 속이고 장자권을 취한 것 때문에 하란에 있는 외삼촌의 집으로 도망을 가게 되었는데 가는 도중에 하나님을 만나게 되었습니다. 그는 너무나 감격한 나머지 하나님 앞에 특별한 서원(誓願)을 하게 되었습니다.

그 서원의 내용은, 자신의 가는 길을 지켜주시고 함께해 주신다면 반드시 이곳으로 돌아와서 하나님 앞에 제단을 쌓을 것이며, 하나님이 주시는 모든 것에서 십일조를 드리겠다는 것이었습니다. 그것은 누가 가르친 것도 아니고 시킨 것도 아닙니다. 다만 야곱 자신이 하나님을 만나고 난 후 너무 감격해서 스스로 하나님 앞에 맹세한 것이었습니다. 그로부터 이십 년의 세월이 흐른 후 그는 다시 그 장소로 돌아와서 자신이 맹세하며 서원한 것을 지켰습니다.

이십 년이란 긴 세월이 지나갔지만 하나님 앞에 맹세하고 서원한 것이기 때문에 지키지 않을 수가 없었습니다. 그가 돌아와서 약속을 지켰을 때 하나님께서 크게 기뻐하시고 영광받으셨습니다. 사사로운 약속도 반드시 지켜야 하는데, 특별한 사정이 있어서 특별한 마음으로 하나님께 서원한 것을 지키지 않는다면 하나님께서 크게 진노하실 것입니다. 하나님은 신실하신 분이기 때문에 한번 약속한 것은 반드시 지키시는 분입니다. 그러므로 우리도 하나님 앞에 약속한 것은 반드시 잘 지키는 사람들이 되어야 합니다.

저는 청소년기를 지나면서 꼭 하고 싶었던 일이 바텐더였습니다. 칵테일 바에서 여러 가지 술과 음료수를 섞어서 현란한 몸짓으로 손님들의 눈과 입을 사로잡는 바텐더가 너무 하고 싶었습니다. 그다음에 하고 싶었던 것이 탤런트였습니다. 수많은 사람들을 웃고 울게 하는 탤런트가 너무 좋아 보였고 정말 하고 싶었습니다. 그런데 바텐더도 아니고 탤런트도 아닌 목사가 되었습니다.

제가 목사가 된 것은 바로 서원 기도를 한 것 때문입니다. 투병생활을 할 때 저의 신앙을 권면해 주시던 분이 하나님 앞에 서원 기도를 한번 해보라고 일러주었습니다. 그래서 "만일 하나님께서 저를 고쳐주시고 낫게 해주신다면 신학교를 가서 제 평생을 하나님께 드리겠습니다"라고 서원했습니다. 그로부터 얼마 후에 기적같이 병이 나았고, 저는 하나님 앞에 서원한 것을 지키기 위해 신학교에 가고 목사가 되었습니다.

전도서 5장 4절은 "네가 하나님께 서원하였거든 갚기를 더디게 하지 말라 하나님은 우매한 자들을 기뻐하지 아니하시나니 서원한 것을 갚으라"고 말씀합니다. 자기 입으로 서원해 놓고 시간이 지난 후에 '내가 실수했다'고 말하면 안 된다는 것입니다. 누구든지 하나님 앞에 서원을 했으면 반드시 갚아야 합니다. 비록 손해를 볼지라도 서원한 것은 이행해야 합니다. 야곱은 서원 기도를 이행한 사람입니다. 오늘 우리도 하나님 앞에 함부로 서원하지 말고 혹시 서원했다면 반드시 이행하시기 바랍니다.

2. 책임감이 강한 사람입니다(창 31:38-40)

창세기 31장 38-40절은……"내가 이 이십 년을 외삼촌과 함께하였거니와…… 물려 찢긴 것은 내가 외삼촌에게로 가져가지 아니하고 낮에 도둑을 맞았든지 밤에 도둑을 맞았든지 외삼촌이 그것을 내 손에서 찾았으므로 내가 스스로 그것을 보충하였으며……"라고 말씀합니다. 야곱은 집을 떠나 하란에 있는 외삼촌의 집으로 가서 이십 년 동안 머슴살이를 하게 되었는데 그야말로 충성스럽게 외삼촌의 일을 도와 드렸다는 것입니다.

남이 아닌 외삼촌이기 때문에 좀 편안한 마음으로 일을 해도 될 텐데 그에게는 적당함이나 대충이라는 것이 없었습니다. 낮에는 더위와 싸우고 밤에는 추위와 싸우며 눈 붙일 겨를 없이 그야말로 불철주야로 일했습니다. 그의 충성심과 책임감은 어느 종들에게서도 찾아볼 수 없는 것이었습니다. 외삼촌의 가축들을 돌보다가 짐승에게 잡혀 먹히든지 아니면 도적을 맞아서 손실이 생기면 자기가 대신 그것을 물어냈습니다.

이렇듯 그가 책임감 있게 충성을 다한 덕분에 외삼촌 라반의 소유는 점점 더 많아졌습니다. 뿐만 아니라 나중에는 하나님께서 야곱을 크게 축복하셔서 그의 소유를 외삼촌의 모든 소유보다 더 많게 해주셨습니다(창 30:43). 그가 그렇게 복을 받아서 거부가 될 수 있었던 것은 결코 우연한 일이 아니었습니다. 책임감을 가지고 충성을 다하는 그 모습을 보시고 하나님께서 그를 크게 축복하신 것입니다. 예나 지금이나 책임감을 가지고 충성을 다하는 사람이 하나님께 축복을 받습니다.

마태복음 25장에 보면 달란트 비유가 나옵니다. 주인으로부터 각각 그 재능대로 다섯 달란트, 두 달란트, 한 달란트 받은 종들이 있었습니다. 이 세 사람 중 다섯 달란트 받은 사람과 두 달란트 받은 사람은 주인에게 칭찬을 받고 상을 받았지만 한 달란트 받은 사람은 책망을 받고 있던 것마저 빼앗기고 말았습니다. 무엇이 그들로 하여금 그토록 상반된 결과를 맞이하게 했을까요? 그것은 바로 책임감이 있느냐 없느냐의 차이 때문이었습니다.

다섯 달란트, 두 달란트 받은 종들은 받자마자 '바로' 가서 그것을 밑천으로 장사를 했고, 한 달란트 받은 종은 가기는 갔지만 '바로' 갔다는 말씀이 없고 그것을 땅에 묻어 두었습니다. 사명이 주어졌을 때 지체하지 않고 곧바로 갔다는 것은 책임감이 있었음을 보여 줍니다. 그러나 가기는 갔지만 곧바로 가지 않은 것은 책임감이 없었다는 것을 말해 줍니다. 책임감을 가지고 노력하는 사람과 책임감 없이 일하는 사람이 서로 다른 결과를 얻게 되는 것은 당연한 일입니다.

사도 바울은 "우리는 하나님의 비밀을 맡은 일꾼들인데 맡은 자들에게 구할 것은 충성"(고전 4:1-2)이라고 말씀했습니다. 하나님은 책임감 있는 사람을 좋아하시고 그런 사람들에게 사명을 주십니다. 세상의 일도 책임감을 가지고 해야 하는데 하물며 하나님의 일을 맡았다면 더욱더 책임감 있게 일해야 할 것입니다. 야곱처럼 책임감 있게 맡은 직분과 사명을 잘 감당하는 우리 모두가 될 수 있기를 바랍니다.

3. 기도로 승리한 사람입니다(창 32:24-26)

창세기 32장 24-26절은 "야곱은 홀로 남았더니 어떤 사람이 날이 새도록 야곱과 씨름하다가 자기가 야곱을 이기지 못함을 보고 그가 야곱의 허벅지 관절을 치매 야곱의 허벅지 관절이 그 사람과 씨름할 때에 어긋났더라……"라고 말씀합니다. 이십 년 만에 집으로 돌아오던 야곱은 형 에서가 사백 명을 거느리고 그를 만나러 온다는 소식을 듣고 너무나 불안하고 답답한 나머지 온 밤을 지새우며 하나님 앞에 기도했습니다. 얼마나 사력을 다해 기도했던지 엉덩이 뼈가 위골되었다고 했습니다.

그가 기도한 것을 두고 씨름했다고 표현한 것은 그가 그만큼 절박한 심정으로 간절하게 기도했음을 말해 주는 것입니다. 씨름 선수들이 이기기 위해 젖 먹던 힘을 다하는 것처럼 그는 사력을 다해 기도했습니다. 그가 그렇게 간절히 기도한 것은 에서가 장자권을 빼앗긴 것 때문에 반드시 복수하겠다고 작심하고 자기를 향해 달려오고 있다는 소식을 들었기 때문입니다. 어떻게 하면 형 에서의 원한 맺힌 마음을 풀어줄 수 있을까 생각하다가 하나님께 기도한 것입니다. 기도하면 하나님께서 반드시 그 마음을 풀어 주실 줄 믿었습니다.

그렇게 밤을 지새우며 기도한 결과 놀라운 일이 일어났습니다. 그렇게도 원한으로 가득 찼던 에서의 마음이 동생 야곱을 보는 순간, 마치 봄눈 녹듯이 녹아지면서 한걸음에 달려와 눈물로 맞이해 주었던 것입니다. 그것은 분명 하나님께서 역사하셨기 때문입니다. 하나님께서 그렇게 역사하신 이유는 야곱이 사력을 다해 죽기 살기로 기도했기 때문입니다. 야곱은 기도로 인생을 승리한 사람입니다.

독일의 저명한 심리학자인 트라우트 타르가 쓴 《나도 가끔은 주목받는 사람이 되고 싶다》라는 책이 있습니다. 그 책의 내용을 보면 타인에게 주목받는다는 것은 곧 사람들의 관심과 사랑의 대상이 된다는 것을 말하며, 신뢰를 한 몸에 받는다는 것을 의미하기 때문에 타인들이 자신을 주목할 수 있도록 허락해야 하며, 사람들이 나를 주목할 수 있도록 결정적인 매력 포인트를 만들어야 한다고 제안하고 있습니다.

사람들로부터 주목받는다는 것은 그만큼 인정을 받는다는 것이기 때문에 좋은 것입니다. 많은 사람들의 주목을 받다 보면 피곤한 부분도 있지만 좋은 일들이 더 많습니다. 사람들로부터 주목받지 못하는 사람은 성공할 수 없습니다. 성공하는 사람들의 대부분은 주목받는 사람들입니다. 사람들의 주목을 받는 것도 좋은 일인데 하물며 하나님의 주목을 받고 있다면 얼마나 귀하고 행복한 일이겠습니까? 하나님의 관심의 대상이 되고 하나님께 주목받는 사람은 참으로 복 있는 사람입니다.

그러면 어떻게 해야 하나님께 주목받는 인생을 살 수 있을까요? 내 삶의 모든 문제를 주님 앞에 내어 놓고 부르짖어 간구할 때 나를 주목해 주십니다. 세상 사람들은 잘난 사람, 똑똑한 사람을 주목하지만 우리 하나님은 오직 그분께만 시선을 고정시키고 도와달라고 간구하는 사람을 주목하십니다. 성경에서 주님의 마음을 사로잡고 주목받는 사람들은 다 그런 사람들이었습니다. 문제 앞에 낙심하지 말고 야곱처럼 부르짖고 간구하여 하나님께 주목받는 사람들이 되시기를 바랍니다.

기도

1. 우리도 야곱처럼 하나님 앞에 서원한 것을 이행하는 사람이 되게 하옵소서.
2. 우리도 야곱처럼 책임감 있게 사명을 감당하는 사람이 되게 하옵소서.
3. 우리도 야곱처럼 부르짖고 간구함으로 승리하는 인생이 되게 하옵소서.

11

하나님의 VIP 요셉1

요셉이 꿈을 꾸고 자기 형들에게 말하매 그들이 그를 더욱 미워하였더라 요셉이 그들에게 이르되 청하건대 내가 꾼 꿈을 들으시오 우리가 밭에서 곡식 단을 묶더니 내 단은 일어서고 당신들의 단은 내 단을 둘러서서 절하더이다 그의 형들이 그에게 이르되 네가 참으로 우리의 왕이 되겠느냐 참으로 우리를 다스리게 되겠느냐 하고 그의 꿈과 그의 말로 말미암아 그를 더욱 미워하더니 요셉이 다시 꿈을 꾸고 그의 형들에게 말하여 이르되 내가 또 꿈을 꾼즉 해와 달과 열한 별이 내게 절하더이다 하니라 그가 그의 꿈을 아버지와 형들에게 말하매 아버지가 그를 꾸짖고 그에게 이르되 네가 꾼 꿈이 무엇이냐 나와 네 어머니와 네 형들이 참으로 가서 땅에 엎드려 네게 절하겠느냐 그의 형들은 시기하되 그의 아버지는 그 말을 간직해 두었더라.

창세기 37장 5–11절

우리나라는 전세계에서 찾아보기 힘들 정도로 본래 단일민족이었습니다. 그런데 이젠 그것도 옛말이 되었고 지금은 상황이 많이 바뀌었습니다. 우리나라에 거주하는 외국인이 이미 백만 명을 넘어섰고, 그 중에 외국인과 결혼해서 자녀를 낳고 사는 사람들의 수는 수십 만 명에 이릅니다. 그러니 이제는 우리나라도 단일민족이 아니라 다민족 국가가 된 것입니다. 지난번 우리나라 국회의원 선거 때 한국으로 시집 온 한 필리핀 여성이 모 정당의 국회의원 후보로 출마해서 온 국민들의 관심을 끈 적이 있습니다.

외국에서 시집 온 사람이 국회의원으로 출마를 해도 놀라운 일인데, 만약 외국에서 이민 온 사람이 우리나라의 국무총리로 발탁이 된다면 얼마나 놀라운 일이겠습니까? 자기 나라에서 국무총리가 되는 것도 놀라운 일인데 다른 나라에 이민을 가서 그 나라의 국무총리가 된다면 정말 놀라운 일일 것입니다. 국무총리란 말 그대로 그 나라의 모든 국무를 총리하는 자리이기 때문에 그 직책을 맡는다는 것은 정말 대단한 일입니다.

요셉이 바로 그 주인공입니다. 그는 가나안 땅에서 애굽으로 팔려간 사람인데 그 나라의 총리가 되었습니다. 당시 애굽은 변방의 한 작은 나라가 아니라 세계를 호령하는 대제국이었는데, 그 나라의 총리가 되었다는 것은 정말 엄청난 일이었습니다. 그것도 그의 나이 30세에 대제국 애굽의 총리가 되었으니 이는 세계 역사 속에 기록될 만한 놀라운 일이었습니다.

요셉이 그렇게 놀라운 축복을 받을 수 있었던 비결은 무엇일까요?

본문을 통해 믿음의 VIP였던 요셉의 신앙에 대해 조명해 보도록 하겠습니다.

1. 꿈을 꾸고 꿈을 품은 사람입니다(창 37:5-11)

창세기 37장 5-7절은 "요셉이 꿈을 꾸고 자기 형들에게 말하매 그들이 그를 더욱 미워하였더라……우리가 밭에서 곡식 단을 묶더니 내 단은 일어서고 당신들의 단은 내 단을 둘러서서 절하더이다"라고 말씀합니다. 요셉은 어린 시절 두 차례에 걸쳐서 꿈을 꾸게 되었는데 형님들의 단이 자기 단을 향해 절하는 꿈이었습니다. 그 꿈대로라면 형들 모두가 자기에게 절을 하게 된다는 뜻입니다. 요셉은 그 꿈 때문에 형제들의 미움을 받게 되었습니다.

요셉이 꿈꾸고 나서 그 꿈을 말했을 때 형들의 심기는 매우 불편했습니다. 형들이 아우인 요셉 앞에 무릎을 꿇고 절을 하게 될 것이라는데 그들의 기분이 좋을 리 없었습니다. 형들은 그의 꿈 이야기를 말도 안 되는 헛소리라고 여겼습니다. 그러나 요셉은 자신의 꿈을 가슴에 품었습니다. 그는 반드시 자신의 꿈이 이루어질 것을 믿었습니다.

오랜 세월 후 요셉은 드디어 애굽의 총리가 되었고, 가나안 땅에 살고 있던 그의 형들은 애굽에 양식을 사러 와서 동생 앞에 무릎을 꿇게 되었습니다. 요셉이 가슴에 품었던 꿈이 이루어진 것입니다. 만약 그가 어린 시절에 꾸었던 꿈을 무시하거나 잊어버렸다면 그의 꿈은 이루어지지 않았을 것입니다. 그런데 꿈을 꾼 후 반드시 자신의 꿈이 이루어질 것이라는 믿음을 가졌기에 그의 꿈이 이루어진 줄로 믿습니다. 요셉이 믿음의 VIP가 될 수 있었던 것은 꿈을 꾸고 꿈을 품은 사람이었기 때문입니다.

자동차왕으로 불리는 헨리 포드라는 사람이 있습니다. 디트로이트에 가면 그의 업적을 기념하는 기념관이 있는데, 그 기념관 입구에는 그의 사진과 함께 "헨리 포드는 꿈꾸는 사람이었고 그의 아내는 기도하는 사람이었다"라는 글귀가 새겨져 있습니다. 그는 16세 때 의사가 너무 늦게 오는 바람에 어머니가 죽게 되자 마차보다 더 빨리 달릴 수 있는 교통 수단이 있으면 좋겠다는 생각을 하게 되었고, 그러한 그의 꿈이 자동차를 발명하게 하였습니다.

자동차 발명에 몰두하던 1896년 여름 드디어 그토록 꿈꾸던 자동차를 만들어서 포드 1호라고 이름을 붙였습니다. 포드는 자동차 발명을 축하하는 자리에서 "앞으로 한 세기가 가기 전에 미국의 모든 집에서 이런 자동차를 한 대씩 갖게 될 것입니다"라고 호언장담했습니다. 물론 거기 모인 사람들은 그의 말을 농담으로 여겼고 아무도 믿지 않았습니다. 그러나 그의 꿈과 말은 그대로 이루어져서 지금은 집집마다 다 자동차를 가지고 있습니다.

인류의 역사는 믿음으로 꿈꾸는 사람들에 의해 이루어져 왔습니다. 꿈꾸는 사람들이 없었다면 인류의 역사는 발전하지 못했을 것입니다. 믿음으로 꿈꾸고 그 꿈을 품는 사람이 성공할 수 있고 역사를 발전시킬 수 있습니다. 요셉은 꿈을 꾸고 그 꿈을 품은 것 때문에 온갖 미움과 시련을 겪었지만, 결코 꿈을 포기하지 않았기에 마침내 자신의 꿈을 이룰 수 있었습니다. 오늘 우리도 지금은 비록 힘들고 어려워도 믿음으로 보다 나은 내일을 꿈꾸며 그 꿈을 품고 나아갈 때 꿈을 이룰 수 있음을 잊지 마시기 바랍니다.

2. 말씀에 온전히 순종한 사람입니다(창 37:12-17)

창세기 37장 12-13절은 "……이스라엘이 요셉에게 이르되 네 형들이 세겜에서 양을 치지 아니하느냐 너를 그들에게로 보내리라 요셉이 아버지에게 대답하되 내가 그리하겠나이다"라고 말씀합니다. 아버지 야곱이 어느 날 요셉을 불러 말하기를, 세겜에서 양떼를 치고 있는 형들을 찾아가서 잘 있는지 여부를 알아보고 오라고 하였습니다. 아버지의 말씀에 그는 즉시 "내가 그리하겠나이다"라고 순종했습니다.

그때 그의 나이 17세였고 형제들이 자기를 얼마나 미워하고 있는지도 익히 알고 있었습니다. 모든 형제들이 그를 미워했습니다. 그런 형들을 찾아갔다가 무슨 봉변을 당할지 알 수 없는 일이었습니다. 결국 요셉은 아버지의 심부름을 갔다가 그날 형들에 의해 애굽으로 팔려가게 되었습니다. 아버지의 심부름이라지만 자신에게 어려움이 닥쳐올 것을 뻔히 알면서도 형제들에게로 간다는 것은 쉽지 않은 결정이었을 것입니다.

그럼에도 불구하고 그는 아버지의 말씀을 거역하지 않고 "내가 그리하겠나이다"라고 대답하고 있습니다. 요셉은 꿈꾸는 사람이었을 뿐만 아니라 아버지의 말씀에 온전히 순종하는 사람이었습니다. 그의 순종은 예수께서 아버지 하나님의 말씀에 온전히 순종하는 모습을 보여 주고 있습니다. 우리 역시도 하나님의 말씀에 온전히 순종해야 함을 보여 주는 말씀이기도 합니다.

하나님이 크게 축복하신 사람들의 특징은 다 "예, 그리하겠나이다"라고 순종한 것이었습니다. 하나님은 순종하는 사람들을 귀한 일꾼으로 사용하셨습니다. 노아는 하나님이 물로 세상을 심판할 것이니 방주를 지으라고 말씀하셨을 때 "예, 그리하겠나이다"라고 순종했습니다. 아브라함도 독자 아들을 제물로 바치라고 말씀하셨을 때 "예, 그리하겠나이다"라고 순종했습니다. 베드로 역시 깊은 데로 가서 그물을 던지라고 말씀하셨을 때 "예, 그리하겠나이다"라고 순종했습니다.

믿음은 하나님의 말씀에 순종함으로 드러납니다. 순종이 없는 믿음은 믿음이 아닙니다. 하나님 말씀에 순종하면 하나님이 내 편이 되어 주시기 때문에 안전합니다. 우리가 세상을 살아가는 데 있어서 하나님을 내 편으로 모시고 사는 것보다 더 행복한 일은 없습니다. 하나님을 내 편으로 모시는 데 돈이 드는 것도 아닙니다. 누구든지 하나님 말씀에 순종하는 믿음만 있으면 됩니다.

유명한 청교도 신학자인 토머스 왓슨은 "하나님께 순종하는 것은 우리의 의무라기보다는 우리의 특권이다. 왜냐하면 하나님은 언제나 우리에게 유익이 되는 것만 말씀하시고 명령하시기 때문이다"라고 했습니다. 하나님은 우리에게 해(害)가 되거나 손해가 될 일은 절대로 시키지 않습니다. 언제든지 우리에게 유익이 되고 축복이 되는 일을 시키십니다. 당신도 요셉처럼 온전히 순종하여 하나님을 내 편으로 모시고 사는 특권을 누리시기 바랍니다.

3. 고난의 터널을 통과한 사람입니다(창 37:18-24)

창세기 37장 23-24절은 "요셉이 형들에게 이르매 그의 형들이 요셉의 옷 곧 그가 입은 채색옷을 벗기고 그를 잡아 구덩이에 던지니 그 구덩이는 빈 것이라 그 속에 물이 없었더라"라고 말씀합니다. 요셉이 아버지의 심부름으로 형들이 있는 곳을 찾아가자 그의 형들은 그를 붙잡아서 옷을 벗기고 물이 없는 구덩이에 던져 넣었습니다. 물이 없는 구덩이에 던져 넣은 것은 거기서 죽기를 바란 것입니다.

그때 마침 형들의 눈에 낙타에 여러 가지 물건을 싣고 가는 상인들의 모습이 보였습니다. 이를 본 유다가 구덩이에 던져 넣은 요셉을 꺼내서 그들에게 돈을 받고 팔자는 제안을 했고, 이에 요셉은 은 이십 냥에 애굽으로 팔려가게 되었습니다. 당시 은 이십 냥은 노예 한 사람의 값으로 요셉은 형제들에 의해 노예가 되어 머나먼 이국 땅으로 팔려가게 된 것입니다. 남이 아닌 형제들에 의해 팔려갔으니 얼마나 슬프고 비통한 마음이 들었겠습니까?

애굽에 팔려간 요셉은 또다시 군대장관 보디발의 집으로 팔려가게 되었고, 그 집에서 가정 총무로 일하던 중 억울한 누명을 쓰고 감옥에 갇히게 되었습니다. 그런데 한 가지 놀라운 점은, 요셉은 수없이 많은 억울한 일을 당하면서도 단 한번도 누구를 원망하거나 자신의 처지를 한탄한 적이 없다는 것입니다. 그는 자신에게 일어나는 모든 일들이 하나님의 섭리 안에 이루어지고 있음을 믿음으로 받아들였습니다. 그렇게 모질고도 험난한 고난의 터널을 믿음으로 통과했던 것입니다.

고속버스나 기차를 타고 여행을 하다 보면 긴 터널을 통과할 때가 있습니다. 갑자기 터널 속으로 들어가면 기분이 좋지 않습니다. 사방이 어둡고 캄캄해서 아무것도 보이지 않기 때문에 답답합니다. 그러나 잠시 후면 차가 그 터널을 빠져나간다는 것을 알기에 참고 견딜 수 있습니다. 어둡고 답답하더라도 참고 기다리면 되는데 "왜 이렇게 어둡고 답답하냐?"고 소리를 지르거나 뛰어내린다면 큰 사고를 당하게 될 것입니다.

우리도 세상을 살다 보면 어둡고 캄캄한 고난의 터널을 만날 때가 있습니다. 고난은 늘 예고 없이 닥쳐오기 때문에 너무 당황스럽고 답답하고 견디기가 힘이 듭니다. 삶의 중압감 때문에 너무 괴로워서 잠도 오지 않습니다. 그렇다고 고난의 터널을 통과할 때 그곳에서 소리치고 뛰어내리면 안 됩니다. 조금만 참고 견디면 곧 고난의 터널을 통과하게 되고 밝은 세상이 펼쳐지는데, 그것을 참지 못하고 그 안에서 소리치고 뛰어내린다면 정말 어리석은 사람이라고 할 것입니다.

"고난은 위장된 축복이다"라는 말이 있습니다. 하나님이 우리에게 축복을 주실 때는 고난이라는 보자기에다 싸서 가지고 오신다는 말입니다. 고난이라는 보자기만 보고 지레 겁을 먹고 낙담하지 말고 그 보자기 안에 싸여 있는 축복을 볼 줄 알아야 합니다. 요셉이 애굽의 총리가 될 수 있었던 것은 고난의 터널을 잘 통과했기 때문입니다. 고난의 터널을 통과한 사람에게는 반드시 풍성한 축복이 주어집니다. 그러므로 고난의 터널을 잘 통과하여 하나님이 예비하신 풍성한 축복을 받으시기 바랍니다.

기도

1. 우리도 요셉처럼 믿음으로 꿈꾸고 꿈을 품은 사람이 되게 하옵소서.
2. 우리도 요셉처럼 아버지의 말씀에 온전히 순종하는 사람이 되게 하옵소서.
3. 우리도 요셉처럼 고난의 터널을 잘 통과하는 사람이 되게 하옵소서.

12

하나님의 VIP 요셉 2

요셉이 이끌려 애굽에 내려가매 바로의 신하 친위대장 애굽 사람 보디발이 그를 그리로 데려간 이스마엘 사람의 손에서 요셉을 사니라 여호와께서 요셉과 함께하시므로 그가 형통한 자가 되어 그의 주인 애굽 사람의 집에 있으니 그의 주인이 여호와께서 그와 함께하심을 보며 또 여호와께서 그의 범사에 형통하게 하심을 보았더라 요셉이 그의 주인에게 은혜를 입어 섬기매 그가 요셉을 가정 총무로 삼고 자기의 소유를 다 그의 손에 위탁하니 그가 요셉에게 자기의 집과 그의 모든 소유물을 주관하게 한 때부터 여호와께서 요셉을 위하여 그 애굽 사람의 집에 복을 내리시므로 여호와의 복이 그의 집과 밭에 있는 모든 소유에 미친지라 주인이 그의 소유를 다 요셉의 손에 위탁하고 자기가 먹는 음식 외에는 간섭하지 아니하였더라 요셉은 용모가 빼어나고 아름다웠더라.

창세기 39장 1–6절

신앙생활을 하는 데 있어서 꼭 받아야 할 세 가지가 있습니다. 첫째는 구원을 받아야 하고, 둘째는 능력을 받아야 하고, 셋째는 축복을 받아야 합니다. 온 천하를 다 얻어도 구원받지 못하면 아무 소용이 없기 때문에 반드시 구원을 받아야 합니다. 그리고 신앙생활은 사단 마귀와의 영적 싸움이기 때문에 그 전투에서 승리하기 위해서는 능력을 받아야 합니다. 또한 축복을 받아서 더욱더 하나님의 영광을 위해 살아야 합니다.

그런데 이 세 가지를 받는 방법이 각각 다릅니다. 구원은 오직 믿음으로 받을 수 있습니다. 능력은 기도하고 간구함으로 받을 수 있고, 축복은 행함으로 받을 수 있습니다. 예수 그리스도를 믿지 않고서는 구원을 받을 수 없고, 기도하지 않고서는 능력을 받을 수 없고, 행함이 없으면 축복을 받을 수 없습니다. 하나님은 행한 대로 갚아 주시고, 심은 대로 거두게 하시는 분이기 때문에 축복을 받으려면 하나님이 귀하게 여기실 만한 행함을 보여 드려야 합니다.

야곱의 열두 아들들 가운데 가장 귀한 축복을 받은 자녀는 바로 요셉입니다. 야곱은 죽기 전에 요셉을 축복하기를 "전능하신 하나님이 너를 도와주실 것이며 샘 곁에 심겨진 나무가 담장 너머로 가지를 뻗치는 것처럼 될 것"(창 49:22-26)이라고 했는데, 요셉의 생애를 살펴보면 그런 축복을 받은 인생이 되었습니다. 요셉이 그렇게 큰 축복을 받을 수 있었던 이유는 바로 그에게 그런 복을 받을 만한 믿음이 있었기 때문입니다.

길고도 혹독한 고난의 터널을 통과하고 마침내 큰 축복을 받은 요셉은 분명 믿음의 VIP였습니다. 본문을 통해 요셉이 축복받은 비결이 무엇인지 살펴보고 우리도 그와 같은 삶을 살 수 있게 되기를 바랍니다.

1. 세상에 하나님을 보여 준 사람입니다(창 39:2-3)

창세기 39장 2-3절은 "여호와께서 요셉과 함께하시므로……그의 주인이 여호와께서 그와 함께하심을 보며 또 여호와께서 그의 범사에 형통하게 하심을 보았더라"라고 말씀합니다. 애굽의 시위대장이었던 보디발 장군이 요셉을 통해 하나님을 보았다는 것입니다. 시위대장은 왕궁의 경호 대장에 해당하는 높은 사람인데 그는 하나님을 알지도 못하는 사람이었습니다. 그런데 그가 종으로 데리고 있는 요셉을 통해 하나님을 보았다는 것입니다.

요셉은 비록 자기 형제들에 의해 애굽에 종으로 팔려왔지만 다른 종들과는 뭔가 달랐습니다. 그는 다른 종들에 비해 용모가 준수하고 아담했습니다. 그는 다른 종들과 달리 얼굴 표정이 밝았고, 무슨 일을 맡기든지 책임감 있게 맡은 일을 잘 감당하여 주인의 마음을 시원하게 했습니다. 그래서 완전히 주인의 신임을 얻게 되고 그 집안에 모든 일을 도맡아서 하는 가정 총무가 될 수 있었습니다.

그가 만약 종으로 팔려온 자신의 처지를 비관하거나 자신을 종으로 팔아먹은 형제들을 원망하면서 지냈더라면 그의 모습에서 하나님을 볼 수 없었을 것입니다. 그런데 그는 종으로 팔려온 사람 같지 않게 매사에 긍정적이었고 책임감이 있고 성실했습니다. 그의 얼굴에서는 어두운 면을 찾아볼 수 없었습니다. 가장 불행한 사람이 가장 행복한 사람처럼 행동했기 때문에 그를 통해 하나님을 볼 수 있었던 것입니다. 요셉은 밝고 성실한 모습으로 하나님을 알지 못하는 주위 사람들에게 하나님을 보여 준 사람이었습니다.

우리는 가끔 불신자들로부터 "하나님이 어디 있느냐?", "어디 한번 하나님을 보여 달라"는 말을 듣게 될 때가 있습니다. 그런 질문을 받을 때 말문이 막히고 더 이상 할 말을 잃어버리게 됩니다. 기독교인들이 가장 자신감 없어 하는 말이 바로 하나님을 보여 달라는 말입니다. 그 말에 자신감을 잃어버리거나 말문이 막히는 것은 우리의 신앙생활이 모범적이지 못하기 때문입니다.

우리는 믿음의 눈으로 살아 계신 하나님을 보고, 영안으로 우리와 언제나 함께하시는 하나님을 보지만, 세상 사람들은 그런 영적인 눈이 없고 믿음이 없기 때문에 하나님을 볼 수 없습니다. 그들이 하나님을 볼 수 있는 방법은 우리가 모범적인 생활을 하는 모습을 보여 줄 때 가능합니다. 우리가 모범적인 신앙생활을 하고, 불신자들이 존경할 만한 삶을 살 때 그들은 비로소 우리가 믿는 하나님을 볼 수 있게 됩니다.

마태복음 5장 16절은, 우리는 세상의 빛과 소금인데 빛과 소금의 사명을 잘 감당할 때, 많은 사람들이 우리의 착한 행실을 보고 하나님의 살아 계심을 경험하게 되고, 이를 통해 영광을 돌리게 된다고 말씀합니다. 양초가 자신의 몸을 태워 어두운 곳을 밝히듯이 나를 희생해서 어두운 곳을 밝히고, 소금이 잘 녹아져서 맛을 내듯이 나를 희생해서 사람들을 기쁘게 할 때, 세상 사람들은 틀림없이 우리가 믿는 하나님을 보게 될 것입니다. 요셉처럼 하나님을 보여 주는 성도들이 되시기 바랍니다.

2. 하나님의 섭리를 인정한 사람입니다(창 45:5-8)

창세기 45장 5-8절은 "당신들이 나를 이곳에 팔았다고 해서 근심하지 마소서 한탄하지 마소서 하나님이 생명을 구원하시려고 나를 당신들보다 먼저 보내셨나이다……"라고 말씀합니다. 애굽의 총리가 된 요셉을 보고 큰 충격을 받은 형들에게 그는 다시 놀라운 말을 했습니다. 형들이 자기를 판 것이 아니라 기근과 굶주림의 때에 온 가족의 생명을 구원하시려고 하나님이 자기를 가족들보다 먼저 애굽으로 보내셨다는 것입니다. 그것은 그가 형들을 위로하려고 한 말이 아니고 실제로 그렇게 믿고 한 말입니다.

그러한 요셉의 믿음은 바로 하나님의 섭리를 인정하는 믿음입니다. 자신을 팔아버린 형들을 생각하면 억울하고 원통해서 도저히 분이 풀리지 않는 상황이었지만, 돌이켜 생각해 보니 하나님의 다른 계획이 있어 그렇게 한 줄로 믿었다는 것입니다. 사실 요셉이 그렇게 애굽으로 와서 총리가 되지 않았다면 그의 가족들은 7년간의 끔찍한 기근과 굶주림의 때를 넘기지 못했을 것입니다. 이를 돌이켜 보니 그것은 자기 형들이 한 일이 아니라 하나님께서 행하신 일이었습니다.

그가 자기를 팔아먹은 형들을 미워하지 않고 용서할 수 있었던 것은 바로 하나님의 섭리를 인정하는 믿음이 있었기 때문입니다. 그가 만약 이 모든 일을 하나님의 섭리 가운데 이루어진 일로 생각하지 않고 형들이 자기를 그렇게 한 것으로 생각했다면, 그는 평생 형들과 원수로 지내야 했을 것입니다. 그런데 하나님의 섭리라고 생각하니 형들을 미워할 이유도 없었고 원수가 될 이유도 없었습니다.

오순절 날 성령이 강림하시자 예루살렘 교회는 놀라운 부흥의 역사를 이루었습니다. 하루에 삼천 명, 오천 명씩 부흥되었으니 아마 세계 교회사에 전무후무한 일일 것입니다. 그런데 어느 날 갑자기 예루살렘 교회에 불 같은 핍박이 가해지기 시작했습니다. 핍박을 견디지 못하고 수많은 성도들이 세계 곳곳으로 뿔뿔이 흩어지게 되었습니다. 그런데 시간이 흐른 뒤에 뒤돌아보니 그것은 하나님의 섭리였고 하나님이 행하신 일이었습니다.

오순절 날 성령을 부어 주신 목적은 바로 모든 성도들이 권능을 받고 땅 끝까지 이르러 복음의 증인이 되도록 하시는 것이었습니다. 그런데 예루살렘 교회는 그 목적을 잊어버리고 있었습니다. 이렇듯 하나님은 그들 스스로 흩어지지 않기 때문에 핍박을 통해 강제로 흩으신 것입니다. 이것을 하나님의 섭리라고 합니다. 그들은 왜 이런 일이 일어나야 하는지 그 이유를 알지 못해서 당황스러웠지만 지나고 보니 하나님이 하신 일이었음을 깨닫게 된 것입니다.

그러므로 우리도 삶 가운데 이해할 수 없는 일이 일어날 때 당황하지 말고 하나님의 섭리를 바라보고 잠잠할 필요가 있습니다. 잠잠히 인내하며 고비를 넘기고 나면 무릎을 치면서 "아하, 하나님께서 이렇게 하시려고 그때 그렇게 하셨구나!" 하고 깨닫게 될 때가 올 것입니다. 요셉처럼 불행을 불행으로 여기지 말고 하나님의 섭리 안에서 되는 일로 믿고 장차 이루실 일을 바라보며 오늘의 어려움을 잘 견디시기 바랍니다.

3. 약속의 땅을 사모한 사람입니다(창 50:22-26)

창세기 50장 24-25절은 "……요셉이 또 이스라엘 자손에게 맹세시켜 이르기를 하나님이 반드시 당신들을 돌보시리니 당신들은 여기서 내 해골을 메고 올라가겠다 하라 하였더라"라고 말씀합니다. 요셉은 죽기 전에 그의 형제들을 불러 놓고 "내가 죽거든 내 해골을 반드시 가나안 땅으로 메고 가서 그곳에 장사를 지내라"고 맹세시켰습니다. 그것을 보면 그가 얼마나 가나안 땅을 사무치게 그리워했는지 알 수 있습니다.

그는 백십 세에 애굽에서 죽었으니 거의 백 년을 애굽에서 살았습니다. 그는 그곳에서 가나안 땅에 살고 있던 자신의 부모와 모든 형제들을 다 초청해서 함께 살았고, 자신의 아들 손자 증손자까지 약 삼대에 걸쳐서 뿌리를 내리고 살았습니다. 그리고 그들이 정착해서 살던 곳은 애굽에서 가장 기름진 곳인 고센 땅이었습니다. 그는 대제국 애굽을 호령하고 다스리는 총리였습니다.

그 정도면 가나안 땅을 까마득히 잊어버릴 만한데도 그는 단 하루도 가나안 땅을 잊지 않았습니다. 어느 것 하나 부족함이 없고 부러울 것이 없었던 그가 아직도 가나안 땅을 바라보고 사모하는 것을 이해할 수 없는데, 그는 단 한번도 애굽이 자신들이 영원히 거할 땅이라고 생각지 않았습니다. 죽어서 해골이라도 가나안 땅에 묻히기를 바랄 정도로 가나안 땅을 간절히 사모했습니다. 그가 그토록 가나안 땅을 바라보고 사모한 것은 바로 하나님께서 자기 조상인 아브라함에게 약속해 주신 땅이었기 때문입니다.

우리나라의 바보 시인 천상병 씨의 "귀천"(歸天)이라는 시가 있습니다.

"나 하늘로 돌아가리라 / 새벽빛 와 닿으면 스러지는 이슬 더불어 / 손에 손 잡고 나 하늘로 돌아가리라 / 노을빛 함께 단둘이서 기슭에서 놀다가 구름이 손짓하면 / 나 하늘로 돌아가리라 / 아름다운 세상 소풍 끝나는 날 가서 아름다웠다고 말하리라."

그는 자신의 죽음을 예견한 듯이 이 시를 마지막으로 쓰고 며칠 후에 세상을 떠났습니다.

그는 자신의 죽음을 아름다운 세상 소풍 끝나는 날이라고 표현했습니다. 즐거운 소풍이 끝나면 각자 집으로 돌아가듯이 삶이 끝나면 천국으로 돌아가는 것이 인생입니다. 이 세상은 아무리 아름다워도 영원히 살 수 없습니다. 영원히 사는 것은 고사하고 백 년도 채 못 살고 떠나가야 하는 곳이 이 세상입니다. 우리가 돌아가서 영원히 거할 곳은 천국입니다. 그 천국에 비하면 이 세상은 하룻밤 묵고 가는 여관과 같은 곳일 뿐입니다.

요셉이 부러울 것 없는 인생을 살았어도 늘 가나안 땅을 바라보고 사모했던 것처럼 우리가 이 세상에서 부러울 것 없이 살더라도 언제나 바라보고 사모해야 할 나라는 천국입니다. 왜냐하면 그곳은 하나님께서 당신의 자녀 된 우리에게 약속해 주신 곳이기 때문입니다. 그곳에서 살게 하시려고 독생자를 희생시키셨습니다. 그곳은 사업이 부도날 일도 없고, 돈 때문에 걱정할 일도 없고, 슬픔도 고통도 없으며, 질병도 없고, 아무 근심 걱정이 없는 그야말로 영생 복락을 누리는 곳입니다. 요셉처럼 그 나라를 바라보고 사모하며 사시기를 바랍니다.

기도

1. 우리도 요셉처럼 착한 행실로 하나님을 보여 주며 살게 하옵소서.
2. 우리도 요셉처럼 하나님의 섭리를 바라보며 인내할 수 있게 하옵소서.
3. 우리도 요셉처럼 하나님이 약속해 주신 천국을 바라보며 살게 하옵소서.

13

하나님의 VIP 십브라와 부아

애굽 왕이 히브리 산파 십브라라 하는 사람과 부아라 하는 사람에게 말하여 이르되 너희는 히브리 여인을 위하여 해산을 도울 때에 그 자리를 살펴서 아들이거든 그를 죽이고 딸이거든 살려두라 그러나 산파들이 하나님을 두려워하여 애굽 왕의 명령을 어기고 남자 아기들을 살린지라 애굽 왕이 산파를 불러 그들에게 이르되 너희가 어찌하여 이같이 남자 아기들을 살렸느냐 산파가 바로에게 대답하되 히브리 여인은 애굽 여인과 같지 아니하고 건장하여 산파가 그들에게 이르기 전에 해산하였더이다 하매 하나님이 그 산파들에게 은혜를 베푸시니 그 백성은 번성하고 매우 강해지니라 그 산파들은 하나님을 경외하였으므로 하나님이 그들의 집안을 흥왕하게 하신지라 그러므로 바로가 그의 모든 백성에게 명령하여 이르되 아들이 태어나거든 너희는 그를 나일 강에 던지고 딸이거든 살려두라 하였더라.

출애굽기 1장 15-22절

안데르센의 동화 가운데《미운 오리새끼》라는 작품이 있습니다. 어느 연못에 오리 한 마리가 알을 품었는데 여러 마리의 새끼들이 태어났습니다. 그런데 그 중에 한 마리가 다른 오리들에 비해 덩치도 크고 생김새도 달랐습니다. 그것 때문에 다른 오리 떼들로부터 미움을 받고 구박을 당하게 되었습니다. 점점 구박이 심해지자 더 이상 견디지 못하고 우리를 탈출해서 헤매다가 자신과 같은 백조의 무리를 만나서 행복한 삶을 사는 내용입니다.

오늘 본문 말씀을 보면 그《미운 오리새끼》라는 동화가 생각납니다. 이스라엘 백성은 약 사백 년이 넘도록 애굽에 살면서 그곳을 자신들이 영원히 살 곳으로 알았습니다. 그런데 애굽의 정권이 바뀌면서 이스라엘 백성들에게 핍박이 가해지기 시작했습니다. 핍박이 심해지자 그동안 잊어버리고 있었던 가나안 땅을 생각하게 되었습니다. 그들은 하나님이 약속해 주신 그 땅을 잊어버리고 지냈는데, 불 같은 핍박이 그들의 잠자던 신앙을 깨워서 애굽을 떠나 약속의 땅을 사모하게 하였습니다. 이것이 바로 하나님의 방법이었습니다.

애굽 왕의 반 이스라엘 정책으로 인해 이스라엘 백성들이 절체 절명의 위기에 처해 있었습니다. 그때 목숨을 걸고 아기의 생명을 살린 두 사람이 있었는데, 그들이 바로 히브리 산파 십브라와 부아라는 여인들입니다. 그 두 사람에 대한 이야기는 성경에 아주 짧은 내용으로 기록되어 있지만, 그들은 이스라엘 민족사에서 아주 중요한 역할을 한 사람들입니다. 두 사람의 목숨을 건 노력이 없었다면 이스라엘 민족사에 지워지지 않을 큰 슬픔의 역사가 기록되었을 것입니다.

하늘에 떠 있는 무수한 별들 중에 유난히 빛나는 큰 별이 있듯이, 십브라와 부아는 분명히 하나님 보시기에 아주 빛나는 별과 같은 사람들이었습니다.

1. 하나님을 더 두려워한 사람입니다(출 1:15-17)

출애굽기 1장 15-17절은 "……이르되 너희는 히브리 여인을 위하여 해산을 도울 때에 그 자리를 살펴서 아들이거든 그를 죽이고 딸이거든 살려두라 그러나 산파들이 하나님을 두려워하여 애굽 왕의 명령을 어기고 남자 아기들을 살린지라"라고 말씀합니다. 새로운 왕이 애굽의 정권을 잡으면서 번성하는 이스라엘 백성들을 볼 때 그들에게는 경계심과 두려운 마음이 일어났습니다. 그래서 이스라엘 백성이 번성하는 것을 차단하기 위해 남자아이가 태어나면 다 죽이도록 했습니다.

그 정책을 실현하기 위해 십브라와 부아라는 산파(産婆)를 비밀리에 불러다가 히브리 여인들의 아이 낳는 과정을 살펴주다 남자아이면 무조건 죽이라는 명령을 내렸습니다. 남자 아기들을 태어나는 대로 다 죽이라는 것은 곧 히브리 민족의 씨를 말려버리겠다는 무서운 명령이었습니다. 애굽 왕의 그 명령이 그대로 시행되었다면 이 지구상에서 히브리 민족은 이미 사라지고 말았을 것입니다. 그런데 하나님께서는 명령을 받은 두 히브리 여인을 사용하셔서 그 명령이 이루어지지 못하게 막으셨습니다.

당시 애굽 왕 바로는 사람이 아니라 살아 있는 신으로 추앙받는 존재였습니다. 존경의 대상을 넘어서 신적인 존재로 군림했습니다. 그렇기 때문에 애굽 왕의 명령을 거역한다는 것은 상상할 수 없는 일이었고 곧 죽음을 의미하는 것이었습니다. 왕의 명령을 거역하고 살아남는 자가 없었습니다. 그런데 십브라와 부아는 그런 왕보다 하나님을 더 두려워한 나머지 왕의 명령을 거역하고 히브리 남자 아기들을 살렸던 것입니다.

이집트에 가면 엄청난 규모의 피라미드가 많이 있습니다. 그곳에 있는 피라미드는 세계 7대 불가사의 중 하나입니다. 그 피라미드를 가까이 가서 보면 마치 하나의 산을 쳐다보는 것 같은 생각이 들 정도로 엄청나게 큽니다. 그 광활한 사막 위의 어디서 그 큰 대리석 돌들이 났으며 그 큰 대리석을 어떻게 운반해서 그렇게 수많은 피라미드를 쌓아 올렸는지 아직도 설명이 불가능합니다. 그 피라미드는 바로 애굽 왕들의 무덤입니다.

더 놀라운 것은 그 피라미드 맞은편에는 엄청난 크기의 스핑크스상을 만들어 놓았는데, 아침에 동쪽에서 해가 뜰 때 스핑크스 이마에 박혀 있는 황금이 그 빛을 받아서 왕의 무덤인 피라미드를 비추도록 설계가 되어 있습니다. 그것은 곧 애굽 왕은 죽어도 죽은 자가 아니라 신적인 존재로 추앙받는다는 것을 말해 주는 것입니다. 그런 왕의 명령을 누가 감히 거역할 수 있겠습니까?

그런데 놀랍게도 십브라와 부아는 왕의 명령을 거역하고 히브리 여인들이 낳은 남자 아기들을 모두 살렸습니다. 그것은 목숨을 걸어야 할 수 있는 일이었습니다. 그들이 목숨을 걸고 그 일을 감행할 수 있었던 것은 바로 왕보다 하나님을 더 두려워하는 믿음이 있었기 때문입니다. 그 절체 절명의 순간에 보여 준 그들의 믿음은 하나님의 마음을 감동시키고도 남을 만한 것이었습니다. 우리에게도 사람을 의식하기보다 하나님을 더 의식하고, 사람을 두려워하기보다 하나님을 더 두려워하는 그런 믿음이 있기를 바랍니다.

2. 담대하면서도 지혜로운 사람입니다(출 1:18-19)

출애굽기 1장 18-19절은 "……너희가 어찌하여 이같이 남자 아기들을 살렸느냐 산파가 바로에게 대답하되 히브리 여인은 애굽 여인과 같지 아니하고 건장하여 산파가 그들에게 이르기 전에 해산하였더이다"라고 말씀합니다. 남자 아기들을 죽이지 않고 살렸다는 말을 듣고 왕이 산파들을 불러서 자초지종을 추궁했습니다. 그때 만약 얼버무리거나 대답을 잘못하게 되면 곧바로 죽임당하고 살아남을 수 없게 됩니다.

이에 십브라와 부아는 "히브리 여인들은 애굽 여인들과 달리 건장하기 때문에 우리가 도착하기도 전에 아이를 낳아버려서 우리가 어찌할 수가 없었습니다"라고 대답했습니다. 그들의 지혜로운 대답에 왕도 더 이상 어떻게 할 수 없었습니다. 적절하고 지혜로운 대답으로 인해 그들은 위기를 넘기고 살아남을 수 있었습니다. 그들은 왕의 명령을 거역할 정도로 담대하면서도 아주 지혜로운 사람들이었습니다.

만약 그들에게 담대함은 있는데 지혜가 없었다면 결코 살아남을 수 없었을 것입니다. 반대로 지혜는 있는데 담대함이 없었다면 그렇게 중요한 일을 행할 수 없었을 것입니다. 그런데 그들은 다른 사람들이 가지지 못한 담대한 믿음이 있어서 큰 일도 행하고, 다른 사람이 가지지 못한 지혜로운 믿음이 있어서 살아남을 수 있었습니다. 그런 담대함과 지혜가 있는 사람들이었기 때문에 그 시대에 하나님의 필요한 도구로 쓰임받을 수 있었던 것입니다.

하나님의 일을 행하는 사람들에게 꼭 필요한 것은 바로 담대함과 지혜입니다. 모세의 뒤를 이어서 이스라엘 민족의 새로운 지도자가 된 여호수아에게 하나님께서 거듭 주신 말씀은 "강하고 담대하라"는 말씀이었습니다. 그리고 예수님께서 제자들을 사역 현장으로 내보내시면서 주신 말씀은 "뱀같이 지혜롭고 비둘기같이 순결하라"는 말씀이었습니다. 이로 보건대 하나님의 일을 하는 사람들에게 꼭 필요한 것이 바로 담대함과 지혜입니다.

신앙생활을 하다 보면 자주 내면의 갈등을 겪을 때가 있습니다. 하나님의 말씀을 따를 것인가? 아니면 내가 원하는 일을 행할 것인가? 갈등이 일어날 때 담대함과 지혜가 필요합니다. 십브라와 부아가 그랬던 것처럼 담대한 믿음과 지혜로운 믿음이 있는 사람은 한 치의 망설임도 없이 자신의 생각을 접고 하나님의 말씀을 따르게 됩니다. 그런 담대한 믿음이 없는 사람은 언제나 하나님의 말씀과 자신의 생각 사이에서 갈등하고 고민하다가 결국에는 사람의 말을 따라가고, 그러다가 결국에는 실족하여 넘어지게 됩니다.

예수님의 제자들 중에 가장 유식한 사람이었던 가룟 유다가 망한 이유가 무엇입니까? 그는 유식했지만 잔머리를 굴리고, 죄 짓는 데는 담대하고 지혜로웠지만, 하나님의 말씀을 따르는 데는 담대하지 못하고 지혜롭지 못했습니다. 그가 만약 하나님의 말씀을 따르는 데 담대하고 지혜로운 자였다면 세계를 변화시키는 위대한 인물이 될 수 있었을 것입니다. 여러분도 십브라와 부아처럼 하나님의 말씀을 따르는 데 담대하고 지혜롭게 되시기를 바랍니다.

3. 행한 대로 축복을 받은 사람입니다(출 1:20-21)

출애굽기 1장 20-21절은 "하나님이 그 산파들에게 은혜를 베푸시니 그 백성은 번성하고 매우 강해지니라 그 산파들은 하나님을 경외하였으므로 하나님이 그들의 집안을 흥왕하게 하신지라"고 말씀합니다. 복의 근원 되시는 하나님이 두 산파에게 은혜를 베풀어 주시고 복을 주셔서 그들의 집이 왕성하게 되었다는 말씀입니다. 그들이 그런 복을 받은 것은 너무나 당연한 일입니다. 왜냐하면 그들에게는 그런 복을 받을 만한 믿음의 행함이 있었기 때문입니다.

구원은 믿음으로 받지만 축복은 행함으로 받습니다. 하나님은 심은 대로 거두게 하시고, 행한 대로 갚아주시는 분이기 때문에 하나님을 믿어도 하나님의 마음을 사로잡을 만한 행함이 없으면 축복을 받을 수 없습니다. 성경에 기록된 수많은 인물 중에 믿음으로 행한 일이 아무것도 없는데 축복을 받은 사람은 단 한 사람도 없습니다. 다 믿음으로 남다르게 행한 일을 따라서 축복을 받았습니다.

십브라와 부아의 경우는 그들만 복을 받은 것이 아니라 그들 때문에 이스라엘 민족이 번성할 수 있었습니다. 이스라엘 민족은 망하고 그들만 복을 받아서 왕성하게 되었다면 이것은 아무런 의미가 없는 것입니다. 그런데 민족이 번성하게 되었고 자신들도 축복을 받아서 왕성하게 되었으니 그런 경우를 가리켜서 '금상첨화'(錦上添花)라고 하는 것입니다. 위기가 닥쳐올 때 믿음을 인정받으면 금상첨화의 축복을 받게 됩니다.

하나님은 만복의 근원이시고 모든 복을 얼마든지 후히 주실 수 있는 분입니다. 그러나 그 복은 아무에게나 부어 주시지 않습니다. 복 받을 만한 일을 하고, 복 받을 만한 삶을 사는 사람에게 그런 복을 부어 주십니다. 부잣집 대문간에 엎드려 있던 거지 나사로가 그냥 천국 가는 축복을 받은 것이 아니고, 온갖 멸시와 천대를 받으면서도 믿음을 지켰기 때문에 그 귀한 축복을 받을 수 있었던 것입니다(눅 16:19-31).

사르밧 과부가 축복을 받은 것도 저절로 된 것이 아닙니다. 모든 사람들이 기근과 굶주림에 시달리고 있을 때 마지막 남은 가루로 떡을 만들어서 말씀에 순종하여 믿음으로 엘리야 선지자를 대접했기 때문에 축복을 받은 것입니다(왕상 17:8-16). 욥이 갑절의 축복을 받은 것도 운이 좋아서가 아닙니다. 모질고 혹독한 고난과 시련의 날들을 지나면서도 한결같은 믿음을 지켰기 때문에 하나님께서 그에게 갑절의 축복을 더하여 주신 것입니다(욥 1:13-22, 42:10-17).

저는 우리 교회 성도님들 중에서도 앞으로 큰 복을 받을 분들이 많이 있을 거라고 생각합니다. 고난과 시련의 환경을 만났지만 낙심하지 않고 믿음을 잘 지키는 모습을 볼 때 그런 생각이 듭니다. 힘드시겠지만 낙심하지 말고 조금만 더 힘을 내시기 바랍니다. 혹시 당신도 지금 더 이상 참을 수 없을 만큼 혹독한 고난과 시련의 때를 지나고 계신다면, 목숨을 걸고 믿음으로 행하여 큰 축복을 받은 십브라와 부아를 생각하시면서 조금만 더 인내하시고 힘을 내시기 바랍니다. 심은 대로 거두게 하시고 행한 대로 갚아 주시는 하나님께서 심고 행한 대로 복을 거두게 하실 것입니다.

기도

1. 왕의 명령보다 하나님의 말씀을 따른 십브라와 부아의 신앙을 닮게 하옵소서.
2. 담대하면서도 지혜로웠던 십브라와 부아의 신앙을 닮게 하옵소서.
3. 복의 근원 되시는 하나님 앞에 믿음으로 심고 행함으로 복을 받을 수 있게 하옵소서.

14

하나님의 VIP 아므람과 요게벳

레위 가족 중 한 사람이 가서 레위 여자에게 장가 들어 그 여자가 임신하여 아들을 낳으니 그가 잘 생긴 것을 보고 석 달 동안 그를 숨겼으나 더 숨길 수 없게 되매 그를 위하여 갈대 상자를 가져다가 역청과 나무 진을 칠하고 아기를 거기 담아 나일 강 가 갈대 사이에 두고 그의 누이가 어떻게 되는지를 알려고 멀리 섰더니 바로의 딸이 목욕하러 나일 강으로 내려오고 시녀들은 나일 강 가를 거닐 때에 그가 갈대 사이의 상자를 보고 시녀를 보내어 가져다가 열고 그 아기를 보니 아기가 우는지라 그가 그를 불쌍히 여겨 이르되 이는 히브리 사람의 아기로다 그의 누이가 바로의 딸에게 이르되 내가 가서 당신을 위하여 히브리 여인 중에서 유모를 불러다가 이 아기에게 젖을 먹이게 하리이까 바로의 딸이 그에게 이르되 가라 하매 그 소녀가 가서 그 아기의 어머니를 불러오니 바로의 딸이 그에게 이르되 이 아기를 데려다가 나를 위하여 젖을 먹이라 내가 그 삯을 주리라 여인이 아기를 데려다가 젖을 먹이더니 그 아기가 자라매 바로의 딸에게로 데려가니 그가 그의 아들이 되니라 그가 그의 이름을 모세라 하여 이르되 이는 내가 그를 물에서 건져내었음이라 하였더라.

출애굽기 2장 1–10절

한 어린 딸이 어느 날 자기 엄마의 머리카락이 많이 희어진 것을 보고 안타까운 마음으로 "엄마, 왜 이렇게 흰 머리가 많아졌어요?" 하고 물었습니다. 그러자 엄마가 하는 말이 "네가 내 속을 많이 썩여 내 눈에 눈물 나게 해서 그런 거지"라고 대답을 했습니다. 그러자 한참을 생각하던 어린 딸이 말하기를 "엄마, 그럼 할머니 머리에 흰머리가 많은 건 왜 그런 거야?"라고 물었습니다. 그 질문에 엄마는 더 이상 할 말이 없었습니다.

"그 어머니에 그 딸" 혹은 "그 아버지에 그 아들"이라는 말이 있습니다. 이는 딸이나 아들의 행실이 올바르지 못할 때 그 어머니나 아버지를 비하하는 말입니다. 아버지의 삶이 올바르지 못할 때 그 아들도 올바르지 못한 삶을 살게 되고, 어머니의 행실이 올바르지 못할 때 그 딸도 올바르지 못한 행실을 그대로 따라서 하게 됩니다. 부모는 자식의 거울이기 때문에 자식이 잘못되는 것은 다 그 부모의 탓입니다.

그 말을 긍정적으로 적용하면 어떻게 될까요? "그 아버지에 그 아들", "그 어머니에 그 딸"이라는 말처럼 아버지의 신앙이 좋고 어머니가 신앙이 좋으면 그 아들과 딸도 신앙이 좋은 사람이 됩니다. 가끔 돌연변이 같은 사람이 있긴 하지만 대체적으로 부모의 신앙이 좋으면 자녀들도 그 본을 받아서 신앙이 좋습니다. 모세가 훌륭한 믿음의 사람이 될 수 있었던 것은 바로 그 아버지와 어머니의 신앙이 좋은 사람들이었기 때문입니다. 아므람과 요게벳은 바로 모세의 아버지 어머니인데 신앙이 아주 좋은 사람들이었습니다.

성경에는 그들의 이름이 많이 나오지 않지만 그들은 분명 믿음의

VIP들이었습니다. 그들의 신앙을 조명해 보고 오늘 우리도 그들의 신앙을 본받을 수 있기를 바랍니다.

1. 신앙의 정체성을 중요하게 여긴 사람입니다(출 2:1)

출애굽기 2장 1절은 "레위 가족 중 한 사람이 가서 레위 여자에게 장가들어"라고 말씀합니다. 이스라엘에는 열두 지파가 있는데 모세의 아버지 아므람은 레위 지파 사람입니다. 그는 다른 지파에 속한 여자와 결혼을 하지 않고 자신과 같은 레위 지파에 속한 여자인 요게벳을 아내로 맞이했다는 것입니다. 히브리인들이 애굽에 거주한 지 약 400년이 넘는 긴 세월이었기 때문에 같은 지파에 속한 사람과 혼인을 하는 것은 쉬운 일이 아니었습니다.

그럼에도 불구하고 레위 지파에 속한 여자를 아내로 맞이한 것은 두 가지 이유 때문입니다. 첫째, 같은 지파에 속한 사람끼리 결혼을 하는 것이 하나님의 뜻이었기 때문입니다. 둘째, 같은 지파에 속한 사람끼리 결혼을 해야 신앙의 정통성을 유지할 수 있었기 때문입니다. 그렇게 오랫동안 애굽에서 살았으면서도 하나님의 말씀에 순종하고 히브리 민족으로서 신앙의 정통성을 지키려고 한 그들의 노력은 하나님을 기쁘게 할 만한 일이었습니다.

누구든지 다른 나라에 오래 살다 보면 그 나라의 문화에 익숙해지고 그 나라의 생활 방식을 받아들이고 따르게 됩니다. 그러나 모세의 아버지와 어머니는 히브리인으로서 같은 지파에 속한 사람끼리 결혼을 해야 한다는 원칙을 가지고 있었습니다. 누구든지 자신 안에 원칙이 바로 서 있지 않으면 신앙을 타협하게 됩니다. 그러나 원칙이 분명히 서 있으면 아무리 많은 세월이 흘러가도 신앙의 정통성을 지켜 나갈 수 있습니다. 모세가 애굽에서 태어나서 자랐으면서도 신앙을 타협하지 않은 것은 그 부모의 신앙이 바로 서 있었기 때문입니다.

우리나라의 결혼 중개 업체인 "닥스클럽"에서 남녀 2,496명을 대상으로 결혼 배우자의 조건에 대해 설문 조사를 한 적이 있습니다. 남자들의 경우는 배우자 조건 1순위로 "외모가 아름다운 여성" 2순위는 "씀씀이가 헤프지 않은 여성" 3순위는 "바람기가 없는 여성"이어야 한다고 했습니다. 반대로 여성들의 경우는 1순위로 "본인 명의의 집이 있는 남자" 2순위는 "연봉이 높은 사람" 3순위는 "학벌이 뛰어난 사람"이어야 한다고 대답을 했습니다.

그런데 그리스도인들이 배우자를 선택하는 조건은 좀 달라야 합니다. 제1순위로 삼아야 할 것은 바로 하나님을 잘 믿는 사람이어야 합니다. 아무리 여자가 외모가 아름답게 생겼어도 하나님을 믿는 신앙이 없으면 결혼하지 말아야 하고, 남자가 아무리 학벌이 높고, 자기 명의의 집이 있고, 연봉이 많아도 하나님을 믿는 신앙이 없으면 결혼하지 말아야 합니다. 왜냐하면 같은 신앙을 가지지 않은 사람과 결혼을 하면 마치 짝짝이 고무신을 신고 길을 걸어가는 것처럼 결혼생활이 힘들기 때문입니다.

고린도후서 6장 14-15절은 "너희는 믿지 않는 자와 멍에를 함께 메지 말라……빛과 어둠이 어찌 사귀며……믿는 자와 믿지 않는 자가 어찌 상관하며"라고 말씀하십니다. 이 말씀은 곧 그리스도인들은 믿지 않는 사람과 결혼해서는 안 된다는 말입니다. 아므람과 요게벳이 신앙의 정통성을 잇기 위해 같은 레위 지파 사람과 결혼을 했던 것처럼 오늘 우리 자녀들도 같은 신앙을 가진 사람과 결혼을 해서 신앙의 정통성을 이어가야 할 것입니다.

2. 믿음의 눈으로 아들을 바라본 사람입니다(출 2:2)

출애굽기 2장 2절은 "그 여자가 임신하여 아들을 낳으니 그가 잘 생긴 것을 보고 석 달 동안 그를 숨겼으나"라고 말씀합니다. 아므람과 요게벳이 결혼했을 때 애굽에서는 히브리인들의 가정에서 남자아이가 태어나면 이유 여하를 막론하고 나일 강에 던져 죽이라는 왕의 명령이 내려져 있었습니다. 그것은 애굽에서 히브리인들이 번식하는 것을 차단하기 위한 반 이스라엘 정책이었고 어느 누구도 그 왕의 명령을 어길 수가 없었습니다.

그런데 아므람과 요게벳은 모세가 태어났을 때 왕의 명령을 따르지 않고 그 아이를 살렸고, 집에서 석 달을 몰래 숨겨서 키웠습니다. 석 달이면 거의 100일 동안 집에서 아이를 숨겨서 키웠다는 말인데 이는 굉장히 위험천만한 일이었습니다. 만약 아이의 울음소리가 집 밖으로 나가서 그 일이 탄로난다면 그들은 곧 죽임을 당해야 했기 때문에 목숨을 걸어야 하는 일이었습니다.

그런데 그들이 모세를 집안에 숨겨서 키운 이유는 바로 '그 준수함을 보았기 때문'이라고 말씀합니다. 사도행전에서는 좀 다르게 기록되어 있는데 "하나님 보시기에 아름다운지라"(행 7:20)라고 했습니다. 그래서 그렇게 위험을 무릅쓰고 집안에서 키웠다는 것입니다. 그들은 모세가 태어났을 때 단순히 자신들의 아이로 본 것이 아니라 믿음의 눈으로 아이를 바라보았다는 것입니다. 믿음의 눈으로 보았다는 말은 곧 하나님의 눈으로 아이를 바라보았다는 말입니다. 그들의 예견이 적중해서 그는 나중에 큰 일을 행하는 인물이 되었습니다.

대부분의 부모들이 자식들을 위해 많은 애를 씁니다. 공부시키려고 애를 쓰고, 좋은 대학교에 보내려고 애를 쓰고, 좋은 직장에 취직하도록 애를 씁니다. 그런데 그렇게 자식을 위해서 애를 쓰는 것은 솔직히 말하면 대리 만족일 때가 많습니다. 자신은 공부를 많이 못했기 때문에 자식만큼은 공부를 많이 시키고 싶고, 자신은 비록 가난하지만 자식은 돈 많이 벌어서 부자로 살기를 바라는 대리 만족의 마음인 것입니다.

그런데 우리가 분명히 알아야 할 것은 자식은 부모의 소유물이 아니고 하나님이 주신 기업이라는 사실입니다. "보라 자식들은 여호와의 기업이요 태의 열매는 그의 상급이로다"(시 127:3)라고 했습니다. 임신을 해서 입덧하고 열 달 동안 품어서 해산의 수고를 통해 낳았지만 자식은 부모의 소유물이 아닙니다. 자식은 하나님의 소유인데 하나님의 뜻을 받들어서 믿음으로 잘 양육하라고 잠시 맡겨 주신 것입니다.

그렇기 때문에 모든 부모들이 자식을 낳고 양육할 때 아므람과 요게벳과 같은 태도를 가져야 합니다. 내 소유물로 보지 말고 믿음의 눈으로 아이를 바라보아야 한다는 것입니다. 아므람과 요게벳은 절박한 상황에서도 하나님의 눈으로 아이를 바라보았기 때문에 살릴 수가 있었던 것입니다. 당신도 자녀들을 믿음의 눈으로 바라보시고 하나님의 훌륭한 기업으로 잘 양육하시기 바랍니다.

3. 최선을 다하고 하나님께 맡긴 사람입니다(출 2:3)

출애굽기 2장 3절은 "더 숨길 수 없게 되매 그를 위하여 갈대 상자를 가져다가 역청과 나무진을 칠하고 아기를 거기 담아 나일 강가 갈대 사이에 두고"라고 말씀합니다. 그들은 석 달이 되자 아이를 더 이상 집안에 숨겨서 키울 수가 없게 되었습니다. 그래서 갈대 상자를 만들고 물이 스며들지 않도록 역청을 발라서 나일 강 갈대 사이에 숨겨 두었습니다. 그들은 아이를 위해 자신들이 할 수 있는 일을 다 한 후에 그다음은 하나님께 맡겨드린 것입니다.

그때 마침 왕의 딸이 목욕하려고 그곳에 왔다가 아이를 발견하게 되었습니다. 그 장면을 멀리서 지켜보고 있던 모세의 누이가 달려가서 아이에게 젖 먹일 만한 한 여인을 알고 있다고 소개했고, 유모로 가장한 요게벳이 왕궁으로 들어가서 아들 모세에게 젖을 먹이고 키웠습니다. 요게벳은 화려한 왕궁에서 품삯까지 받으며 자신의 아들 모세를 안전하게 키울 수 있었습니다.

그것은 우연의 일치가 아니고 믿음으로 자신이 할 수 있는 일에 최선을 다한 후 아들의 운명을 하나님께 맡겼기 때문에 하나님께서 책임져 주신 것이었습니다. 자신들이 할 수 있는 일을 최선을 다해 감당하고, 나머지를 하나님께 맡겼을 때 최상의 결과를 허락해 주셨던 것입니다. 누구든지 최선을 다해 내가 할 수 있는 일을 하고 그 나머지를 하나님께 맡길 때 하나님께서 책임져 주십니다. 그러나 내가 할 수 있는 일까지 하나님께 미루면 기적의 역사는 일어나지 않습니다.

1970년대 전세계에 오일 쇼크가 닥쳤을 때 미국의 유명한 경제학자였던 갈브레이드는 《불확실성의 시대》라는 책을 저술해서 공전의 히트를 쳤습니다. 그가 예견했던 그 불확실성의 시대라는 말을 오늘날은 세계 모든 사람들이 실감하고 있습니다. 온 세계를 호령하면서 영원히 요동치 않을 것만 같았던 미국의 경제가 한치 앞을 내다볼 수 없게 흔들리고 추락할 줄 누가 알았겠습니까? 지금은 분명히 '불확실성의 시대' 혹은 '혼돈의 시대'입니다. 그렇기 때문에 지금 우리는 그 어느 때보다 위기의식을 느끼며 이 시대를 살고 있습니다.

그런데 우리가 한 가지 분명히 기억할 것이 있는데 하나님께는 위기가 없다는 것입니다. 하나님은 어제나 오늘이나 영원토록 변함없으신 분입니다. 그러므로 위기의식을 느낄수록 하나님을 가까이하고 그 하나님을 의지해야 합니다. 그것이 바로 불확실한 시대를 사는 지혜인 줄 믿습니다. 인생에 불안감이 높아지거나 삶에 위기가 닥쳐오더라도 하나님을 가까이하고 의지하는 사람은 그 위기를 이겨 낼 수 있게 되고, 도리어 위기가 전화위복의 기회가 될 것입니다.

아므람과 요게벳에게 아들 모세가 태어났을 때 이는 분명히 그들에게 큰 위기였습니다. 그들의 생애에 그때보다 더 마음 졸이고 숨죽이게 하는 일은 없었을 것입니다. 그러나 그들은 그럴수록 하나님을 더 의지하고 자신들이 해야 할 일에 대해 최선을 다했습니다. 그랬을 때 하나님께서는 그 위기를 축복으로 바꿔 주셨습니다. 오늘 당신도 어떤 위기를 만났든지 당황하지 말고 최선을 다하여 현재의 위기를 축복으로 바꾸어 갈 수 있기를 바랍니다.

기도

1. 아므람과 요게벳처럼 신앙의 정통성을 잘 지켜 갈 수 있게 하옵소서.
2. 아므람과 요게벳처럼 믿음의 눈으로 자녀를 바라볼 수 있게 하옵소서.
3. 아므람과 요게벳처럼 위기를 축복의 기회로 바꾸는 사람이 되게 하옵소서.

15

하나님의 VIP **모세 1**

모세가 장성한 후에 한번은 자기 형제들에게 나가서 그들이 고되게 노동하는 것을 보더니 어떤 애굽 사람이 한 히브리 사람 곧 자기 형제를 치는 것을 본지라 좌우를 살펴 사람이 없음을 보고 그 애굽 사람을 쳐죽여 모래 속에 감추니라 이튿날 다시 나가니 두 히브리 사람이 서로 싸우는지라 그 잘못한 사람에게 이르되 네가 어찌하여 동포를 치느냐 하매 그가 이르되 누가 너를 우리를 다스리는 자와 재판관으로 삼았느냐 네가 애굽 사람을 죽인 것처럼 나도 죽이려느냐 모세가 두려워하여 이르되 일이 탄로되었도다 바로가 이 일을 듣고 모세를 죽이고자 하여 찾는지라 모세가 바로의 낯을 피하여 미디안 땅에 머물며 하루는 우물 곁에 앉았더라.

출애굽기 2장 11–15절

사람이 태어나자마자 갖는 것은 바로 자신의 이름입니다. 어느 부모든지 다 자녀가 태어나면 좋은 이름을 지어 주려고 노력을 합니다. 어떤 사람은 결혼해서 연거푸 아들 세 명을 낳았는데 첫째 아들에게는 '대한'이라는 이름을 지어 주었고, 둘째 아들에게는 '민국'이라는 이름을 지어 주었고, 셋째 아들에게는 '만세' 라는 이름을 지어 주었습니다. 그래서 아들 세 명의 이름을 한꺼번에 부르면 '대한민국 만세!'가 됩니다.

옛날 우리 선조들은 아들 선호 사상이 아주 심했습니다. 그런데 원하는 아들은 안 태어나고 자꾸 딸만 태어나자 너무 실망한 나머지 이젠 딸을 그만 낳기를 바라는 뜻에서 이름을 '딸막이, 끝순이, 말녀'라고 짓기도 했습니다. 그것도 호적 신고하러 가다가 속이 상해서 술 한 잔 먹고 생각나는 대로 아무렇게나 올리는 이름도 많았습니다. 그렇듯이 사람들의 이름에는 참으로 다양한 사연들이 담겨져 있습니다.

모세라는 이름은 '물에서 건져내었다'라는 뜻입니다. 애굽 말로 '모'(mo)는 '물'이란 뜻이고, '우세스'(uses)는 '건져내다'라는 뜻입니다. 그가 태어난 지 3개월 만에 그의 부모가 나일 강 갈대 숲에 숨겨 놓았는데 공주가 목욕하려고 그곳에 나왔다가 상자에 담긴 아기를 보고 건져다가 왕궁으로 데려가 자신의 아들로 삼았습니다. 그리고 강물에서 그를 건져냈다고 해서 이름을 '모세'라고 지었습니다. 나중에 그는 자기 이름대로 하나님의 백성을 애굽에서 건져내는 큰 사명을 감당하는 지도자가 되었습니다.

모세는 우리를 죄와 사망에서 구원해 주신 예수 그리스도를 상징하는 인물이기도 합니다. 믿음의 VIP였던 모세의 신앙을 살펴보면서 우리도 그의 신앙을 닮아가기를 원합니다.

1. 정의감이 뜨거웠던 사람입니다(출 2:11-12)

출애굽기 2장 11-12절은 "모세가 장성한 후에 한번은 자기 형제들에게 나가서 그들이 고되게 노동하는 것을 보더니 어떤 애굽 사람이 한 히브리 사람 곧 자기 형제를 치는 것을 본지라……그 애굽 사람을 쳐 죽여 모래에 감추니라"라고 말씀합니다. 모세는 어느 날 한 애굽 사람이 히브리인을 치는 것을 보고 격분한 나머지 애굽 사람을 쳐죽여서 모래에 감추었습니다. 모세 자신이 히브리인이기 때문에 그 모습을 보고만 있을 수가 없었던 것입니다.

모세는 애굽의 왕궁에서 자랐지만 유모로 가장한 자기 친어머니로부터 히브리 신앙 교육을 받고 자랐습니다. 자기 어머니로부터 "너는 언젠가 애굽 사람들에게서 고통받는 히브리인들을 구해 내야 한다"는 가르침을 받고 자랐습니다. 그 영향으로 모세는 신앙적인 사람일 뿐만 아니라 정의로운 사람으로 자랐습니다. 그런 모세는 애굽 사람으로부터 자기 동족이 억울한 일 당하는 장면을 보고 참을 수가 없었습니다. 그래서 격분한 나머지 애굽 사람을 쳐죽이고 히브리인을 구해주었습니다.

모세의 그런 정의로운 성품은 자기 어머니로부터 신앙 교육을 받고 자랐기 때문입니다. 하나님이 정의로운 분이시기 때문에 하나님을 믿는 성도들은 당연히 정의로워야 합니다. 불의를 보고 침묵하거나 방관하는 자세는 하나님을 믿는 사람들이 취할 자세가 아닙니다. 모세는 불의를 보고 참지 못하는 사람이었습니다. 힘 있는 사람이 힘없는 사람을 괴롭히는 것은 불의한 일입니다. 하나님을 믿는 사람들은 모든 일에 정의로워야 합니다.

링컨은 정의감이 투철한 사람으로 유명합니다. 그가 대통령이 되기 전 변호사로 일을 하고 있을 때 어느 날 한 사람이 그를 찾아와서 변호를 의뢰하였습니다. 그런데 그 사람의 말을 다 듣고 난 후 링컨은 다음과 같은 말을 했다고 합니다. "나는 당신을 위해 변호해 드릴 수가 없습니다. 당신이 분명히 잘못을 했고 상대방이 옳기 때문입니다. 오히려 그분을 찾아가서 용서를 구하고 보상을 해 드리시기 바랍니다."

그러자 그 사람이 언성을 높이면서 "옳고 그른 것은 당신이 판단할 문제가 아닙니다. 당신은 다만 내가 부탁하는 이 사건에 대해 변호하고 내가 이기도록 해서 돈만 받으면 되는 것입니다"라고 하였습니다. 이에 링컨은 "내가 하는 일은 잘못을 변호해 주는 것이 아니라 정의를 변호하는 것입니다. 이 땅에서 반드시 정의가 승리해야 하기 때문에 나는 당신을 변호해 드릴 수가 없습니다"라고 그 사람의 변호를 거절했다는 것입니다.

아모스 5장 24절에 보면 "오직 정의를 물같이, 공의를 마르지 않는 강같이 흐르게 할지어다"라고 말씀하고 있습니다. 하나님께서 바라시는 사회는 바로 정의가 물같이 공의가 강같이 흐르는 사회입니다. 그런데 오늘날 우리 사회는 온갖 불의와 불법과 부정이 난무하고 있습니다. 이렇게 불의와 부정으로 일그러진 사회를 정의로운 사회로 만드는 것이 바로 우리 교회의 책임이요, 성도들의 사명입니다. 모세처럼 정의로운 사람들이 되시기를 바랍니다.

2. 분명한 목적으로 부름받은 사람입니다(출 3:1-4)

출애굽기 3장 4절은 "여호와께서 그가 보려고 돌이켜 오는 것을 보신지라 하나님이 떨기나무 가운데서 그를 불러 이르시되 모세야 모세야 하시매 그가 이르되 내가 여기 있나이다"라고 말씀합니다. 모세가 애굽을 떠나 미디안 광야에 머물고 있을 때, 어느 날 하나님께서 놀라운 방법으로 그를 부르셨습니다. 그가 애굽 사람을 죽인 것 때문에 미디안 광야로 도망한 지 사십 년이 되었을 때였고, 그의 나이 팔십 세가 되었을 때입니다.

하나님은 그를 부르신 후 그에게 "이제 내가 너를 바로에게 보내어 너로 내 백성 이스라엘 자손을 애굽에서 인도해 내게 하리라"고 말씀하셨습니다. 하나님이 그를 부르신 목적은 바로 이스라엘 민족을 애굽에서 구원해 내시기 위해서였습니다. 사람이 볼 때는 그의 나이가 너무 많고 죽을 날이 가까운 사람처럼 보였지만, 하나님께서는 그런 모세를 쓰시겠다고 부르셨습니다. 그 일을 감당하게 하시려거든 젊을 때 부르실 것이지 왜 늙어서 노인이 된 그를 부르셨을까요?

그것은 비록 젊음과 패기는 사라졌지만 오랜 미디안 광야 생활을 통해 그가 온전히 하나님만을 의지하는 삶을 살았고, 하나님을 깊이 만난 사람이었기 때문입니다. 하나님은 하나님을 깊이 만나고 온전히 의지하는 그를 부르셔서 이스라엘 민족을 애굽에서 인도해 내시기를 원하셨습니다. 하나님의 일은 젊음으로 하는 것이 아니라 하나님을 의지하는 믿음으로 하는 것입니다. 그는 그렇게 분명한 목적을 가지고 부르심을 받은 사람입니다.

그리스도인들은 '하나님의 부르심에 대한 확신'이 있어야 합니다. 내가 하나님을 선택해서 믿는 것이 아니라 하나님께서 창세 전에 나를 예정하시고 불러 주셨기에 그분을 믿을 수 있다는 확신이 있어야 한다는 말입니다. 물건이 나를 선택하는 것이 아니고 내가 물건을 선택하는 것처럼, 피조물인 내가 하나님을 선택할 수 있는 것이 아니고 창조주이신 하나님이 나를 선택해 주시고 불러 주셔야 믿음을 가질 수 있는 것입니다.

또한 내가 어떤 목적을 가지고 물건을 선택하고 구입해서 내 것으로 삼는 것처럼, 하나님 역시 나를 당신의 자녀로 선택하시고 부르실 때는 분명한 목적이 있습니다. 하나님은 어느 시대든지 목적 없이 사람을 부르시는 법이 없으십니다. 아브라함을 부르신 것도 목적이 있었고, 노아를 부르신 것도 목적이 있었고, 모세를 부르신 것도 목적이 있었고, 베드로와 바울을 부르신 것도 목적이 있어서였습니다.

그렇다면 오늘날 우리를 부르신 목적은 무엇일까요? 하나님은 모세를 부르신 것과 같은 목적으로 우리를 부르셨습니다. 모세를 부르신 것은 이스라엘 백성을 애굽에서 인도하여 내시기 위해서였습니다. 이처럼 우리를 부르신 목적은 하나님의 선택받은 백성으로서 구원받게 하시기 위해서입니다. 우리는 그 하나님의 부르신 목적을 이루기 위해 때를 얻든지 못 얻든지 전도에 힘써야 합니다. 전도하는 사람은 천국에서 해같이 빛나리라고 말씀하셨습니다. 모세처럼 부르심의 목적을 알고 늘 전도에 힘쓰시기 바랍니다.

3. 지극히 겸손했던 사람입니다(출 3:11-13)

출애굽기 3장 11-12절은 "모세가 하나님께 이르되 내가 누구이기에 바로에게 가며 이스라엘 자손을 애굽에서 인도하여 내리이까 하나님이 이르시되 내가 반드시 너와 함께 있으리라……"고 말씀합니다. 하나님께서 모세를 부르시고 사명을 부여하셨을 때 그는 "내가 누구이기에……이스라엘 자손을 인도하여 내리이까"라고 했습니다. 그 말을 좀더 쉽게 번역하면 "나같이 부족한 사람이 어떻게 그 큰 일을 할 수 있겠습니까?"라는 말입니다.

우리는 모세의 대답을 두 가지로 해석할 수 있는데 첫째는 그 일을 감당하기 싫어서 변명하는 말로 해석할 수 있고, 둘째는 겸손해서 자신을 낮추는 말로 해석할 수 있습니다. 저는 두 번째 해석이 더 옳다고 생각합니다. 모세는 애굽의 왕궁에서 자랐기 때문에 애굽의 정치적인 상황을 잘 알고 있었고, 애굽의 학문도 통달했기 때문에 그 일을 감당하기에 충분한 사람이었습니다. 하나님께서도 모세를 적임자로 여기셔서 부르셨지만 그는 자신을 부족한 사람이라고 말하고 있습니다.

그가 부족하다고 말할 때 하나님께서는 "내가 정녕 너와 함께 있으리라"고 용기를 북돋아주십니다. 그의 말대로 좀 부족한 면이 있을지라도 하나님이 함께해 주시면 충분히 사명을 감당할 수 있을 것입니다. 하나님께서 그와 함께해 주시겠다고 약속한 것은, 그 일은 반드시 이루어 내야 할 일이기 때문이고 그가 겸손한 사람이었기 때문입니다. 하나님은 교만한 사람은 물리치시지만 겸손한 사람과 함께해 주시고 도와주시는 분입니다.

베들레헴에 가면 예수님 탄생 기념 교회가 있습니다. 성지 순례를 가는 이들은 반드시 그곳을 방문하게 되는데, 전세계에서 수많은 사람들이 그곳을 찾아갑니다. 그런데 그 기념 교회를 가기 위해서는 성문을 통과해야 하는데 그 성문이 너무 작아서 허리를 완전히 굽혀야 통과할 수 있습니다. 수많은 관광객들이 몰려오는 곳이기 때문에 성문을 크고 넓게 만들면 더 좋을 것 같은데 그들은 수천 년 동안 그 작은 문을 그대로 사용하고 있습니다.

그 이유인즉, 누구든지 예수님을 만나기 위해서는 허리를 굽혀야 한다는 뜻입니다. 그곳을 찾아오는 사람들 중에는 돈이 많은 부자들도 있고, 학벌이 좋은 박사들도 있고, 세계인들의 주목을 받는 유명 인사들도 많습니다. 그러나 지위고하를 막론하고 반드시 허리를 굽혀야 그 성문을 통과할 수 있고 예수님 탄생 기념 교회를 둘러볼 수가 있습니다. 예수님은 평생 겸손하게 사신 분이기 때문에 우리도 겸손해야 그 분을 만날 수 있는 것입니다.

어거스틴은 그리스도인이 가져야 할 가장 귀한 덕목은 첫째도 겸손이요, 둘째도 겸손이요, 셋째도 겸손이라고 말했습니다. 겸손은 예수님의 성품이고, 교만은 사탄의 성품입니다. 예수님의 성품을 닮아서 겸손할 때 주님이 친히 우리와 함께해 주십니다. 모세는 애굽의 왕궁에서 자라면서 그 나라의 모든 학문을 통달한 사람이기 때문에 얼마든지 교만해질 수 있었지만 항상 겸손했습니다. 그래서 하나님이 친히 그와 함께해 주신 것입니다. 모세처럼 우리도 겸손한 사람이 될 수 있기를 바랍니다.

기도

1. 모세처럼 우리도 불의를 멀리하고 정의로운 사람이 되게 하옵소서.
2. 모세처럼 우리도 부르심의 목적에 따라서 사명을 감당하게 하옵소서.
3. 모세처럼 우리도 주님의 성품을 닮은 겸손한 사람이 되게 하옵소서.

16

하나님의 VIP **모세 2**

모세가 홍해에서 이스라엘을 인도하매 그들이 나와서 수르 광야로 들어가서 거기서 사흘 길을 걸었으나 물을 얻지 못하고 마라에 이르렀더니 그곳 물이 써서 마시지 못하겠으므로 그 이름을 마라라 하였더라 백성이 모세에게 원망하여 이르되 우리가 무엇을 마실까 하매 모세가 여호와께 부르짖었더니 여호와께서 그에게 한 나무를 가리키시니 그가 물에 던지니 물이 달게 되었더라 거기서 여호와께서 그들을 위하여 법도와 율례를 정하시고 그들을 시험하실새 이르시되 너희가 너희 하나님 나 여호와의 말을 들어 순종하고 내가 보기에 의를 행하며 내 계명에 귀를 기울이며 내 모든 규례를 지키면 내가 애굽 사람에게 내린 모든 질병 중 하나도 너희에게 내리지 아니하리니 나는 너희를 치료하는 여호와임이라.

출애굽기 15장 22-26절

한국 갤럽에서 전국 만 20세 이상 성인 남녀 1,500명을 대상으로 역대 우리나라에서 가장 훌륭한 지도자가 누구인지에 대한 설문 조사를 실시했습니다. 그 결과 1위가 박정희 대통령, 2위가 세종대왕, 3위가 이순신 장군이라고 대답했습니다. 박정희 대통령을 가장 훌륭한 지도자로 여기는 이유는 바로 우리나라의 경제적 기반을 다지고 근대화를 이룩한 지도자였기 때문이라는 것입니다.

그런 평가는 우리나라에서만 있는 게 아니라 외국에서도 있습니다. 말레이시아의 마하티르 전 총리는 자기 나라를 가난에서 탈출시키기 위해 소위 마하티르 동방정책이란 것을 세웠는데, 그 정책은 바로 우리나라의 박정희 대통령이 세웠던 경제 개발 5개년 계획을 그대로 모방한 것이었다고 말했습니다. 싱가포르의 존경받는 지도자였던 이콴유 전 수상도 대한민국의 박정희 대통령을 가리켜서 "훗날 역사가 평가해 줄 훌륭한 지도자"라고 찬사를 아끼지 않았습니다.

그렇다면 이스라엘 민족사에 있어서 가장 훌륭한 지도자 중 한 사람을 꼽으라고 한다면 단연 모세를 꼽지 않을까 생각합니다. 그는 이스라엘 민족사에서 부정할 수 없는 훌륭한 지도자였습니다. 모든 이스라엘 백성들이 그렇게 여길 뿐만 아니라 하나님께서도 그렇게 인정하십니다. VIP보다 더 중요한 사람을 VVIP라고 하는데 모세는 하나님과 사람들 앞에 VVIP에 해당되는 중요한 인물입니다.

훌륭한 선배를 둔 후배들은 행복합니다. 그가 우리의 믿음의 선배였다는 사실이 너무나 자랑스럽습니다. 그의 신앙과 삶을 조명해 보고 우리도 그를 닮게 되기를 바랍니다.

1. 기도로 장애물을 극복한 사람입니다(출 15:22-26)

출애굽기 15장 22-25절은 "……사흘 길을 걸었으나 물을 얻지 못하고……백성이 모세에게 원망하여 이르되 우리가 무엇을 마실까 하매 모세가 여호와께 부르짖었더니……물이 달게 되었더라"라고 말씀합니다. 이스라엘 백성이 홍해를 건넌 후 수르 광야를 삼 일 동안 헤매었지만 마실 물을 얻지 못했습니다. 광야 사막에서 삼 일 동안 마실 물을 얻지 못한 것은 생사가 달린 정말 심각한 문제였고 넘기 힘든 큰 장애물이었습니다.

심각한 문제에 봉착했을 때 백성들은 한결같이 모세를 향해 원망의 말을 퍼부었습니다. 모세 때문에 그들이 거기서 다 죽게 되었다는 것입니다. 지도자의 고충이 바로 그런 데 있습니다. 백성들이 고통스러울 때 모든 책임을 지도자에게 돌리기 때문에 지도자는 모든 원망을 고스란히 다 들어야 합니다. 그렇듯이 광야 사막에서 물을 얻지 못하고 목마름의 고통을 느낄 때 그 모든 책임을 모세에게 전가시켰던 것입니다.

가나안 땅으로 가던 이스라엘 백성들이 물이 없는 수르 광야를 만나고 마라의 쓴 물을 만난 것은 큰 장애물이었습니다. 그들은 그 장애물을 해결하지 못하면 더 이상 앞으로 나아갈 수 없는 상황이었습니다. 그 커다란 장애물 앞에서 백성들은 모세를 원망했지만 모세는 하나님 앞에 부르짖었습니다. 모세가 간절히 부르짖었을 때 하나님께서 해결책을 내 주셨고 기적같이 그 장애물이 해결되었습니다. 모세는 자신 앞에 장애물이 생길 때마다 기도로 그 장애물을 극복한 사람이었습니다.

지난번 북경 올림픽 경기 육상 종목에서 중국 국민들을 크게 실망시킨 한 선수가 있었습니다. 중국 육상 국가 대표 선수인 류시앙인데 그는 100m 허들 세계 신기록 보유자입니다. 그런데 경기를 하기 위해 트랙에 나온 그가 갑자기 발목이 좋지 않다는 이유로 경기를 포기해 버렸습니다. 그러자 전 중국 국민들이 비겁한 선수라고 비난을 했습니다. 정정당당하게 경기에 임해서 최선을 다하는 모습을 보여 줘야지 그렇게 포기해서는 안 된다는 것입니다.

우리의 인생은 마치 허들 경기와 같습니다. 허들 경기를 하다 보면 수많은 장애물을 뛰어넘어야 하는 것처럼 우리도 인생을 살다 보면 수많은 장애물들이 우리 앞을 가로막을 때가 있습니다. 충분히 뛰어넘을 만한 장애물도 있지만 도저히 뛰어넘을 수가 없는 큰 장애물을 만날 때도 있습니다. 그러나 아무리 큰 장애물을 만나더라도 포기하지 말고 극복하고 나아가야 합니다. 우리 앞을 가로막는 장애물을 극복하는 방법이 바로 기도하는 것입니다.

기도는 성도들에게 주신 특권이면서 강력한 무기인데, 어려운 일을 만날 때 사용하라고 주신 특권이며 무기입니다. 모세는 장애물을 만날 때마다 기도의 무기를 사용해서 극복했습니다. 엘리야 선지자도 장애물을 만날 때마다 기도로 장애물을 극복했습니다. 히스기야 왕도 죽음을 선고 받았을 때 기도로 그 장애물을 극복했습니다. 우리도 인생의 장애물을 만날 때 낙심하지 말고 기도로 극복해 나가야 할 것입니다.

2. 어른의 말을 들을 줄 아는 사람입니다(출 18:17-19)

출애굽기 18장 17-18절은 "모세의 장인이 그에게 이르되 네가 하는 것이 옳지 못하도다 너와 또 너와 함께한 이 백성이 필경 기력이 쇠하리니 이 일이 네게 너무 중함이라 네가 혼자 할 수 없으리라"고 말씀합니다. 모세가 그 많은 백성들의 문제를 해결하느라고 진땀을 흘리는 모습을 보고 장인 이드로가 너무 걱정스럽고 안타까운 나머지 사위인 모세에게 보다 현명한 방법을 일러 줍니다.

장인 이드로가 일러 준 방법은 혼자서 백성들의 문제를 다 해결하려고 하지 말고 중간 지도자들을 세워서 업무를 분담하라는 것이었습니다. 혼자서 일을 다 해결하려다 보면 모세도 지치고 기다리는 백성들도 지쳐서 쓰러질 수밖에 없지만 능력이 있는 사람들을 선발해서 업무를 분담하면 효율성이 높아질 것이라고 일러 주었습니다. 모세는 그 즉시 장인 이드로의 말대로 지도자들을 세워서 업무를 분담시켰습니다.

자아가 강한 지도자일수록 고집이 세고 남의 말을 잘 듣지 않는 경향이 있습니다. 그런데 모세는 장인의 말을 새겨듣고 곧바로 실천했습니다. 그러자 자기도 편하고 백성들도 편해지고 모두가 다 좋아졌습니다. 그는 대단히 카리스마가 강한 지도자였지만 연장자가 들려주는 말을 들을 줄 아는 귀가 열려 있었습니다. 지도자는 분명한 자기 주관도 있어야 하지만 귀가 열려 있어서 남의 말도 들을 줄 알아야 합니다.

“경험이 선생이다”라는 말이 있습니다. 요즘 젊은이들은 대부분이 다 고등교육을 받고 있습니다. 그런데 연세가 많은 부모님들은 어려운 시절에 태어나서 고생하면서 자라셨기 때문에 공부할 형편이 못 되었습니다. 공부를 하지 못한 어른들에 비하면 공부를 많이 한 젊은이들이 훨씬 더 많은 이론과 지식을 가지고 있을 수 있습니다.

그렇다고 해서 부모가 하는 말이나 어른들이 하는 말을 무시해서는 안 됩니다. 왜냐하면 어른들은 학교 공부는 많이 못하셨어도 오랜 인생의 경험을 통해 얻은 산 지식을 훨씬 더 많이 가지고 있기 때문입니다. 학교에서 학문으로 배운 이론은 삶에 적용이 안 되는 경우가 허다합니다. 그러나 인생 경험을 통해 터득한 지식은 하나도 버릴 것이 없습니다. 그래서 “경험이 선생이다”라고 하는 것입니다.

어디 그 말뿐입니까? “부모님의 말을 잘 들으면 자다가도 떡이 생긴다”는 속담도 있습니다. 부모님은 학교에서 배운 지식은 짧아도 오랜 인생 경험을 통해 얻은 지식이 훨씬 더 많기 때문에 부모님의 말씀을 잘 새겨듣고 실천하면 틀림없이 유익이 생긴다는 말입니다. 모세도 애굽의 모든 학문을 통달한 사람이었지만 자기 생각대로 할 때는 많은 어려움이 있었습니다.

그런데 장인어른 이드로가 일러 준 말을 듣고 적용했더니 일에 큰 효율성이 있었습니다. 모세의 장점은 바로 어른의 말을 잘 들을 줄 아는 사람이었다는 것입니다. 당신도 무슨 일을 할 때 자기 고집대로 하지 말고 경험자의 말을 잘 들을 줄 아는 지혜로운 사람이 되시기 바랍니다.

3. 부귀영화보다 고난을 택한 사람입니다(히 11:24-26)

히브리서 11장 24-26절은 "믿음으로 모세는 장성하여 바로의 공주의 아들이라 칭함 받기를 거절하고……그리스도를 위하여 받는 수모를 애굽의 모든 보화보다 더 큰 재물로 여겼으니 이는 상 주심을 바라봄이라"라고 말씀합니다. 모세는 애굽의 왕이 되는 것보다 자기 백성과 함께 고난받는 것을 더 좋아했고, 애굽의 부귀영화보다 그리스도를 위하여 능욕받는 것을 더 소중히 여겼습니다. 그런 모세를 가리켜서 '거룩한 포기의 사람'이라고 합니다.

그는 바로 왕의 뒤를 이어서 애굽의 왕이 될 수 있는 사람이었습니다. 당연히 애굽의 왕통을 잇는 사람이 되도록 애굽의 모든 학문을 공부했습니다. 그러나 그는 그것을 포기하고 자기 백성과 함께 고난받는 것을 선택했습니다. 그러한 모세의 행동은 세상 사람들의 시각으로 바라볼 때 바보스럽기 그지없는 일이었습니다. 그러나 하나님께서 보실 때에는 믿음 있는 사람의 행동이었습니다. 왜냐하면 하나님을 믿는 믿음과 장차 천국에서 받을 상을 바라보는 믿음이 없이는 할 수 없는 결단이었기 때문입니다.

모세가 자신이 누릴 수 있는 모든 특권을 포기한 것은 그냥 무턱대고 포기한 것이 결코 아닙니다. 분명히 "이는 상 주심을 바라봄이라"고 했습니다. 다시 말해서 애굽에서 누리는 모든 부귀영화보다 장차 천국에서 누리게 될 영광을 더 귀한 것으로 여겼기 때문입니다. 눈에 보이지 않는 천국의 상급을 바라보고 세상에서 누릴 수 있는 모든 부귀영화를 포기하는 것은 아무나 할 수 있는 일이 아니며 믿음이 없이는 할 수 없는 일입니다.

18세기에 진젠돌프 백작은 경건주의자로 유명한 사람이었습니다. 그는 어느 날 뒤셀도르프 박물관에서 그림을 감상하다가 "이 사람을 보라"는 그림 앞에서 큰 감동을 받았습니다. 그 그림은 바로 머리에 가시면류관을 쓰시고 피를 흘리시는 예수님의 모습을 그린 그림이었습니다. 그 그림 밑에는 "내 너를 위하여 몸을 주었건만 너는 나를 위해서 무엇을 주려느냐?"라고 쓰여 있었습니다.

그는 그 그림 앞에 무릎을 꿇고 엎드려 통곡하면서 자신의 전 생애를 주님께 바치기로 결심했습니다. 그후 그는 자신의 전 재산을 바쳐서 모라비안 교회를 세우고 수많은 선교사들을 파송하는 주역이 되었습니다. 한 사람의 거룩한 포기와 헌신으로 세계 기독교회사에 큰 획을 그을 수 있었던 것입니다. 영국의 존 웨슬리가 위대한 하나님의 사람이 될 수 있었던 것도 모라비안 교도들을 만났기 때문입니다. 하나님을 위한 거룩한 포기와 헌신은 반드시 열매를 맺게 됩니다. 그리고 하나님은 그 거룩한 포기를 기억해 주십니다.

당신이 지금 현세의 것과 내세의 것 때문에 갈등하고 있다면 과감히 현세의 것을 포기하고 내세의 것을 선택할 수 있어야 합니다. 육적인 것과 영적인 것으로 인해 갈등이 일어날 때도 육적인 것을 포기하고 영적인 것을 선택할 수 있어야 합니다. 모세는 자신이 누릴 수 있는 모든 부귀영화를 포기하고 고난받기를 선택한 사람이었습니다. 우리도 모세처럼 상 주심을 바라보고 과감히 죄의 낙을 포기하는 사람이 될 수 있기를 바랍니다.

기도

1. 우리도 모세처럼 기도로 장애물을 극복해 가는 사람이 되게 하옵소서.
2. 우리도 모세처럼 어른의 말을 들을 줄 아는 열린 귀를 가진 자가 되게 하옵소서.
3. 우리도 모세처럼 세상 영광보다 천국의 상급을 선택할 수 있게 하옵소서.

17

하나님의 VIP 아론

여호와께서 모세에게 이르시되 네 손을 내밀어 그 꼬리를 잡으라 그가 손을 내밀어 그것을 잡으니 그의 손에서 지팡이가 된지라 이는 그들에게 그들의 조상의 하나님 곧 아브라함의 하나님, 이삭의 하나님, 야곱의 하나님 여호와가 네게 나타난 줄을 믿게 하려 함이라 하시고 여호와께서 또 그에게 이르시되 네 손을 품에 넣으라 하시매 그가 손을 품에 넣었다가 내어보니 그의 손에 나병이 생겨 눈같이 된지라 이르시되 네 손을 다시 품에 넣으라 하시매 그가 다시 손을 품에 넣었다가 내어보니 그의 손이 본래의 살로 되돌아왔더라 여호와께서 이르시되 만일 그들이 너를 믿지 아니하며 그 처음 표적의 표징을 받지 아니하여도 나중 표적의 표징은 믿으리라 그들이 이 두 이적을 믿지 아니하며 네 말을 듣지 아니하거든 너는 나일 강 물을 조금 떠다가 땅에 부으라 네가 떠온 나일 강 물이 땅에서 피가 되리라 모세가 여호와께 아뢰되 오 주여 나는 본래 말을 잘 하지 못하는 자니이다 주께서 주의 종에게 명령하신 후에도 역시 그러하니 나는 입이 뻣뻣하고 혀가 둔한 자니이다 여호와께서 그에게 이르시되 누가 사람의 입을 지었느냐 누가 말 못 하는 자나 못 듣는 자나 눈 밝은 자나 맹인이 되게 하였느냐 나 여호와가 아니냐 이제 가라 내가 네 입과 함께 있어서 할 말을 가르치리라.

출애굽기 4장 10–17절

우리 속담에 "털어서 먼지 안 나는 사람 없다"는 말이 있습니다. 아무리 깨끗하게 보이는 사람이라도 자세히 들여다보면 다 허물이 있고 잘못된 점이 있다는 말입니다.

LA에서 살고 있는 한 교민이 노무현 전 대통령을 조사한 검사들을 원망하면서 "털어서 먼지 안 나는 사람이 어디 있습니까?" 하고 격분하는 모습을 보았습니다. 그렇습니다. 이 세상에 완전한 사람은 한 사람도 없습니다. 털면 다 먼지가 나게 마련입니다.

우리나라 사람들이 가장 위대하게 생각하는 지도자는 박정희 대통령이라고 말씀드렸습니다. 그런데 그분의 삶을 조명해 보면 그에게도 큰 잘못과 허물이 있었습니다. 그는 18년 동안 장기 집권을 했고 그에 만족하지 못하고 이를 위해 헌법을 개정했습니다. 그렇게 장기 집권을 하던 중에 부하들 사이에 알력이 생기게 되었고 가장 믿었던 심복 부하의 총에 맞아서 생을 마쳤습니다. 그런데 사람들은 그의 허물보다 잘한 점을 더 귀하게 생각하기 때문에 그를 위대한 지도자로 생각하는 것입니다.

저는 믿음의 VIP에 대해 말씀을 준비하면서 아론을 과연 믿음의 VIP로 여겨야 할 것인가에 대해 많은 고민을 했습니다. 아론은 모세가 시내 산에 올라간 사이 금송아지 형상을 만들어 온 백성들로 하여금 하나님으로 숭배하도록 원인을 제공한 사람이었습니다. 그의 두 아들 나답과 아비후는 악한 짓을 하다가 하나님의 진노하심으로 죽임을 당하는 불행한 일도 겪었습니다. 그렇지만 그에게도 훌륭한 점이 있었습니다. 그래서 그를 믿음의 VIP로 여기기로 했습니다.

아론이란 이름은 '견식이 있는 자'라는 뜻입니다. 그는 모세의 친형이면서 대제사장이었습니다. 그의 신앙의 좋은 면만을 우리가 본받게 되기를 바랍니다.

1. 은사대로 쓰임받았던 사람입니다(출 4:13-16)

출애굽기 4장 13-16절은 "모세가 이르되 오 주여 보낼 만한 자를 보내소서……그가 너를 대신하여 백성에게 말할 것이니 그는 네 입을 대신할 것이요 너는 그에게 하나님같이 되리라"고 말씀합니다. 아론은 말을 잘하는 사람이었습니다. 말을 조리 있게 할 줄 아는 달변가였습니다. 그래서 모세가 사명을 받은 후 입이 둔하여 애굽으로 내려갈 수 없다고 했을 때 하나님께서는 말 잘하는 그를 대변자로 붙여 주시겠다고 말씀하셨습니다.

두 사람이 애굽으로 내려가서 바로를 만났을 때 아론이 나서서 모세의 생각을 전달했습니다. 하나님으로부터 막중한 사명을 부여받은 모세의 입장에서 말 잘하는 아론이 자기 옆에 있다는 것은 너무나 든든한 일이었습니다. 중요한 일을 행할 때 말을 어떻게 하느냐에 따라서 그 일이 성사될 수도 있고 틀어질 수도 있기 때문입니다.

말을 잘하는 아론과 함께 사명을 감당하게 된 모세도 잘된 일이지만, 아론 자신도 말 잘하는 재능을 하나님의 일을 위해 쓰임받게 되었으니까 얼마나 잘된 일입니까? 옛말에 "구슬이 서 말이라도 꿰어야 보배"라고 했습니다. 아무리 좋은 재능을 가졌어도 적재적소에 사용되지 못하면 아무 소용이 없습니다. 자신이 가진 좋은 재능을 귀한 일을 위해 쓰임받을 수 있다면 행복한 일입니다. 더군다나 내가 가진 귀한 재능이 하나님의 일을 하는 데 쓰이게 된다면 더더욱 행복한 일입니다.

하나님은 사람들마다 각각의 재능을 주셨습니다. 재능은 다른 말로 '은사' 혹은 '탤런트'라고 합니다. 어떤 사람에게는 말 잘하는 재능을 주셨고, 어떤 사람에게는 글 잘 쓰는 재능을 주셨고, 어떤 사람에게는 잘 가르치는 재능을 주셨고, 어떤 사람에게는 잘 섬기는 재능을 주셨고, 어떤 사람에게는 잘 대접하는 은사를 주셨고, 어떤 사람에게는 구제하는 은사를 주셨습니다. 은사를 가지지 않은 사람은 아무도 없습니다.

우리에게 재능을 주시고 은사를 주신 것은 하나님의 교회를 유익하게 하고, 또 하나님의 영광을 위해 사용하라고 주신 것입니다.

교회를 유익하게 하고 하나님의 영광을 위해 은사를 사용하려면 자신이 가진 은사가 어떤 것인지를 먼저 알아야 합니다. 자신의 은사를 발견하지 못한 사람은 신앙 상담을 통해서라도 은사를 발견해야 합니다. 자기 은사를 발견하지 못하면 무기력한 신앙생활을 하게 되기 때문에 은사를 발견하는 것은 매우 중요합니다.

하나님께서 주신 은사와 재능은 더 귀하고 덜 귀한 것이 없습니다. 다같이 소중합니다. 고린도 교회 성도들은 은사에 대한 올바른 지식이 없어서 서로 자신이 받은 은사가 더 귀하다고 목소리를 높이고 자랑하다가 혼란에 빠지고 말았습니다. 하나님의 교회를 유익하게 하라고 은사를 주셨는데 그 은사를 가지고 교회를 혼란하게 했으니 부끄러운 일입니다. 죄와 허물로 죽었던 우리를 살려 주시고, 또 부족한 우리를 쓰시기 위해 은사와 재능을 주셨으니 얼마나 감사한 일입니까? 받은 은사대로 쓰임받으시기를 바랍니다.

2. 모세의 사역을 협력한 사람입니다(출 17:10-12)

출애굽기 17장 10-12절은 "……모세와 아론과 훌은 산꼭대기에 올라가서……모세의 팔이 피곤하매 그들이 돌을 가져다가 모세의 아래에 놓아 그가 그 위에 앉게 하고 아론과 훌이 한 사람은 이쪽에서 한 사람은 저쪽에서 모세의 손을 붙들어 올렸더니……"라고 말씀합니다. 이스라엘 백성들이 르비딤 광야에서 아말렉 군대와 전쟁을 하게 되었는데 모세가 산꼭대기에 올라가서 기도할 때 아론과 훌이 모세의 팔이 내려오지 않도록 붙들어 주었다는 것입니다.

모세가 손을 들고 기도하면 이스라엘이 이기고 팔에 힘이 빠져서 손을 내리면 아말렉이 이기는 일진일퇴의 상황이 계속되고 있었습니다. 모세는 능력이 많은 하나님의 종이었지만 80세가 넘은 고령이었기 때문에 계속 팔을 들고 있을 수가 없었습니다. 그러자 함께 산에 따라 올라갔던 아론과 훌이 큰 돌을 가져다가 모세를 앉게 하고 양쪽에서 모세의 팔을 붙잡아 주었고, 그 결과 전쟁을 이길 수 있었습니다.

아말렉과의 전쟁에서 승리할 수 있었던 것은 일선에 나가서 용맹하게 싸운 여호수아의 공로도 컸지만 산에 올라가서 손을 들고 하나님 앞에 간절히 기도한 모세의 공로도 컸습니다. 그리고 노쇠한 모세를 양쪽에서 붙잡아준 아론과 훌도 훌륭했습니다. 아론과 훌의 협력이 없었더라면 아말렉과의 전쟁을 이길 수 없었을 것입니다. 그 전쟁은 모두가 각자 맡은 분야에서 책임감을 가지고 서로 협력했기 때문에 승리할 수 있었던 것입니다. 이렇듯 협력은 멋진 결과를 가져올 수 있습니다.

아프리카에 가면 각종 짐승들과 사나운 맹수들이 많이 있습니다. 당신은 아프리카에 서식하는 동물의 세계에서 가장 무서운 짐승이 뭐라고 생각합니까? 몸집이 가장 큰 코끼리일까요? 아니면 사납고 용맹스러운 사자나 호랑이일까요? 이빨이 날카롭고 힘이 센 악어도 무섭고, 끈질기게 공격하는 하이에나도 무섭고, 몸이 날렵하고 힘이 센 표범도 무섭습니다. 그런데 그렇게 사나운 맹수들이 다 무서워하는 것이 있는데 그것은 바로 '붉은 개미'입니다.

아프리카의 붉은 개미들은 한번 이동을 할 때마다 떼를 지어서 이동을 하는데 그 길이가 자그마치 십 리나 된다고 합니다. 그 개미 떼가 이동하는 모습을 보면 몸집이 가장 큰 코끼리도 호랑이나 사자도 소리를 지르며 도망칩니다. 그 개미 떼 속에 잘못 들어갔다가는 수만 마리의 개미 떼들이 온몸에 달라붙어서 괴롭히기 때문에 당할 수가 없다는 것입니다. 실제로 사나운 맹수들이 개미 떼에게 희생되는 경우도 종종 있습니다.

아주 작은 몸집을 가진 개미가 사나운 맹수들을 물리칠 수 있는 힘은 어디서 나오는 걸까요? 그 힘은 바로 서로 협동하고 협력하는 데서 나오는 것입니다. 아무리 몸집이 작은 개미라도 서로 협력할 때 어떤 사나운 맹수들도 이길 수 있는 것입니다. 한낱 미물인 개미도 그러하다면 사람이야 얼마나 더 그러하겠습니까? 우리가 다 부족하고 연약하지만 서로 마음을 같이하고 협력할 때 좋은 교회를 세울 수 있습니다.

3. 징계를 믿음으로 받은 사람입니다(레 10:1-7)

레위기 10장 6-7절은 "모세가 아론과 그의 아들 엘르아살과 이다말에게 이르되 너희는 머리를 풀거나 옷을 찢지 말라 그리하여 너희가 죽음을 면하고……너희는 회막 문에 나가지 말라 그리하면 죽음을 면하리라 그들이 모세의 말대로 하니라"라고 말씀합니다. 아론의 두 아들 나답과 아비후도 제사장이었는데, 그들은 분향할 때 하나님의 규례대로 하지 않고 자신들의 생각대로 다른 불로 제단에 분향하다가 하나님의 진노하심으로 죽임을 당했습니다.

하루에 두 아들을 잃은 아론은 슬픔을 이길 수가 없었습니다. 자신의 대를 이어서 제사장이 된 아들들인데 그 두 아들이 한날 한 장소에서 죽임을 당했기 때문에 슬픔을 주체할 수가 없었습니다. 그런데 모세가 아론에게 이르기를, 이는 하나님의 규례를 어긴 죄로 심판을 받아서 죽임을 당한 것이니 어떤 모양으로든지 일체 슬픔을 표현하지 말라고 했습니다. 그런데 아론이 모세가 명한 대로 그 말에 순종했다는 것입니다.

그 큰 슬픔을 억누르고 모세의 명한 대로 순종한 것은 곧 하나님의 징계를 믿음으로 받아들이는 자세입니다. 듣기 좋은 말로 해야 받아들이는 사람을 어린아이 믿음이라고 한다면, 책망이나 징계도 잘 받아들이는 사람은 성숙한 믿음을 소유한 자라고 할 수 있습니다. 믿음이 성숙하지 못한 사람은 책망이나 징계를 잘 받아들이지 못합니다. 그래서 잠언에 이르기를, 미련한 사람을 책망하면 원망이 돌아오기 때문에 책망하지 말라고 했습니다. 아론은 비록 허물이 있는 사람이었지만 역시 믿음이 성숙한 사람이라고 말할 수 있습니다.

존 칼빈은 참된 교회는 세 가지 표지가 분명해야 한다고 했습니다. 첫째, 복음이 올바르게 선포되고, 둘째, 성례가 올바르게 시행되고, 셋째, 권징이 올바르게 시행되어야 참된 교회라고 말했습니다. 이 세 가지가 올바르게 시행되지 않는다면 바른 교회라고 할 수 없다는 것입니다. 중세 시대 때 타락한 천주교로부터 종교개혁을 시도했을 때 그는 이 세 가지를 철저히 시행했습니다. 그런데 언제부턴가 그 세 가지 중에서 권징이 사라져버렸습니다.

교단마다 헌법이 있고 그 헌법에는 '예배 모범'과 '권징 조례'가 분명히 명시되어 있습니다. 그런데 어느 교회도 그 권징 조례가 바로 시행되지 않습니다. 교회에서 권징이 사라지게 된 것은 사람의 비위를 맞추고 사람의 눈치를 살피기 때문입니다. 권징 조례에 명시되어 있는 대로 권징을 할 때 상처받으면 어떻게 하나, 시험에 들면 어떻게 하나, 교회를 떠나버리면 어떻게 하나 하고 사람의 눈치를 살피고 비위를 맞추다 보니 권징이 사라지고 만 것입니다.

개신교회가 점점 더 생명력을 잃어가고 있는 이때, 이제라도 교회가 다시 생명력을 회복하려면 교회의 3대 표지가 분명해져야 합니다. 복음이 올바르게 선포되어야 하고, 성례가 올바르게 시행되어야 하며, 잘못한 것에 대해서는 권징이 올바르게 시행되어야 합니다. 그리고 권징이 내려질 때 아론처럼 믿음으로 그 권징을 받을 줄 아는 성숙함도 있어야 합니다. 책망이나 징계를 믿음으로 받을 줄 아는 성숙함이 있으시기 바랍니다.

기도

1. 우리도 아론처럼 하나님의 일을 위해서 받은 은사를 사용할 수 있게 하옵소서.
2. 우리도 아론처럼 주의 일을 위해서 서로 인정하고 협력할 수 있게 하옵소서.
3. 우리도 아론처럼 책망이나 징계를 믿음으로 받는 성숙한 사람이 되게 하옵소서.

18

하나님의 VIP 브살렐과 오홀리압

여호와께서 모세에게 말씀하여 이르시되 내가 유다 지파 훌의 손자요 우리의 아들인 브살렐을 지명하여 부르고 하나님의 영을 그에게 충만하게 하여 지혜와 총명과 지식과 여러 가지 재주로 정교한 일을 연구하여 금과 은과 놋으로 만들게 하며 보석을 깎아 물리며 여러 가지 기술로 나무를 새겨 만들게 하리라 내가 또 단 지파 아히사막의 아들 오홀리압을 세워 그와 함께하게 하며 지혜로운 마음이 있는 모든 자에게 내가 지혜를 주어 그들이 내가 네게 명령한 것을 다 만들게 할지니 곧 회막과 증거궤와 그 위의 속죄소와 회막의 모든 기구와 상과 그 기구와 순금 등잔대와 그 모든 기구와 분향단과 번제단과 그 모든 기구와 물두멍과 그 받침과 제사직을 행할 때에 입는 정교하게 짠 의복 곧 제사장 아론의 성의와 그의 아들들의 옷과 관유와 성소의 향기로운 향이라 무릇 내가 네게 명령한 대로 그들이 만들지니라.

출애굽기 31장 1–11절

사람들마다 각각 마음의 소원을 가지고 있습니다. 어떤 사람은 소원이 무엇이냐고 물었더니 "백만 원짜리 수표 한 다발을 손에 들고 미운 놈 뺨 때리는 것"이 소원이라고 말했습니다. 또 요즘 TV에서 잘 나가는 인기 탤런트에게 소원이 무엇이냐고 물었더니 "추리닝 입고 연기해 보는 것이 소원"이라고 말했습니다. 항상 반듯하게 양복을 입고 연기하는 캐릭터를 탈피해서 추리닝을 입고 흐트러진 모습으로 연기해 보고 싶다는 것입니다.

그렇게 평범한 소원이 있는가 하면 특별한 소원을 가진 사람들도 있습니다. 다윗은 평생의 소원이 자신의 헌신으로 하나님의 성전을 짓는 것이었습니다. 그러나 하나님은 그가 그동안 수많은 전쟁을 치르면서 많은 사람의 피를 흘렸기 때문에 그의 손으로는 하나님의 거룩한 성전을 지을 수 없다고 하셨습니다. 결국은 그 소원을 이루지 못했고 그의 아들인 솔로몬이 대신 그 일을 이루었습니다.

다윗이 평생의 소원을 이루지 못하고 죽은 것을 보면, 하나님의 성전 짓는 일은 아무나 할 수 있는 일이 아니라는 것을 짐작할 수 있습니다. 하나님의 허락하심을 받은 특별한 사람이라야 그 일을 감당할 수 있습니다. 브살렐과 오홀리압은 성전에 해당되는 성막 건축을 위해 부름받은 사람들입니다. 이스라엘 백성이 광야 생활을 하는 동안 하나님을 만날 수 있는 유일한 장소가 성막이었는데 그 중요한 성막을 건축하는 데 브살렐과 오홀리압을 부르셔서 그 일을 담당하게 하신 것입니다.

수많은 사람들 중에 그들을 부르셔서 성막 건축 일을 맡기신 것은 그들에게 남다른 믿음이 있었기 때문입니다. 본문을 통해 그들의 신앙을 살펴보고 우리도 그와 같은 삶을 살게 되기를 바랍니다.

1. 하나님의 소명을 받은 사람입니다(출 31:1-2, 6)

출애굽기 31장 1-2절은 "여호와께서 모세에게 말씀하여 이르시되 내가 유다 지파 훌의 손자요 우리의 아들인 브살렐을 지명하여 부르고"라고 말씀합니다. 6절에서는 "내가 또 단 지파 아히사막의 아들 오홀리압을 세워 그와 함께하게 하며……"라고 말씀합니다. 하나님께서 성막 건축하는 일을 위해 브살렐과 오홀리압을 지명하여 부르셨습니다. 일반 건축물이 아닌 하나님이 임재하시는 거룩한 성막 건축을 위해 부름받았다는 것은 큰 축복입니다.

하나님은 이스라엘 백성이 광야를 지나는 동안 늘 함께해 주셨는데, 그 하나님을 구체적으로 만나거나 하나님의 임재를 경험할 수 있는 유일한 장소가 바로 성막이었습니다. 그러므로 그 거룩한 성막을 건축하는 일은 아무나 할 수 없는 아주 중요한 일이었습니다. 그 중요한 일은 하나님의 부르심을 받은 사람만이 감당할 수 있었는데, 그들이 그 일을 위해 하나님의 부르심을 받았으니 얼마나 영광스러운 일이었을까요?

성막의 구조는 아주 복잡했습니다. 작은 줄 하나, 못 하나, 심지어 천막의 크기와 색깔까지도 하나님이 다 정해 주셨습니다. 그 복잡한 성막을 건축하는 것은 아주 까다롭고 어려운 일이었습니다. 그럼에도 불구하고 그들이 그 일을 중간에 포기하지 않고 끝까지 잘 감당할 수 있었던 것은 바로 하나님의 부르심을 받았다는 분명한 소명의식 때문이었습니다. 분명한 소명의식이 없었더라면 절대로 그 일을 감당할 수 없었을 것입니다. 하나님의 일을 맡은 사람들에게 가장 중요한 것은 바로 부름받았다는 소명의식입니다.

신약성경 27권 중에 14권은 사도 바울이 기록한 것인데, 사도 바울이 기록했다고 해서 바울서신이라고 합니다. 그런데 사도 바울이 각 교회에 편지를 쓸 때마다 서신의 첫머리에 기록한 내용은 바로 "하나님의 뜻을 따라 사도로 부르심을 입은 바울"입니다. 그렇게 쓴 이유는 사명을 감당하는 데 있어서 소명의식이 절대적으로 중요했기 때문입니다. 그 분명한 소명의식이 없었다면 힘들고 어려운 일을 당할 때 포기하고 말았을 것입니다.

감옥에 있다가 노무현 대통령의 장례식에 참석할 수 있도록 잠시 풀려난 사람들이 있었습니다. 그 사람들을 가리켜서 언론은 '노의 남자들'이라고 표현했습니다. 그들 중 한 사람이 언론에 인터뷰를 하면서 "자신의 생명이 다하는 그날까지 노무현과 함께 할 것"이라고 말하는 모습을 보았습니다. 그가 그렇게 구속이 되고 어려움을 겪으면서도 노의 남자이기를 포기하지 않는 까닭은 바로 노무현 대통령의 부름을 받고 함께 일했던 사람이기 때문입니다.

그들이 '노의 남자들'이라면 우리는 '하나님의 사람들'입니다. 그들이 생명이 다하는 그날까지 노무현과 함께한다면 우리는 영원히 하나님과 함께해야 할 것입니다. 죄인 되었던 우리를 하나님께서 지명하여 불러 주셨고, 구원해 주셨고, 자녀 삼아 주셨습니다. 그러므로 뜨거운 소명의식과 감사하는 마음으로 신앙생활을 해야 합니다. 교회에서 직분을 맡고 사명을 받았다면 소명의식을 가지고 끝까지 맡겨 주신 사명 잘 감당하시기를 바랍니다.

2. 성령과 지혜가 충만한 사람입니다(출 31:3-5)

출애굽기 31장 3-5절은 "하나님의 영을 그에게 충만하게 하여 지혜와 총명과 지식과 여러 가지 재주로 정교한 일을 연구하여 금과 은과 놋으로 만들게 하며 보석을 깎아 물리며 여러 가지 기술로 나무를 새겨 만들게 하리라"고 말씀합니다. 하나님께서는 성막 건축하는 일을 위해 브살렐과 오홀리압을 지명하여 부르신 후에 성령과 지혜로 충만하게 하셨습니다. 성령의 능력과 지혜가 없이는 그 일을 감당할 수 없었기 때문입니다.

여기서 우리는 하나님께서 얼마나 치밀하신 분이며 얼마나 책임감이 강한 분인지를 알 수 있습니다. 하나님은 성막을 건축하시기 위해 그들을 부르신 후에 그들이 알아서 하도록 방치해 두시지 않고, 그 일을 할 수 있도록 능력과 지혜를 부어 주셨습니다. 그들이 아무리 재주가 있어도 하나님이 성령과 지혜를 충만하게 부어 주시지 않았다면 그 일을 감당할 수 없었을 것입니다. 그러므로 그 일은 그들이 한 것이 아니라 하나님이 할 수 있게 하신 것입니다.

세상 지식과 세상 경험, 세상적인 힘을 가지고는 하나님의 일을 할 수 없습니다. 하나님의 일은 하나님께서 부어 주시는 은혜와 능력이 있어야 가능합니다. 초대교회가 일곱 명의 일꾼들을 뽑아서 세울 때 자격 조건도 바로 성령과 지혜가 충만한 사람이어야 한다고 했습니다(행 6:3). 성령과 지혜가 충만한 사람들을 뽑아서 세워도 문제가 생겼는데 그렇지 못한 사람들에게 하나님의 일을 맡긴다면 얼마나 많은 문제가 발생하겠습니까?

출애굽기 28장 31-32절에 보면, 제사장이 입는 겉옷의 색깔과 모양도 그 의미하는 바가 큰데, 제사장의 옷은 청색으로 만들어졌고 두 어깨 사이에 구멍을 내서 위에서 뒤집어쓰듯이 입도록 되어 있습니다. 청색은 하늘을 상징하며, 뒤집어쓰듯이 입는 것은 위로부터 임하는 능력을 덧입어야 한다는 것을 의미합니다. 그러니까 제사장은 하나님께서 부어 주시는 능력을 덧입어야 사명을 감당할 수 있다는 것입니다.

목회자들이 가장 많이 앓는 질병이 간(肝)과 관련된 것입니다. 간염, 간경화, 간암 등 간이 나빠서 고생하는 목회자들이 너무 많습니다. 그것은 자신의 몸을 제대로 관리하지 못해서 오는 결과이기도 하지만, 목회 활동을 통해 받는 스트레스가 너무 심하기 때문입니다. 그렇기 때문에 주의 종이 사명을 잘 감당하려면 성령 충만을 받아야 합니다. 주의 종이 하나님의 부르심과 하나님의 능력을 덧입지 않고 사명을 감당하다 보면 제풀에 지쳐서 포기하거나 질병에 노출되어 쓰러지게 됩니다.

어디 목회자만 그렇겠습니까? 신앙생활 자체가 영적 전쟁이기 때문에 반드시 성령으로 충만해야 합니다. 성령과 지혜로 충만하지 못하면 악한 사탄 마귀에게 패할 수밖에 없습니다. 예수님이 하늘로 승천하시면서 제자들에게 예루살렘을 떠나지 말고 하늘로부터 성령이 임할 때까지 기다리라고 말씀하신 것은 그냥 나가면 패할 수밖에 없음을 아셨기 때문입니다. 우리 모두 성령과 지혜가 충만하여 신앙생활에 승리할 수 있기를 바랍니다.

3. 명령하신 대로 순종한 사람입니다(출 31:6-11)

출애굽기 31장 6-11절은 "……그들이 내가 네게 명령한 것을 다 만들게 할지니……관유와 성소의 향기로운 향이라 무릇 내가 네게 명령한 대로 그들이 만들지니라"라고 말씀합니다. 하나님께서 브살렐과 오홀리압에게 성막 건축하는 일을 담당하게 하실 때 강조하신 말씀이 바로 "내가 네게 명령한 대로 만들라"는 것이었습니다. 그들이 알아서 대충 만들거나 그들의 생각대로 만들지 말고 하나님께서 명하신 대로 만들어야 한다는 것이었습니다.

그 성막 안에는 언약궤와 떡상과 금촛대와 분향단 같은 아주 중요한 기구들이 놓여 있었는데, 그것을 만들되 하나님께서 명령하신 대로 만들라고 말씀하셨습니다. 뿐만 아니라 그곳에서 분향할 때 사용되는 향을 만드는 것도 하나님께서 명하신 대로 만들어야 했고, 심지어는 번제단에 제물을 올려놓을 때 사용되는 갈고리와 제단 밑에 쌓이는 재를 치우는 부삽도 하나님께서 명령하신 대로 만들어야 했습니다.

과연 그들은 성막의 모든 기구들을 만들되 여호와께서 명하신 대로 만들었을까요? 출애굽기 39장 43절은 "모세가 그 마친 모든 것을 본즉 여호와께서 명령하신 대로 되었으므로 모세가 그들에게 축복하였더라"라고 말씀합니다. 그들은 자신들의 생각대로 하지 않고 오직 하나님께서 명하신 대로 모든 것을 만들었습니다. 그들의 믿음이 너무나 대견스러워서 모세는 기쁜 마음으로 그들을 축복했습니다. 하나님의 말씀대로 순종하는 사람은 반드시 축복을 받게 됩니다.

동전이나 지폐를 보면 양쪽의 모양과 그림이 다릅니다. 만약 물건을 구입한 후에 한쪽만 온전한 동전이나 지폐를 내면 결코 화폐로서의 가치를 인정하지 않을 것입니다. 왜냐하면 그것은 모양은 돈 같지만 실제로는 돈이 아니기 때문입니다. 그렇듯이 우리의 믿음은 돈의 양쪽과 같은 것입니다. 한쪽 면만 있는 돈을 진짜 돈으로 인정할 수 없듯이 믿음이 있다고 하면서 행함이 따르지 않는다면 온전한 믿음이라고 할 수 없습니다. 믿음에는 반드시 순종이 따라야 온전한 믿음으로 인정받을 수 있습니다.

이로 볼 때 성막을 건축한 브살렐과 오홀리압은 온전한 믿음의 사람들이었습니다. 왜냐하면 그 복잡한 성막을 만들면서 전혀 자신들의 생각이나 뜻대로 하지 않고 오직 하나님이 명하신 대로 순종했기 때문입니다. 그들의 온전한 믿음에 비해 오늘 우리의 믿음은 어떻습니까? 불량 지폐와 같은 순종이 없는 가짜 믿음을 가진 사람들이 아닌지 우리 자신을 살펴보아야 합니다.

출애굽기 40장 34-35절 말씀을 보면 모세가 성막 안에 들어갈 수 없을 정도로 하나님의 영광이 성막에 충만했고 하나님의 구름이 그곳을 뒤덮었다고 기록하고 있습니다. 하나님이 명하신 대로 만들어졌기 때문에 하나님께서 매우 기뻐하셨음을 알 수 있습니다. 하나님은 당신이 명하신 대로 순종하는 사람을 가장 기뻐하십니다. 그런데 반대로 말씀을 거역하거나 불순종하는 사람은 비록 왕이라도 버리십니다. 사울 왕이 버림받은 이유가 바로 하나님의 말씀을 거역하고 불순종했기 때문입니다. 브살렐과 오홀리압처럼 하나님이 명하신 대로 순종해서 축복받는 우리 모두가 될 수 있기를 바랍니다.

기도

1. 하나님이 부르셨다는 소명의식을 가지고 신앙생활을 잘 감당하게 하옵소서.
2. 성령과 지혜를 충만하게 부어 주셔서 맡은 직분과 사명을 잘 감당하게 하옵소서.
3. 하나님이 명하신 대로 순종하여 큰 축복을 받는 사람이 되게 하옵소서.

19

하나님의 VIP 여호수아 1

그때에 아말렉이 와서 이스라엘과 르비딤에서 싸우니라 모세가 여호수아에게 이르되 우리를 위하여 사람들을 택하여 나가서 아말렉과 싸우라 내일 내가 하나님의 지팡이를 손에 잡고 산 꼭대기에 서리라 여호수아가 모세의 말대로 행하여 아말렉과 싸우고 모세와 아론과 훌은 산 꼭대기에 올라가서 모세가 손을 들면 이스라엘이 이기고 손을 내리면 아말렉이 이기더니 모세의 팔이 피곤하매 그들이 돌을 가져다가 모세의 아래에 놓아 그가 그 위에 앉게 하고 아론과 훌이 한 사람은 이쪽에서, 한 사람은 저쪽에서 모세의 손을 붙들어 올렸더니 그 손이 해가 지도록 내려오지 아니한지라 여호수아가 칼날로 아말렉과 그 백성을 쳐서 무찌르니라 여호와께서 모세에게 이르시되 이것을 책에 기록하여 기념하게 하고 여호수아의 귀에 외워 들리라 내가 아말렉을 없이하여 천하에서 기억도 못하게 하리라 모세가 제단을 쌓고 그 이름을 여호와 닛시라 하고 이르되 여호와께서 맹세하시기를 여호와가 아말렉과 더불어 대대로 싸우리라 하셨다 하였더라.

출애굽기 17장 8–16절

북한은 조지 W. 부시 전 대통령이 '악의 축'으로 지목할 만큼 위험한 나라입니다. 따라서 누가 그의 후계자가 되느냐에 따라 북한의 체제가 무너질 수도 있기 때문에 김정일에게 있어서 후계자를 세우는 일은 무엇보다 중요한 일이었습니다.

그런데 그가 첫째 아들과 둘째 아들을 제외시키고 셋째 아들을 후계자로 세운 것은 그가 가장 자기를 빼어 닮았기 때문이라고 합니다. 첫째 아들은 좀 깡패 기질이 있고, 둘째 아들은 너무 착한데 비해, 셋째 아들은 배짱과 리더십이 있다고 합니다. 그런데 전세계에서 그 유례를 찾아볼 수 없는 3대째 세습이고, 또 이제 나이 스물여섯 살밖에 안 된 그 아들이 과연 정권을 잘 유지해 갈 수 있을지는 의문입니다. 북한에서 핵실험을 강행하고 미사일을 발사하는 것은 다 김정은을 띄우기 위한 전략이라고 합니다.

성경에도 보면 하나님의 종들이 자신의 후계자를 세우는 모습을 볼 수 있는데, 엘리야 선지자는 엘리사를, 모세는 여호수아를 자신의 후계자로 세웠습니다. 여호수아는 모세의 후계자가 되어 모세가 이루지 못한 가나안 땅 정복의 과업을 잘 감당했습니다. 모세가 출애굽의 역사를 이룩한 지도자였다면 여호수아는 가나안 땅을 정복한 지도자라고 할 수 있습니다. 그는 대단히 훌륭한 믿음의 VIP였습니다.

여호수아라는 이름은 '여호와는 구원이심'이라는 뜻입니다. 본문을 통해 그의 신앙과 삶을 살펴보고 우리도 본받을 수 있기를 바랍니다.

1. 충성의 모범을 보여 준 사람입니다(출 17:8-10)

출애굽기 17장 8-10절은 "……모세가 여호수아에게 이르되 우리를 위하여 사람들을 택하여 나가서 아말렉과 싸우라……여호수아가 모세의 말대로 행하여 아말렉과 싸우고……"라고 말씀합니다. 이스라엘 백성이 르비딤 광야에서 아말렉과 전쟁을 치르게 되었습니다. 그 전쟁은 이스라엘 백성이 절대적으로 불리한 전쟁이었습니다. 그때 지도자 모세는 자신의 시종이었던 여호수아에게 "나가서 아말렉과 싸우라"고 명령했습니다.

모세의 명령은 "사람들을 택하여 나가서 우리를 위하여 싸우라"는 말인데, 이는 곧 "우리를 위해서 너를 희생하라"는 말과 같습니다. 여간한 충성심을 갖지 않고서는 그 명령에 순종하기가 매우 어려울 것입니다. 그런데 그는 지체하지 않고 나가서 싸웠습니다. 승산이 있는 전투를 하는 것은 신나는 일이겠지만 절대 불리한 전투를 하는 것은 여간 부담스러운 일이 아닙니다. 여호수아는 지금 절대 불리한 전투를 하러 나간 것입니다.

그러한 여호수아의 모습이 바로 충성된 사람의 모습입니다. '충성'(忠誠)이란 마음의 중심을 바치고 정성을 다하여 일을 성취하는 것을 말합니다. 그는 모세와 백성들을 위해 자신의 한 몸을 바친 사람입니다. 말로 하는 충성은 쉬워도 위험이 따르는 상황에서 자신의 생명을 던져야 하는 충성은 결코 쉬운 일이 아닙니다. 그의 몸을 바치고 목숨을 내건 충성심이 있었기 때문에 전쟁에서 승리할 수 있었던 것입니다.

영국 북부에 위치하고 있는 리버풀에는 영국 제2의 국립미술관인 워커미술관(1877년 개관)이 있는데, 그 미술관에는 보는 이들의 마음을 감동시키는 유명한 그림 한 점이 전시되어 있습니다. 그것은 바로 콘터러라는 화가가 그린 '충성'이라는 그림입니다. 이것은 이탈리아의 베스비우스 화산이 폭발해서 폼페이 시가 화산재와 용암으로 뒤덮이는 장면을 그린 그림입니다. 화산재와 뜨거운 용암이 폼페이를 향해 흘러내릴 때 수많은 사람들이 탈출하느라 도시 전체가 아비규환이 되었습니다.

그림에서 보는 이들의 마음을 감동시키는 장면은 바로 그런 아비규환의 혼란 속에서도 성문 곁에 묵묵히 서 있는 한 사람의 모습입니다. 그 사람이 바로 성문을 지키는 문지기입니다. 뜨거운 용암이 강물처럼 흘러내리고 화산재가 우박처럼 쏟아져 내리는 위급한 상황 속에서도 죽음을 무릅쓰고 자신이 맡은 성문 지키는 일에 충성을 다하는 모습입니다.

그 한 폭의 그림을 통해 우리는 충성이 과연 어떤 것인지를 깨달을 수 있습니다. 어떤 어려운 일이 닥쳐와도 서 있어야 할 그 자리에 서 있는 것이 바로 충성입니다. 아무리 손해를 보더라도 내게 맡겨진 일을 묵묵히 감당하는 것이 바로 충성입니다. 모든 사람들이 이해관계에 따라 마음을 바꾸고 책임을 회피할 때도 묵묵히 내가 있어야 할 자리를 지키는 것이 바로 충성입니다. 충성은 너무 귀한 것이기 때문에 하나님은 충성된 자에게 생명의 면류관을 주시겠다고 약속하셨습니다. 당신도 하나님 앞에 충성스런 청지기가 되어 주님을 기쁘게 하는 자가 되시기 바랍니다.

2. 언제나 모세와 동행한 사람입니다(출 24:12-13)

출애굽기 24장 12-13절은 "여호와께서 모세에게 이르시되 너는 산에 올라 내게로 와서 거기 있으라 네가 그들을 가르치도록 내가 율법과 계명을 친히 기록한 돌판을 네게 주리라 모세가 그의 부하 여호수아와 함께 일어나 모세가 하나님의 산으로 올라가며"라고 말씀합니다. 모세가 하나님의 율법을 받기 위해 시내 산으로 올라갈 때 여호수아도 함께 올라갔습니다. 그리고 모세가 그 산에서 내려올 때 여호수아도 함께 내려왔습니다(출 32:15-17).

모세가 하나님의 부르심을 받고 시내 산에 올라가서 머무른 기간은 40일이었습니다. 그는 그곳에서 금식을 했습니다. 그러니 여호수아도 자연히 같은 기간 동안 그곳에 머물렀고 함께 금식을 했습니다. 그렇게 그림자처럼 동행하면서 같은 생활을 했기 때문에 모세의 영성이 그대로 여호수아에게 전해질 수밖에 없었던 것입니다. 여호수아의 영성이나 리더십은 바로 모세와 동행하는 데서 배우고 닮은 것입니다.

모세가 올라간 시내 산은 결코 안락하고 편안한 장소가 아니었습니다. 풀 한 포기 나무 한 그루 볼 수 없는 화강암 바위로 된 산입니다. 밤이 되면 기온이 내려가서 너무 춥고 낮이 되면 햇볕이 너무 뜨거워서 머무르기 힘든 고난의 장소였습니다. 그런데 여호수아는 모세와 함께 올라가서 그곳에 머물렀습니다. 하나님을 믿는 믿음과 모세를 존경하는 마음이 있었기에 가능한 일이었습니다. 그는 환경에 좌우되지 않고 그림자처럼 항상 모세와 함께한 사람이었습니다. 그래서 그는 모세의 후계자가 되기에 합당한 사람이었습니다.

요즘 전세계가 신종 독감 바이러스 때문에 난리를 겪고 있습니다. 원인을 알 수 없고 치료가 쉽지 않은 신종 바이러스가 자꾸 생겨나는 것을 보면 종말이 가까운 것 같습니다. 이 신종 바이러스를 경계하지 않을 수 없는 것은 치료가 쉽지 않고 치사율이 매우 높기 때문입니다. 지금은 글로벌 시대이기 때문에 한 사람이 그 바이러스에 감염되면 다른 나라로 퍼져나가는 속도가 매우 빠릅니다. 감염되지 않으려면 감염된 사람과 접촉을 피해야 합니다.

어디 독감 바이러스뿐이겠습니까? 우리의 모든 삶이 다 그렇습니다. 삶이 병든 사람을 가까이하다 보면 어느새 감염이 되어 내 삶도 병들게 되고, 시험에 든 사람을 가까이 대하다 보면 어느새 전염이 되어 내 신앙도 시험에 들게 됩니다. 건강한 삶을 살기 원한다면 건강한 삶을 사는 사람을 가까이해야 하고, 건강한 신앙생활을 하려면 건강하게 신앙생활하는 믿음 좋은 사람을 가까이 해야 합니다.

여호수아가 모세처럼 훌륭한 지도자가 될 수 있었던 것은 항상 모세와 동행하면서 그의 신앙을 본받았기 때문입니다. 고라가 중간 지도자들 250명을 규합해서 모세를 반역했을 때에도 그는 묵묵히 모세와 함께했습니다. 그는 중심이 아주 견고한 사람이었습니다. 흔들리는 갈대처럼 변화무쌍한 사람이 되지 말고 한결같은 믿음으로 하나님을 가까이하셔서 항상 함께하고 싶은 사람이 되시기 바랍니다.

3. 회막을 소중하게 여긴 사람입니다(출 33:7-11)

출애굽기 33장 7-11절은 "……사람이 자기의 친구와 이야기함같이 여호와께서는 모세와 대면하여 말씀하시며 모세는 진으로 돌아오나 눈의 아들 젊은 수종자 여호수아는 회막을 떠나지 아니하니라"라고 말씀합니다. 이스라엘 백성이 금송아지를 숭배했을 때 하나님은 너무 진노하셔서 더 이상 그들과 함께하시지 않겠다는 충격적인 말씀을 하셨습니다. 그러자 모세는 모든 백성들을 회막으로 나오게 한 후 하나님 앞에 회개하며 간절히 기도했습니다.

그리고 모든 사람들이 다 자기 장막으로 돌아가고 모세도 회막을 떠났으나 청년 여호수아는 회막을 떠나지 않고 그곳에 머물러 있었습니다. 그가 홀로 그곳에 남아 있었던 이유는 회막을 소중하게 여기는 마음 때문이기도 했지만, 하나님의 임재 앞에 머물고 싶은 마음이 있었기 때문입니다. 회막은 하나님께서 임재하시는 장소이며, 이스라엘 백성들이 하나님을 만날 수 있는 유일한 장소였습니다. 그가 홀로 그곳에 남아 있었던 이유는 바로 하나님의 임재 앞에 머물러 있기를 원하는 마음에서였습니다.

하나님이 보시기에 온 백성들과 함께 나와서 기도하는 모세의 모습도 귀했지만, 거룩한 회막에 홀로 남아서 하나님의 임재 앞에 머물러 있는 여호수아의 모습도 너무나 귀했습니다. 그런 여호수아의 모습은 하나님이 보시기에 모세의 후계자가 되기에 충분했습니다. 그리고 금송아지 숭배 사건으로 몹시 마음이 상하신 하나님을 위로해 드리기에 충분했습니다.

요즘 농촌에 가보면 젊은 사람들을 거의 볼 수 없습니다. 주민들 대부분이 다 연세가 드신 노인들뿐이고, 나이 60세 되신 어른이 젊은이 취급을 받는 그런 농촌 마을이 허다합니다. 젊은이들은 농촌에서 힘든 농사일을 하지 않으려고 합니다. 손발이 거칠어지는 농촌 생활보다는 말끔하게 넥타이 메고 양복 입고 다니는 도시 생활을 더 선호하기 때문입니다. 우리나라 농촌의 미래가 심히 걱정스럽습니다.

농촌만이 아닙니다. 오늘날 교회도 마찬가지입니다. 교회 안에 젊은이들이 별로 없습니다. 우리 교회는 그나마 전체 교인 숫자에 비해 젊은이들이 많은 편이지만 대부분의 교회들마다 유년 주일학생, 중·고등학생, 청년들이 별로 없습니다. 이것은 젊은이들이 없는 농촌 마을의 실정보다 더 심각한 일입니다. 교회에 젊은이들이 모이지 않으면 교회는 노령화될 수밖에 없고, 교회가 노령화되면 하나님의 일을 원활하게 감당해 갈 수가 없습니다.

오늘날 탈교회 현상이 심화되고 있는 것은 많은 사람들이 하나님 없는 인생을 살려고 하기 때문입니다. 하나님의 피조물인 인간이 하나님 없는 인생을 살려고 하는 것은 곧 터진 웅덩이를 파는 것과 같이 어리석은 일입니다. 우리가 어리석은 인생, 후회하는 인생을 살지 않으려면 교회를 가까이하고 하나님의 임재 앞에 머무르는 삶을 살아야 합니다. 이 세상에서 하나님의 임재를 느낄 수 있는 장소는 교회밖에 없습니다. 그러므로 여호수아처럼 교회를 가까이하시고 하나님의 임재 앞에 머물러 있기를 좋아하는 사람이 되시기 바랍니다.

기도

1. 여호수아처럼 충성을 다함으로 후일 생명의 면류관을 받을 수 있게 하옵소서.
2. 여호수아처럼 항상 하나님과 동행하며, 함께하고 싶은 사람이 되게 하옵소서.
3. 여호수아처럼 교회를 가까이하고 하나님의 임재 앞에 머무르는 사람이 되게 하옵소서.

20

하나님의 VIP 여호수아 2

온 회중이 소리를 높여 부르짖으며 백성이 밤새도록 통곡하였더라 이스라엘 자손이 다 모세와 아론을 원망하며 온 회중이 그들에게 이르되 우리가 애굽 땅에서 죽었거나 이 광야에서 죽었으면 좋았을 것을 어찌하여 여호와가 우리를 그 땅으로 인도하여 칼에 쓰러지게 하려 하는가 우리 처자가 사로잡히리니 애굽으로 돌아가는 것이 낫지 아니하랴 이에 서로 말하되 우리가 한 지휘관을 세우고 애굽으로 돌아가자 하매 모세와 아론이 이스라엘 자손의 온 회중 앞에서 엎드린지라 그 땅을 정탐한 자 중 눈의 아들 여호수아와 여분네의 아들 갈렙이 자기들의 옷을 찢고 이스라엘 자손의 온 회중에게 말하여 이르되 우리가 두루 다니며 정탐한 땅은 심히 아름다운 땅이라 여호와께서 우리를 기뻐하시면 우리를 그 땅으로 인도하여 들이시고 그 땅을 우리에게 주시리라 이는 과연 젖과 꿀이 흐르는 땅이니라 다만 여호와를 거역하지는 말라 또 그 땅 백성을 두려워하지 말라 그들은 우리의 먹이라 그들의 보호자는 그들에게서 떠났고 여호와는 우리와 함께하시느니라 그들을 두려워하지 말라 하나 온 회중이 그들을 돌로 치려 하는데 그때에 여호와의 영광이 회막에서 이스라엘 모든 자손에게 나타나시니라.

민수기 14장 1-10절

옛말에 "난세에 영웅이 난다"는 말이 있습니다. 과거 우리나라가 난세(亂世)일 때 온 국민들이 존경하고 따르는 훌륭한 지도자들이 있었습니다. 우리가 학교 교과서에서 배운 대로 우리 민족의 영웅들은 다 나라가 어지럽고 혼란스러울 때 배출되었습니다. 그런데 요즘은 국민들이 우러러보고 존경하고 따를 만한 지도자가 없는 시대입니다. 어느 나라든지 존경하고 따를 만한 훌륭한 지도자가 없는 것은 정말 불행한 일이 아닐 수 없습니다.

훌륭한 부모님을 만나는 것은 자녀의 행복이고, 훌륭한 스승을 만나는 것은 학생의 행복이며, 훌륭한 목사를 만나는 것은 교인들의 행복이고, 훌륭한 지도자를 만나는 것은 국민들의 행복입니다. 우리나라는 지금 사회적으로 좌익과 우익으로 갈라져서 심각한 반목과 대립의 양상을 보이고 있습니다. 이런 때일수록 대통령과 정치인들이 통합의 리더십을 잘 발휘하고, 또 모든 방송과 언론도 편파 보도를 하지 말고 공정한 보도를 통해 온 국민을 통합시키고 나라를 안정시키도록 해야 할 것입니다.

이스라엘 민족은 참 행복한 백성들이었습니다. 하나님이 그들과 함께하실 뿐 아니라 모세와 여호수아 같은 훌륭한 지도자가 있었기 때문입니다. 모세가 가나안 땅을 정복하지 못하고 죽었지만 그의 후계자인 여호수아가 그 과업을 잘 이루어 냈습니다. 이스라엘 백성들의 간절한 소원은 가나안 땅을 정복하는 것이었는데 여호수아가 바로 그 소원을 이루어 준 지도자였습니다. 그는 온 백성들이 우러러보고 존경할 만한 믿음의 VIP였습니다.

1. 긍정적인 믿음을 가진 사람입니다(민 14:1-10)

민수기 14장 6-9절은 "그 땅을 정탐한 자 중 눈의 아들 여호수아와 여분네의 아들 갈렙이 자기들의 옷을 찢고……우리가 두루 다니며 정탐한 땅은 심히 아름다운 땅이라……여호와는 우리와 함께하시느니라 그들을 두려워하지 말라"고 말씀합니다. 이 말씀은 여호수아와 갈렙이 백성들에게 한 말입니다. 온 백성들이 낙심과 좌절에 빠져서 탄식하고 있을 때 여호수아와 갈렙은 나서서 긍정적인 말로 백성들을 안심시켰습니다.

모세가 보낸 열두 명의 정탐꾼들은 가나안 땅에 몰래 들어가서 사십 일 동안을 정탐한 후 돌아와서 결과를 보고했습니다. 그 열두 명 중에 열 명이 먼저 나서서 가나안 땅을 악평하며 도저히 정복할 수 없는 땅이라고 보고했습니다. 그들이 보고한 내용 중에 긍정적인 말은 한마디도 없었습니다. 안 된다, 못 한다, 할 수 없다는 말뿐이었습니다. 그들의 말을 들은 백성들의 마음은 무너졌고 이에 모세를 향해 원망의 말을 퍼부었습니다. 심지어는 다른 지도자를 세워 다시 애굽으로 돌아가자고 하는 사람들도 있었습니다.

바로 그때 여호수아와 갈렙이 나서서 옷을 찢으면서 긍정적인 말로 백성들을 안심시켰습니다. "우리가 정복할 가나안 땅은 심히 아름다운 땅입니다. 우리는 약하지만 하나님이 도와주시면 그 땅을 정복할 수 있습니다. 하나님은 반드시 그 땅을 정복하게 하실 것입니다. 하나님은 분명히 우리와 함께하고 계십니다." 그들의 말 속에 부정적인 단어는 단 한마디도 없었습니다. 하나님은 그들의 말과 믿음대로 가나안 땅을 정복하게 하셨습니다.

할 어반의 《긍정적인 말의 힘》이라는 책에 다음과 같은 내용이 있습니다. "악마와 천사의 차이는 모습이 아니라 그 입에서 나오는 말이다." 마귀의 입에서 긍정적인 말이 나오지 않고 천사의 입에서 부정적인 말이 나오지 않는다는 말입니다. 마귀는 언제나 부정적인 말만 하고, 천사는 언제나 긍정적인 말만 합니다. 그러므로 그 입에서 나오는 말을 들어보면 마귀에게 속한 사람인지 아니면 천사에게 속한 사람인지 알 수 있습니다.

일본의 물 연구가인 에모토 마사루라는 사람이 있는데, 그는 평생 물만 연구하는 물 박사입니다. 그가 사람의 말이 물에 어떤 영향을 미치는가에 대해 실험을 하고 그 연구 결과를 발표했습니다. "사랑합니다. 감사합니다. 고맙습니다"라는 말을 들려준 물은 그 결정체가 육각형으로 아주 건강하고 고운 데 반해 "뒤질 놈, 망할 놈, 썩을 놈" 하고 부정적인 말을 들려준 물은 건강한 물이 되지 못하고 제멋대로 결정체가 흩어져 버리더라는 것입니다. 우리 입에서 나가는 말이 얼마나 영향력이 있는가를 알 수 있는 연구 결과입니다.

사람의 몸은 70%가 물로 구성되어 있습니다. 그러므로 입만 열면 부정적인 말을 하는 사람은 자신뿐만 아니라 다른 사람에게도 부정적인 영향을 끼치기 때문에 절대로 건강할 수가 없습니다. 그러나 늘 긍정적인 말을 하는 사람은 자신과 다른 사람에게도 긍정적인 영향을 끼쳐서 항상 건강할 수 있는 것입니다. 하나님은 부정적인 말을 하는 사람과 함께하시지 않고 늘 긍정적인 말을 하는 사람을 통해 일하십니다. 여호수아처럼 언제나 긍정적인 믿음의 말을 하는 사람이 되시기 바랍니다.

2. 잘못을 인정할 줄 아는 사람입니다(수 7:2-6)

여호수아 7장 2-6절은 "……백성의 마음이 녹아 물같이 된지라 여호수아가 옷을 찢고 이스라엘 장로들과 함께 여호와의 궤 앞에서 땅에 엎드려 머리에 티끌을 뒤집어쓰고 저물도록 있다가"라고 말씀합니다. 여호수아는 거대한 여리고 성을 정복한 직후에 작은 아이 성을 정복하는 과정에서 크게 잘못한 일이 있었습니다. 하나님께 전혀 기도하지 않고 사람의 말만 듣고 안이한 태도로 임했다가 큰 패배를 당하고 말았던 것입니다.

하나님께 기도하지 않고 사람의 말만 듣고 성을 공격하러 가는 것은 여호수아답지 않은 행동입니다. 사자가 작은 토끼 한 마리를 잡을 때도 신중하고 사력을 다하는 법인데 여호수아는 그렇게 하지 않았습니다. 난공불락의 성인 여리고를 정복했으니 작은 아이 성 정도야 문제도 아니라고 생각했던 것이 그만 큰 낭패를 불러오고 말았습니다. 신앙생활에 있어서 방심은 금물인데 방심했다가 낭패를 당하고 만 것입니다.

그렇게 비참한 결과를 맞이했을 때 여호수아는 옷을 찢고 장로들과 함께 하나님의 언약궤 앞에 엎드렸습니다. 그것은 곧 자신의 잘못을 인정하고 회개하는 모습입니다. 그는 다른 사람들에게 책임을 전가시키거나 다른 사람을 원망하지 않았습니다. 모든 것이 자신의 잘못임을 인정하고 하나님 앞에 회개했습니다. 자신의 잘못을 인정하고 회개하는 여호수아를 온 백성들이 존경하지 않을 수 없었던 것입니다.

《카네기 인간관계론》에 보면 "잘못을 저질렀다면 즉시 그 잘못을 인정하라"고 했습니다. 잘못을 하고도 변명으로 일관하는 사람은 비난을 받지만, 자신의 잘못을 솔직하게 인정하고 사과하는 사람을 향해 돌을 던질 사람은 없습니다. 최초의 인간 아담이 우리의 영웅이 되지 못한 이유는 자신의 잘못을 시인하지 못하고 자기 아내에게 책임을 전가시키고 변명으로 일관했기 때문입니다.

아무리 훌륭한 지도자라도 실수할 수 있고 잘못을 저지를 수도 있습니다. 문제는 그 잘못에 대해 자기 자신에게 책임을 묻는가 아니면 다른 사람에게 책임을 묻는가에 따라 비난받는 지도자가 될 수도 있고, 존경받는 지도자가 될 수도 있다는 것입니다. 대부분의 지도자들이 많은 잘못을 저지르면서도 자신에게 책임을 묻는 모습을 보여 주지 않습니다. 체면과 자존심 때문에 좀처럼 자신의 잘못을 인정하지 않으려고 하는 것입니다.

한때 한국 천주교에서 '내 탓 운동'을 벌인 적이 있었습니다. "내 탓입니다"라고 쓰인 스티커를 만들어 가지고 사람들에게 나누어 주기도 하고 자동차에도 붙이고 다녔습니다. 건강한 사회를 만들기 위한 좋은 캠페인이었습니다. 우리 그리스도인들은 일정 기간 동안만 그 캠페인을 벌일 것이 아니라 일평생 그런 마음가짐으로 살아야 합니다. 문제가 생길 때마다 누구 잘못인지 시시비비를 가리게 되면 분위기가 험악해지지만 "다 내 탓입니다" 하면 금세 문제가 해결되고 평화로운 관계가 회복됩니다. 여호수아처럼 잘못을 인정할 줄 아는 사람이 되시기 바랍니다.

3. 정직하고 청렴결백한 사람입니다(수 19:49-50)

여호수아 19장 49-50절은 "이스라엘 자손이 그들의 경계를 따라서 기업의 땅 나누기를 마치고 자기들 중에서 눈의 아들 여호수아에게 기업을 주었으니……에브라임 산지 딤낫 세라를 주매 여호수아가 그 성읍을 건설하고 거기 거주하였더라"라고 말씀합니다. 이스라엘 백성은 가나안 땅을 다 정복한 후 제비뽑기를 통해 각 지파들에게 땅을 분배해 주었습니다. 그리고 맨 마지막으로 지도자 여호수아에게도 기업을 분배해 주었다는 것입니다.

여호수아가 기업을 분배받는 장면을 보면 저절로 고개가 숙여지고 존경심을 갖지 않을 수 없습니다. 그는 자신의 기업을 먼저 챙긴 것이 아니고 맨 나중에 자기 기업을 분배받았습니다. 기름지고 좋은 땅이 아니라 산지 딤낫 세라를 기업으로 분배받았습니다. 평지가 아닌 산지를 자신의 몫으로 분배받는다는 것은 섭섭하다 못해 기분 나쁜 일일 수 있습니다. 그럼에도 불구하고 그는 한마디 불평이나 불만을 표출하지 않았습니다.

여호수아는 가나안 땅을 정복하는 데 일등 공신이었습니다. 모세의 후계자가 되어 가나안 땅을 정복하는 데 온 힘을 쏟아 부었습니다. 그러므로 그는 얼마든지 가장 먼저 제일 좋은 땅을 자신의 기업으로 정할 수도 있었습니다. 그렇게 하더라도 불평할 사람들이 아무도 없었을 것입니다. 그런데 그는 그렇게 하지 않았습니다. 지도자가 되면 먼저 자신의 몫을 챙기는 우리나라 역대 대통령들과는 너무나 대조적인 모습입니다. 그는 영원히 존경받을 만한 너무나 깨끗하고 청렴결백한 사람이었습니다.

외국에서는 우리나라를 일컬어 '뇌물 공화국'이라고 한다고 합니다. 기업체마다 뇌물을 주고받는 것이 당연시되다 보니 그런 오명을 얻은 것입니다. 높은 관직에 오르거나 권력을 손에 잡으면 그 자리가 마치 뇌물을 챙기고 부정축재하는 자리인 양 착각하는 모양입니다. 그래서 '권력형 비리'라는 말이 생겨난 것입니다. 권력을 가진 이들이 얼마나 뇌물을 받아서 챙기고 비리를 저지르면 그런 신종 언어가 생겨났겠습니까?

공무원들도 너무 많은 비리에 연루되다 보니 "공무원 부정부패 방지법"이란 것이 만들어지고, "비리 근절 대책위원회"라는 조직도 만들어졌습니다. 그렇게 만들어진 법이나 조직, 단체를 생각하면 우리나라가 세계에서 가장 청렴한 나라가 될 수 있을 것 같은데, 여전히 우리 사회는 부정부패가 만연하고 있습니다. 아무리 법을 만들고 조직과 단체를 만들어도 사람의 마음이 바르지 못하면 아무 소용이 없는 것입니다.

지도자는 정직하고 청렴하고 결백해야 합니다. 특히 믿음의 지도자인 목회자는 더더욱 그래야 합니다. 정직하지 못한 지도자는 존경받을 수 없습니다. 물질에 마음을 빼앗기고 욕심이 생기면 반드시 부작용이 나타나게 되고 신뢰도 받지 못합니다. 여호수아의 리더십은 긍정의 리더십이었고, 정직의 리더십이었고, 청렴결백의 리더십이었습니다. 그런 여호수아를 보며 온 백성들이 우러러보고 존경하고 따르지 않을 수 없었던 것입니다. 우리 모두가 그런 리더십을 발휘할 수 있기를 바랍니다.

기도

1. 여호수아처럼 긍정적인 믿음을 가진 사람이 되게 하옵소서.
2. 여호수아처럼 잘못을 인정하고 고개 숙일 줄 아는 사람이 되게 하옵소서.
3. 여호수아처럼 정직하고 청렴결백한 사람이 되게 하옵소서.

21

하나님의 VIP 갈렙

여호와께서 이르시되 내가 네 말대로 사하노라 그러나 진실로 내가 살아 있는 것과 여호와의 영광이 온 세계에 충만할 것을 두고 맹세하노니 내 영광과 애굽과 광야에서 행한 내 이적을 보고서도 이같이 열 번이나 나를 시험하고 내 목소리를 청종하지 아니한 그 사람들은 내가 그들의 조상들에게 맹세한 땅을 결단코 보지 못할 것이요 또 나를 멸시하는 사람은 한 사람도 그것을 보지 못하리라 그러나 내 종 갈렙은 그 마음이 그들과 달라서 나를 온전히 따랐은즉 그가 갔던 땅으로 내가 그를 인도하여 들이리니 그의 자손이 그 땅을 차지하리라 아말렉인과 가나안인이 골짜기에 거주하나니 너희는 내일 돌이켜 홍해 길을 따라 광야로 들어갈지니라.

민수기 14장 20–25절

사람들에게는 유명해지고 싶은 욕구가 있습니다. 저는 목회를 시작하고 난 후 빨리 유명한 목사가 되고 싶어서 유명한 목사님들의 설교집을 사다가 그분들의 흉내를 낸 적이 있습니다. 약 3년 정도 그렇게 하던 중에 어느 날 하나님께서 저의 마음에 '더 이상 흉내 내지 말고 네 모습대로 하라'는 깨달음을 주셨습니다. 그때부터 남의 설교집을 보지 않고 직접 말씀을 묵상하면서 내 설교를 하기 시작했습니다.

유명해지는 건 좋지만 모두가 다 유명해질 수는 없습니다. 영화나 드라마를 보면 역할이 돋보이는 주연 배우가 있는가 하면 주연을 돋보이게 하는 조연 배우가 있습니다. 주연 배우는 주연 배우로서의 역할이 있고, 조연 배우는 조연 배우로서의 역할이 있습니다. 주연 배우가 돋보이는 것은 조연 배우들이 있기 때문입니다. 조연 배우들의 역할이 없으면 절대로 주연 배우의 역할이 돋보일 수가 없습니다.

여호수아와 갈렙은 마치 바늘과 실처럼 항상 함께하는 사람들이었습니다. 두 사람 중에서 여호수아를 주연 배우라고 한다면 갈렙은 조연 배우라고 할 수 있습니다. 믿음이나 능력이나 사역에 있어서 두 사람은 거의 차이가 없을 만큼 훌륭한 사람들이었습니다. 그런데 여호수아는 항상 주연 배우처럼 돋보이고, 갈렙은 조연 배우처럼 돋보이질 않습니다. 그렇지만 여호수아의 모습이 돋보일 수 있었던 것은 갈렙의 역할이 있었기 때문입니다. 이에 대해 갈렙은 조금도 불만이나 섭섭한 마음을 갖지 않았습니다.

자기가 유명해지는 것보다 여호수아가 유명해지도록 배후에서 자신의 역할을 잘 감당했던 갈렙의 신앙과 삶은 오늘 우리에게 많은 것을 깨닫게 해줍니다.

1. 하나님을 온전히 좇은 사람입니다(민 14:24)

민수기 14장 24절은 "오직 내 종 갈렙은 그 마음이 그들과 달라서 나를 온전히 따랐은즉 그가 갔던 땅으로 내가 그를 인도하여 들이리니 그의 자손이 그 땅을 차지하리라"라고 말씀합니다. 하나님께서 갈렙에 대해 말씀하시기를 "그는 마음이 다른 사람들과 달라서 온전히 나를 좇았다"라고 하셨습니다. 여기서 '온전히'라는 말은 '충분하다', '만족하다'는 뜻입니다. 다시 말해 갈렙은 하나님이 만족하게 여기실 정도로 하나님을 따랐다는 말입니다.

한결같은 마음으로 하나님을 좇는 그의 모습은 하나님이 보시기에도 매우 흡족했고 만족스러우셨습니다. 그는 바로 하나님을 닮은 사람입니다. 하나님은 언제나 한결같은 분이십니다. 우리를 향한 하나님의 마음은 어제나 오늘이나 영원토록 변함이 없으십니다. 이에 항상 변함없이 온전한 마음으로 하나님을 따르는 갈렙을 기뻐하시고 축복해 주셨습니다. 그 결과 다른 사람들은 광야에서 죽었지만 그는 가나안 땅에 들어가는 축복을 받았습니다.

그는 출애굽을 한 이후부터 가나안 땅에 들어가기까지 너무나 변화무쌍한 환경을 겪어야 했습니다. 극한 고난의 환경에 처할 때도 있었고 하나님의 놀라운 기적을 체험할 때도 있었습니다. 그럴 때마다 변화무쌍한 환경만큼이나 사람들의 마음도 변화무쌍했습니다. 놀라운 기적을 체험했을 때는 온 천하를 다 얻은 것처럼 기뻐하다가 극한 고난의 환경에 처했을 때는 삶이 끝난 것처럼 불평과 원망을 쏟아냈습니다. 그런데 갈렙은 그들과 달랐습니다. 환경이 어떠하든지 늘 한결같은 마음으로 하나님을 따랐습니다.

아프리카 선교를 위해 일생을 바쳤던 리빙스턴이 말년에 옥스퍼드 대학교에서 명예 박사 학위를 받았습니다. 학위 수여식에 앞서서 그는 그 자리에 모인 학생들에게 자신의 아프리카 선교에 대해 연설을 했습니다. 그가 연설을 마치자 한 학생이 손을 들고 질문하기를 "그렇게 힘들고 어려운 아프리카 선교 사역을 포기하지 않고 끝까지 감당할 수 있었던 힘은 무엇입니까?"라고 물었습니다. 그 질문에 대한 그의 대답은 "'내가 세상 끝날까지 너희와 항상 함께 있으리라'는 예수님의 말씀이 나를 붙들어 주었기 때문입니다"라고 말했습니다.

그는 아프리카 선교를 위해 헌신하던 중 사나운 짐승의 공격을 받기도 했고 흑인들의 공격을 받기도 했습니다. 그러던 어느 날 오른팔을 잃고 불구의 몸이 되었습니다. 그렇지만 그는 결코 아프리카 선교를 중도에 포기하지 않았습니다. 예수님이 하늘로 승천하시면서 제자들에게 하셨던 "볼지어다 내가 세상 끝날까지 너희와 항상 함께 있으리라"(마 28:20)는 말씀에 붙들려 있었기에 끝까지 그의 일생을 주님께 헌신할 수 있었던 것입니다. 그는 진실로 갈렙처럼 온전히 하나님을 따르는 사람이었습니다.

사도 바울은 고린도전서 15장 55-58절에서 말씀하기를 "……그러므로 내 사랑하는 형제들아 견실하며 흔들리지 말고 항상 주의 일에 더욱 힘쓰는 자들이 되라 이는 너희 수고가 주 안에서 헛되지 않은 줄 앎이라"고 했습니다. 어떤 환경을 만나고 어떤 형편에 처하든지 견고하고 흔들리지 않는 믿음을 가져야 합니다. 갈렙처럼 온전히 하나님만 좇아가는 신앙으로 마침내 하나님께 인정받고 축복받는 우리 모두가 될 수 있기를 바랍니다.

2. 믿음대로 축복을 받은 사람입니다(수 14:11)

여호수아 14장 10-11절은 "……오늘 내가 팔십오 세로되 모세가 나를 보내던 날과 같이 오늘도 내가 여전히 강건하니 내 힘이 그때나 지금이나 같아서 싸움에나 출입에 감당할 수 있으니"라고 말씀합니다. 그의 나이 팔십오 세가 되었는데 마치 40여 년 전 그가 가나안 땅에 정탐꾼으로 갔을 때처럼 강건했다는 것은 귀한 축복입니다. 그가 온전히 하나님을 좇았을 때 하나님은 그에게 건강의 축복을 허락해 주셨습니다.

애굽에서 나온 1세대 이스라엘 백성들 중에서 가나안 땅에 들어간 사람은 갈렙과 여호수아 두 사람뿐이었습니다. 하나님께서 약속해 주신 가나안 땅에 들어가는 것은 최고의 축복을 받은 것입니다. 그가 온전히 하나님을 따랐을 때 약속의 땅에 들어갈 수 있는 은혜를 베풀어 주셨습니다. 또한 그는 한 가지 귀한 축복을 받았는데 그것은 바로 건강의 축복이었습니다. 인생을 살아가는 데 있어서 뭐니뭐니해도 건강이 제일 소중한 것입니다. 건강보다 더 귀한 것은 없습니다. 아무리 돈이 많아도, 큰 권력을 손에 쥐었어도, 아무리 인기가 높은 스타가 되었어도 건강하지 못하면 다 소용이 없습니다. 질병 없이 건강하게 사는 것이 축복이고, 팔십 중반 노인의 때에 사십대 젊은이와 같은 건강을 유지하고 산다면 그것보다 더 귀한 축복은 없습니다.

갈렙은 최고의 축복을 받은 사람입니다. 그는 늙어서 젊은이와 같은 건강의 축복을 받았고, 가나안 땅에 들어가는 축복을 받았습니다. 그가 받은 축복은 어쩌다 운이 좋아서 받은 것이 아니고 온전히 하나님만을 따른 그 믿음을 귀하게 보시고 하나님이 베풀어 주신 큰 은혜였습니다. 갈렙이 그랬다면 오늘 우리도 그러한 믿음으로 크신 축복을 누릴 수 있습니다. 우리도 온전히 하나님만을 따를 때 갈렙과 같은 축복을 받을 수 있습니다.

옛말에 "재산을 잃으면 조금 잃은 것이요, 명예를 잃으면 많은 것을 잃은 것이며, 건강을 잃으면 전부를 잃은 것이라"고 했습니다. 다시 말하면 재산을 모으는 것도 귀하고, 명예를 얻는 것도 귀하지만, 건강하게 사는 것이 가장 귀한 축복이라는 말입니다. 한평생을 사는 동안 건강하게 살다가 죽어서 영원한 천국에 들어간다면 그것보다 더 귀한 축복은 없습니다.

어떻게 하면 그 귀한 축복을 받아 누릴 수 있을까요? 갈렙처럼 온전히 하나님만 좇아서 살면 됩니다. 건강을 유지하기 위해 때에 따라 보약을 먹는 것도 필요하고, 맛있는 음식을 먹는 것도, 운동을 열심히 하는 것도 필요한 일이지만 온전한 믿음으로 하나님을 섬기면서 살 때 큰 복을 받게 될 줄 믿으시기 바랍니다. 하나님은 우리의 모든 생사화복을 주장하시는 분이기 때문에 하나님이 복을 주시면 건강할 수 있습니다. 갈렙처럼 온전히 하나님만을 좇는 믿음으로 건강하게 살다가 천국 가는 축복을 누리시기 바랍니다.

3. 희생정신으로 살았던 사람입니다(수 14:12)

여호수아 14장 12절은 "그날에 여호와께서 말씀하신 이 산지를 지금 내게 주소서 당신도 그날에 들으셨거니와 그곳에는 아낙 사람이 있고 그 성읍들은 크고 견고할지라도 여호와께서 나와 함께하시면 내가 여호와께서 말씀하신 대로 그들을 쫓아내리이다 하니"라고 말씀합니다. 가나안 땅을 정복한 후 기업을 분배할 때 갈렙은 산지를 자신의 기업으로 줄 것을 요청했습니다. 평지가 아닌 산지를 자신의 기업으로 달라는 것은 이해할 수 없는 일입니다.

더군다나 그가 요구한 산지는 다른 지역에 비해 성이 크고 견고했습니다. 그런데다 그곳은 상대하기 어려운 아낙 사람들이 살고 있는 곳입니다. 아낙 사람들은 일반인들과 다른 거인들이었습니다. 열두 명의 정탐꾼들이 가나안 땅을 정탐하러 갔다가 그들의 모습을 보고 이내 겁에 질려버릴 정도로 그들은 크고 장대한 사람들이었습니다. 아무도 원치 않는 그곳을 갈렙은 자신의 기업으로 줄 것을 원했습니다.

그것은 바로 다른 사람을 위해서 좋은 곳을 양보하고 자기를 희생하려고 하는 마음이 있었기 때문입니다. 쉽게 정복할 수 없는 그곳을 누군가가 기업으로 분배를 받아야 했습니다. 그런데 그렇게 험악한 곳을 기업으로 받을 사람은 아무도 없을 것입니다. 이에 갈렙이 나서서 아무도 원치 않는 그곳을 자신의 기업으로 요구한 것은 남을 위해서 자신을 희생하겠다는 마음이 있었기 때문입니다. 그리고 그에게는 하나님이 함께하시면 그들을 쫓아내고 반드시 그 땅을 정복하게 될 것이라는 강한 도전 정신이 있었습니다.

요즘 사람들의 의식 속에는 양보하면 무시당하고, 자신을 희생하면 손해를 본다는 생각이 지배적입니다. 그래서 좀처럼 양보하지 않으려고 하고 어떻게 해서든지 이기려고 합니다. 양보하는 것은 참으로 아름다운 미덕이고, 자기를 희생하는 삶은 가장 가치 있고 존귀한 삶인데 왜 손해를 본다고 생각하는지 안타까운 일입니다. 세상의 시각으로 볼 때는 그렇게 생각할 수도 있습니다. 그러나 성경적으로나 하나님의 시각으로 보면 절대 그렇지가 않습니다.

아브라함이 조카 롯에게 기득권을 양보할 때, 처음엔 손해 보는 것처럼 여겨졌지만 결국은 더 큰 복을 누리게 되었습니다. 갈렙이 좋은 땅을 양보하고 산지를 택한 것 역시 마찬가지입니다. 오히려 하나님은 그들에게 남들이 경험하지 못한 하나님의 은혜와 축복을 누리게 해 주셨습니다. 갈렙이 가나안 땅에 들어간 것과 건강의 복을 누릴 수 있었던 것은 평생을 희생정신으로 살아온 데 대한 하나님의 축복이었습니다. 우리가 양보하고 희생할 때 사람들은 몰라주어도 하나님은 반드시 기억하고 축복해 주십니다.

하나님은 심은 대로 거두게 하시는 분이기 때문에 믿음으로 나 자신을 희생하는 것에 대해 반드시 기억하시고 축복해 주십니다. 혹시

이 땅에서 그 축복을 받아 누리지 못한다 하더라도 천국에서 반드시 큰 상급으로 보상해 주십니다. 주님의 이름으로 냉수 한 그릇이라도 대접했다면 그것조차도 기억해 주신다고 하셨는데, 하물며 주님의 이름으로 다른 사람을 위해 나 자신을 희생했다면 어찌 기억해 주시지 않겠습니까? 갈렙처럼 희생정신으로 사시기 바랍니다.

기도

1. 갈렙처럼 온전한 믿음으로 하나님을 따라가는 사람이 되게 하옵소서.
2. 갈렙처럼 믿음으로 심고 행한 대로 축복을 받는 사람이 되게 하옵소서.
3. 갈렙처럼 남을 위해서 나를 희생할 줄 아는 사람이 되게 하옵소서.

22

하나님의 VIP 기드온

여호와의 사자가 아비에셀 사람 요아스에게 속한 오브라에 이르러 상수리나무 아래에 앉으니라 마침 요아스의 아들 기드온이 미디안 사람에게 알리지 아니하려 하여 밀을 포도주 틀에서 타작하더니 여호와의 사자가 기드온에게 나타나 이르되 큰 용사여 여호와께서 너와 함께 계시도다 하매 기드온이 그에게 대답하되 오 나의 주여 여호와께서 우리와 함께 계시면 어찌하여 이 모든 일이 우리에게 일어났나이까 또 우리 조상들이 일찍이 우리에게 이르기를 여호와께서 우리를 애굽에서 올라오게 하신 것이 아니냐 한 그 모든 이적이 어디 있나이까 이제 여호와께서 우리를 버리사 미디안의 손에 우리를 넘겨 주셨나이다 하니 여호와께서 그를 향하여 이르시되 너는 가서 이 너의 힘으로 이스라엘을 미디안의 손에서 구원하라 내가 너를 보낸 것이 아니냐 하시니라 그러나 기드온이 그에게 대답하되 오 주여 내가 무엇으로 이스라엘을 구원하리이까 보소서 나의 집은 므낫세 중에 극히 약하고 나는 내 아버지 집에서 가장 작은 자니이다 하니 여호와께서 그에게 이르시되 내가 반드시 너와 함께하리니 네가 미디안 사람 치기를 한 사람을 치듯 하리라 하시니라 기드온이 그에게 대답하되 만일 내가 주께 은혜를 얻었사오면 나와 말씀하신 이가 주 되시는 표징을 내게 보이소서 내가 예물을 가지고 다시 주께로 와서 그것을 주 앞에 드리기까지 이곳을 떠나지 마시기를 원하나이다 하니 그가 이르되 내가 너 돌아올 때까지 머무르리라 하니라.

사사기 6장 11–18절

지금 우리나라에서는 사회적으로 좌파 우파 논쟁이 뜨겁습니다. 좌파 정권 10년을 지난 후 우파 정권으로 바뀌면서 좌파와 우파 사이에 첨예한 반목과 대립이 점점 깊어지고 있습니다. 현 정부에서 무슨 정책을 추진하려고 하면 지난 좌파 정권에 길들여진 세력들이 극렬하게 반대하고 투쟁하면서 사회적인 혼란이 야기되고 있습니다. 지금 우리나라는 분명히 정치적 과도기 상황이라고 할 수 있습니다.

'과도기'(過渡期)란 하나의 상태에서 다른 상태로 옮겨가는 그 중간 시기를 일컫는 말입니다. 과도기는 사회적 질서나 제도가 미처 확립되지 못한 시기이기 때문에 매우 혼란스러운 것이 특징입니다. 아이들의 사춘기가 길어지면 집안에 화목이 깨지고 온 가족이 다 힘들어지는 것처럼 나라도 정치적인 과도기가 길어지면 혼란스럽고 국민들이 고통스런 시간을 보내게 됩니다. 그렇기 때문에 인생의 사춘기가 짧을수록 좋듯이 정치적인 과도기도 짧을수록 좋습니다.

이스라엘 민족에게는 길고도 긴 정치적 과도기가 있었습니다. 가나안 땅을 정복했던 지도자 여호수아가 죽은 이후 사울이 초대 왕으로 즉위할 때까지 약 400년 동안의 정치적인 과도기가 있었습니다. 그 혼란스러웠던 과도기의 역사를 기록한 책이 바로 '사사기'입니다. 400년 동안 모두 14명의 사사들이 이스라엘을 다스렸는데, 그 중에 한 사람이 바로 기드온입니다. 그때에는 아직 왕이 세워지지 않았기 때문에 사사들이 정치와 종교 지도자가 되어 나라를 다스렸습니다.

사사 중 한 명이었던 기드온은 백성들이 우러러볼 만한 영웅이었고 믿음의 VIP였습니다. 본문을 통해 기드온은 과연 어떤 인물이었는지 살펴보도록 하겠습니다.

1. 일하다가 부름받은 사람입니다(삿 6:11-12)

사사기 6장 11-12절은 "여호와의 사자가 아비에셀 사람 요아스에게 속한 오브라에 이르러 상수리나무 아래에 앉으니라 마침 요아스의 아들 기드온이 미디안 사람에게 알리지 아니하려 하여 밀을 포도주 틀에서 타작하더니……"라고 말씀합니다. 기드온이 하나님의 부르심을 받을 당시 이스라엘은 미디안 족속의 침략과 지배를 받고 있었습니다. 어느 날 그가 포도주 틀에서 밀을 타작하고 있을 때 하나님께서 찾아오셔서 그를 사사로 부르셨습니다.

일반적으로 밀 타작을 할 때는 밭에서 하든지 아니면 넓은 마당에서 해야 하는데 그는 포도주 틀에서 밀 타작을 하고 있었습니다. 왜냐하면 넓은 마당이나 밭에서 밀 타작을 하게 되면 미디안 사람들에게 다 약탈을 당하기 때문에 집안에 있는 포도주 틀에서 몰래 밀을 타작하고 있었던 것입니다. 넓은 마당에서 타작을 해야 하는 밀을 집안에 있는 좁은 포도주 틀에서 타작을 하자니 그 불편함은 이루 말할 수 없었을 것입니다. 그럼에도 그 불편함을 무릅쓰고 열심히 일하고 있는 그를 하나님은 찾아오셔서 이스라엘의 지도자로 부르셨습니다.

하나님께서 그를 지도자로 부르신 것은 가문이 훌륭해서도 아니고, 학벌이 뛰어나서도 아니고, 재물이 많아서도 아닙니다. 그를 부르신 오직 한 가지 이유는 열심히 일하는 그 모습을 귀하게 보셨기 때문입니다. 포도주 틀에서 밀을 타작하는 불편함에도 불구하고 묵묵히 일하는 그의 모습을 보시고, 그 정도의 성실함과 책임감이 있는 사람이라면 이스라엘의 지도자가 되기에 충분하다고 여기셔서 그를 부르셨던 것입니다.

예수님이 안식일에 한 병든 사람을 고쳐 주신 적이 있었는데, 바리새인들이 그 모습을 보고 왜 안식일에 일을 하느냐고 시비를 걸었습니다. 그때 예수님은 말씀하시기를 "내 아버지께서 일하시니 나도 일한다"고 대답하셨습니다. 예수님의 말씀에 의하면, 하나님은 일하시는 분이라는 것입니다. 하나님은 과거에도 일하신 것처럼 지금도 여전히 일하고 계시고, 앞으로도 계속 일하실 것입니다.

그렇기 때문에 하나님은 게으른 사람을 싫어하시고 가만히 앉아서 놀고 먹는 사람을 싫어하십니다. 성경에 보면 각 시대마다 하나님께서 사명자들을 부르시는 장면을 볼 수 있는데, 단 한번도 그냥 할 일 없이 놀고 있는 사람을 부르신 적이 없습니다. 아브라함도 일하던 중에 부르심을 받았고, 모세도, 다윗도, 열두 명의 제자들도 각각 일하던 중에 부르심을 받았습니다.

범죄하고 타락한 인간이 최고의 보람을 느끼면서 살 수 있도록 허락해 주신 것이 바로 일(노동)입니다. 많은 사람들이 일을 저주라고 생각하는데 이는 잘못된 생각입니다. 일은 범죄하고 타락한 인간이 큰 보람을 느끼면서 살 수 있도록 허락해 주신 하나님의 축복입니다. 가만히 놀고 먹으면서 무료하게 시간을 보내는 것은 축복이 아니라 저주입니다. 땀 흘려 열심히 일하며 사는 것이 축복입니다. 하나님은 어느 시대든지 열심히 일하는 사람을 사랑하시고 축복하십니다. 그러므로 기드온처럼 무슨 일이든지 책임감을 가지고 맡은 일을 성실히 잘 감당하시기 바랍니다.

2. 부르심 앞에 겸손한 사람입니다(삿 6:15-16)

사사기 6장 15-16절은 "그러나 기드온이 그에게 대답하되 오 주여 내가 무엇으로 이스라엘을 구원하리이까 보소서 나의 집은 므낫세 중에 극히 약하고 나는 내 아버지 집에서 가장 작은 자니이다……"라고 말씀합니다. 하나님께서 밀을 타작하고 있던 그를 부르셔서 민족을 구원하라는 사명을 맡기셨을 때 그는 무엇이라고 대답했습니까? "나는 지극히 약하고 제일 작은 자니이다 나같이 작고 연약한 자가 어떻게 감히 민족을 구원할 수가 있겠습니까?"라고 했습니다.

하나님의 부르심 앞에 그의 반응은 겸손함 그 자체였습니다. 책임감을 가지고 열심히 일하는 것이 그의 겉모습이었다면 겸손한 것은 그의 내면의 모습이었습니다. 책임감이 강하면서도 겸손한 그의 모습은 하나님께서 일꾼으로 쓰시기에 가장 적합한 모습이었습니다. 책임감이 있으나 겸손하지 못하면 자아도취에 빠질 수 있고, 겸손하긴 한데 책임감이 없으면 리더십이 떨어질 수가 있습니다. 그런데 그는 그 두 가지 모습을 다 갖추고 있었습니다.

그가 부르심 앞에 겸손히 응답했을 때 하나님은 "내가 반드시 너와 함께하리니 네가 미디안 사람 치기를 한 사람을 치듯 하리라"(16절)고 말씀해 주셨습니다. 사람이나 하나님이나 선뜻 "내가 너와 함께하리라"는 약속은 쉽게 할 수 있는 말이 아닙니다. 이리 재보고 저리 재보고 이리 살펴보고 저리 살펴본 후에야 믿을 만한 구석이 보이고 신뢰할 만한 모습이 보일 때 함께하겠다고 약속하게 되는 것입니다. 그런데 하나님은 한 치의 망설임도 없이 기드온에게 "내가 너와 함께하리라"고 말씀하셨는데 이는 바로 그가 겸손한 사람이었기 때문입니다.

사람들마다 자기가 원하는 스타일의 사람이 있습니다. 못 생긴 것 때문에 열등감을 느끼는 사람은 잘 생긴 사람을 원할 것이고, 키가 작은 것 때문에 열등감을 가진 사람은 키가 큰 사람을 원할 것입니다. 뚱뚱한 것 때문에 스트레스를 받는 사람은 날씬한 사람을 원할 것이고, 몸이 약해서 자주 병치레를 하는 사람은 건강한 사람을 원할 것이며, 가난에 쪼들려서 고생하는 사람은 돈이 많은 사람을 원할 것입니다.

그렇다면 하나님은 어떤 사람을 원하실까요? 하나님은 태초부터 지금까지 겸손한 사람을 원하십니다. 성경에 보면 하나님이 천사의 무리를 창조하셨는데 너무나 아름다운 모습으로 창조하셨다고 기록하고 있습니다. 천사를 창조하신 목적은 하나님을 찬양하고 영광을 돌리게 하시려는 것이었습니다. 그런데 천사의 무리 중에는 자신의 아름다움에 반해 교만해져서 하나님께 도전하려다가 내어쫓김을 당한 이들이 있습니다. 그들이 바로 사탄입니다. 그때부터 하나님은 교만한 사람을 매우 싫어하십니다.

하나님은 겸손한 사람은 가까이하시고 은혜를 베풀어 주시지만, 교만한 사람은 멀리 있어도 스스로 넘어지게 하십니다. 그리고 처음엔 아무리 겸손한 사람이어도 자신이 가진 부와 명예로 인해 자신도 모르게 점점 교만해지면 더 이상 그를 찾지 않으시고 버리십니다. 그 대표적인 사람이 바로 사울 왕입니다. 그는 본래 겸손한 사람이었으나 왕이 되어 교만해지자 가차 없이 버리셨습니다. 하나님은 겸손한 사람을 원하십니다. 당신도 기드온처럼 겸손함으로 하나님 앞에 귀하게 쓰임받기를 바랍니다.

3. 결단력 있는 믿음의 사람입니다(삿 6:25-27)

사사기 6장 25-27절은 "그날 밤에 여호와께서 기드온에게 이르시되 네 아버지에게 있는 수소 곧 칠 년 된 둘째 수소를 끌어오고 네 아버지에게 있는 바알의 제단을 헐며 그 곁의 아세라 상을 찍고……"라고 말씀하십니다. 하나님께서 기드온을 부르신 후에 말씀하시기를 "네 아버지가 섬기고 있는 우상인 바알과 아세라 상을 찍어 부수고, 네 아버지가 애지중지 키우고 있는 칠 년 된 송아지를 잡아가지고 나 여호와께 번제를 드리라"는 것이었습니다.

이 말씀은 순종하기에 너무나 부담이 되는 말씀입니다. 아버지가 섬기고 있는 바알과 아세라 신상을 찍어 부수는 것도 쉬운 일이 아니고, 아버지가 애지중지 키우고 있는 송아지를 잡는 것도 쉬운 일이 아니었습니다. 만약 하나님의 말씀대로 한다면 그는 보나마나 아버지의 큰 진노 앞에 서게 될 것이고, 붙잡혀서 젖은 땅에 먼지가 나도록 얻어맞을 수도 있는 일이었습니다. 어지간한 믿음과 담력을 가지고는 할 수 없는 일이었습니다.

그런데 기드온은 하나님의 말씀대로 행하였습니다. 두려워서 차마 밝은 대낮에 그 일을 할 수 없어서 어두운 밤에 가만히 가서 아버지가 섬기던 바알과 아세라 상을 찍어 부셨습니다. 그리고 자기 아버지가 그렇게도 애지중지 키우던 칠 년 된 송아지를 잡아가지고 하나님께 번제를 드렸습니다. 그의 그런 결단력 있는 믿음은 하나님의 마음을 감동시키기에 충분한 것이었습니다. 하나님을 믿는 사람들은 결단력이 있어야 합니다.

인생을 살아가다 보면 중요한 결단을 내려야 할 순간들이 아주 많이 있습니다. 결단해야 할 때 결단하면 새로운 환경으로 나아가게 되지만 주저하고 망설이면 제자리걸음만 하게 됩니다. 별 볼 일 없던 사람 아브라함이 본토 친척 아비 집을 떠나라는 하나님의 말씀에 그대로 결단하고 행동했을 때 믿음의 조상이 되게 하셨습니다. 이방 여인 룻이 사생결단하고 시어머니를 따라서 베들레헴으로 올라갔을 때, 유대인 중에 가장 멋진 남자 보아스를 새로운 남편으로 맞이하게 되었고, 그의 후손으로 다윗이 태어나고 예수님이 태어나는 큰 영광과 은혜를 입게 된 것입니다.

갈릴리 바다에서 고기잡이로 생계를 꾸리던 별 볼 일 없던 사람들이 "너는 나를 따르라"는 주님의 말씀 앞에 결단하고 모든 것을 버리고 따라갔을 때 역사를 뒤바꿔 놓는 예수님의 제자들이 될 수 있었습니다. 그런가 하면 한 부자 청년은 예수님으로부터 "네가 가진 것을 팔아서 가난한 자들에게 나눠주고 나를 좇으라"는 말씀을 받았지만, 결단력이 없어서 하나님이 베푸시는 은혜의 자리에 들어가지 못했습니다.

"천국은 침노하는 자의 것"이라고 했습니다. 하나님을 믿어도 결단력이 없는 사람은 늘 주저하고 망설이다가 아무것도 성취할 수 없습니다. 하나님의 뜻이라고 믿어지고 마음에 감동이 되면 주저하지 말고 순종하시기 바랍니다. 그럴 때 하나님의 역사를 체험할 수 있습니다. 결단하는 사람만이 하나님의 기적을 체험할 수 있고 축복의 주인공이 될 수 있습니다. 결단하지 못하고 망설이는 사람에게 하나님의 기적은 상상일 뿐이지만 결단하는 사람에게는 현실이 될 것입니다. 기드온처럼 믿음으로 결단하셔서 기적을 체험하시기 바랍니다.

기도

1. 기드온처럼 책임감을 가지고 열심히 일하는 사람이 되게 하옵소서.
2. 기드온처럼 지극히 겸손함으로 하나님의 임재를 체험하게 하옵소서.
3. 기드온처럼 결단력 있는 믿음으로 하나님의 일을 성취할 수 있게 하옵소서.

23

하나님의 VIP 라합

여호와께서 모세와 아론에게 말씀하여 이르시되 이스라엘 자손은 각각 자기의 진영의 군기와 자기의 조상의 가문의 기호 곁에 진을 치되 회막을 향하여 사방으로 치라 동방 해 돋는 쪽에 진 칠 자는 그 진영별로 유다의 진영의 군기에 속한 자라 유다 자손의 지휘관은 암미나답의 아들 나손이요 그의 군대로 계수된 자가 칠만 사천육백 명이며 그 곁에 진 칠 자는 잇사갈 지파라 잇사갈 자손의 지휘관은 수알의 아들 느다넬이요 그의 군대로 계수된 자가 오만 사천사백 명이라 그리고 스불론 지파라 스불론 자손의 지휘관은 헬론의 아들 엘리압이요.

민수기 2장 1–7절

유대인 남자들에게는 세 가지 감사 조건이 있다고 합니다. 첫째는 종의 신분으로 태어나지 않은 것을 감사하고, 둘째는 여자로 태어나지 않은 것을 감사하고, 셋째는 이방인으로 태어나지 않은 것을 감사한다고 합니다. 이로 보건대, 오늘 살펴보고자 하는 여인 라합은 참으로 불쌍한 여인이라고 할 수 있을 것입니다. 그는 종과 다를 바 없는 기생이었고, 무시당하는 여자였으며, 이방인이었기 때문입니다.

그런데 믿음장이라고 불리는 히브리서 11장에 하늘에 별과 같이 빛나는 믿음의 사람들의 이름이 기록되어 있는데, 그들 가운데 라합의 이름이 당당히 올라와 있는 것입니다. 그녀는 사회적으로 무시당하는 가련한 여인이었지만 하나님께서 그녀를 아브라함과 모세와 다윗, 다니엘 같은 믿음의 반열로 인정하셨습니다. 그녀는 정말 하나님의 마음을 감동시킬 만한 믿음의 사람이었습니다.

뿐만 아니라 예수님의 족보라고 할 수 있는 마태복음 1장에도 라합의 이름이 당당히 기록되어 있습니다. 직업이 천한 기생이었고, 무시당하는 이방인 여인이 다윗의 조상이 되었고, 그의 후손으로 구원자이신 예수 그리스도가 태어났습니다. 마태가 예수님의 족보를 기록하면서 그녀의 이름을 당당히 올린 것은 그녀가 바로 믿음의 사람이었기 때문입니다. 하나님께서는 아무리 사회적 신분이 낮고 천한 자일지라도 탁월한 믿음을 가진 사람을 VIP로 여겨 주시고 귀하게 쓰십니다.

그녀가 대체 어떤 믿음을 가졌기에 하나님께서 그렇게 VIP로 여겨 주셨을까요? 우리도 그녀의 믿음을 본받을 수 있기를 바랍니다.

1. 하나님의 사자들을 선대한 사람입니다(수 2:1-7)

여호수아 2장 1절은 "눈의 아들 여호수아가 싯딤에서 두 사람을 정탐꾼으로 보내며 이르되 가서 그 땅과 여리고를 엿보라 하매 그들이 가서 라합이라 하는 기생의 집에 들어가 거기서 유숙하더니"라고 말씀합니다. 하나님의 은혜로 요단 강을 기적적으로 건넌 이스라엘 백성들이 맞닥뜨린 난관이 바로 여리고 성이었습니다. 여리고 성을 정복하지 않고서는 가나안 땅을 정복할 수 없었습니다. 그래서 두 사람의 정탐꾼을 보내게 되었습니다.

여호수아가 보낸 두 명의 정탐꾼은 여리고 성에 들어가서 은신할 곳을 물색하다가 기생 라합의 집에 들어가게 되었습니다. 그곳은 기생의 집이기 때문에 뭇 남성들의 출입이 잦은 곳이었고, 또 여론과 정보를 얻을 수 있는 가장 용이한 곳이었습니다. 그런데 불행하게도 그들이 그곳에 들어간 것이 여리고 왕에게 알려지고 말았습니다. 두 사람의 운명이 마치 바람 앞의 촛불처럼 위험한 처지에 놓이게 되었습니다. 기생 라합의 말 한마디에 그들의 생사가 좌우되는 위급한 상황이 된 것입니다.

그런데 라합은 두 사람에게 은신처를 제공해 주고 그들이 추격을 피할 수 있도록 도와주었습니다. 만약 그 일이 알려진다면 죽음을 면할 수 없을 것입니다. 이처럼 그녀가 정탐꾼들을 숨겨 준 것은 자신의 목숨을 걸고 행한 일이었습니다. 그녀가 행한 일에 대해 히브리서 11장은 "믿음으로 행한 일"이었다고 말씀하고 있습니다. 너무나 위험한 일인 줄 알았지만 믿음으로 그들을 숨겨 준 것은 바로 그들이 하나님의 사자들인 줄 믿었기 때문입니다.

예수님은 말씀하시기를 "이 작은 자 중 하나에게 냉수 한 그릇이라도 주는 자는 결단코 상을 잃지 아니하리라"(마 10:42)고 하셨습니다. 냉수 한 그릇은 가장 보잘것없는 것입니다. 그런데 그 보잘것없는 것이라도 믿음으로 주님의 종들을 대접하는 것이 하나님 아버지께는 상 받을 만한 일이라는 것입니다. 냉수 한 그릇을 대접하는 것도 그렇게 귀히 여기신다면 자신의 목숨을 걸고 하나님의 사자들을 선대한 것은 정말 복 받을 만한 일입니다.

빌립보 교회가 사도 바울의 어려운 사정을 전해 듣고 정성껏 물질을 모아서 보내 준 일이 있었습니다. 바울은 물질을 건네받고 너무나 기뻐서 "이는 받으실 만한 향기로운 제물이요 하나님을 기쁘게 한 것이라"(빌 4:18)고 했습니다. 사도 바울을 도와준 것은 그가 하나님의 일을 하는 사자였기 때문에 바로 하나님을 기쁘게 하는 일이었습니다. 우리 교회 성도들 중에도 매달 정성껏 선교 후원금을 보내시는 분들이 계신데 그 일은 분명히 하나님을 기쁘게 하는 것입니다.

시대를 불문하고 하나님의 종을 선대하는 것은 정말 복 받을 만한 귀한 일입니다. 누군가가 내 아들을 도와주면 내가 기쁜 것처럼 하나님의 종들을 선대하면 하나님의 마음도 기쁘십니다. 라합은 비록 기생의 신분이었고 천한 여자였지만, 믿음으로 하나님의 사자들을 선대한 것 때문에 이후 하나님께서 그녀와 그 가족을 선대해 주셨습니다. 심은 대로 거둔 것이었습니다. 당신도 할 수만 있으면 하나님의 종을 선대함으로 복 받으시기 바랍니다.

2. 소문을 믿음으로 받아들인 사람입니다(수 2:8-11)

여호수아 2장 10-11절은 "……여호와께서 너희 앞에서 홍해 물을 마르게 하신 일과 너희가 요단 저쪽에 있는 아모리 사람의 두 왕 시혼과 옥에게 행한 일 곧 그들을 전멸시킨 일을 우리가 들었음이니라 ……너희의 하나님 여호와는 위로는 하늘에서도 아래로는 땅에서도 하나님이시니라"라고 말씀합니다. 기생 라합은 여리고 성에 살면서 그동안 하나님께서 행하신 일들에 대한 소문을 듣고 알고 있었습니다. 하나님께서 홍해 바다를 갈라지게 하신 것과 아모리 왕을 죽이신 것을 소문으로 들었다는 것입니다.

하나님이 죽이신 아모리 왕 시혼과 옥은 정말 대단한 존재들이었습니다. 그가 사용하는 철 침상의 길이가 자그마치 450cm였고 넓이는 200cm였습니다(신 3:11). 그렇게 엄청나게 크고 튼튼한 철 침상을 사용하는 자들이었기 때문에 그가 얼마나 공포스러운 존재였는지는 이미 짐작할 수 있습니다. 누구도 상대할 수 없었던 그를 하나님이 물리치시고 죽이셨으니 그런 하나님이시라면 얼마나 대단한 분이시겠느냐는 것입니다.

여리고 성에 살고 있는 모든 사람들이 다 하나님이 행하신 일들에 대한 소문을 들었습니다. 그 소문을 들었을 때 사람들이 너무나 무섭고 두려워서 간담이 녹았고, 심지어 어떤 사람들은 너무나 무서워서 정신을 잃었다는 것입니다. 사람들은 소문을 듣고 두려워하고 정신을 잃었지만 라합은 달랐습니다. 그런 하나님이시라면 땅과 하늘에 가장 위대하신 분이고 참된 신이시니 그분을 믿어야겠다는 결심을 한 것입니다.

두려운 소문이 들려올 때 무서워하고 떠는 것은 불신앙이지만 위대하신 하나님을 바라보는 것은 참 신앙입니다. 두려운 일을 만날 때 인간적인 방법으로 피할 길을 찾는 것은 불신앙이지만 하나님을 의지하는 것은 참 신앙입니다. 여리고 성에 살던 모든 사람들이 두려운 소문을 듣고 무서워하고 피할 길을 찾았지만 기생 라합만큼은 하나님의 위대하심을 바라보고 그 하나님을 의지했습니다.

세상에서 다른 소문들이라면 몰라도 하나님에 대한 소문은 소문으로만 듣지 말고 믿음으로 받아들여야 합니다. 성경에서 하나님의 기적을 체험한 사람들은 소문을 소문으로만 듣지 않고 믿음으로 받아들인 사람들이었습니다. 마가복음 2장에 기록되어 있는 중풍병자가 그랬고, 마가복음 5장에 기록되어 있는 혈루증을 앓던 여인이 그랬고, 마가복음 7장에 기록되어 있는 귀신들린 딸 때문에 고통당하던 수로보니게 여인이 그랬습니다.

소문을 소문으로만 듣는 사람에게는 단지 소문일 뿐이지만 믿음으로 받아들이는 사람은 하나님의 능력을 체험할 수 있습니다. 말씀을 말씀으로만 듣는 사람에게는 단지 말씀일 뿐이지만 믿음으로 받아들이는 사람은 기적을 체험할 수 있습니다. 하나님은 듣는 자에게 역사하시는 것이 아니고 믿는 자에게 역사하시는 분입니다. 믿음은 하나님께서 기적을 행하시게 하는 근거가 되기 때문입니다. 당신도 라합처럼 소문(말씀)을 믿음으로 받아들임으로 하나님의 능력과 기적을 체험하게 되시기 바랍니다.

3. 자기 가족의 구원을 열망한 사람입니다(수 2:12-14)

여호수아 2장 12-13절은 "그러므로 이제 청하노니 내가 너희를 선대하였은즉 너희도 내 아버지의 집을 선대하도록 여호와로 내게 맹세하고 내게 증표를 내라 그리고 나의 부모와 나의 남녀 형제와 그들에게 속한 모든 사람을 살려주어 우리 목숨을 죽음에서 건져내라"고 말씀합니다. 라합은 정탐꾼들에게 내가 당신들을 선대하였으니 당신들도 이다음에 나와 우리 가족을 선대해 줄 것을 하나님의 이름으로 맹세해 달라고 요청했습니다.

이후 여리고 성을 정복할 때, 여호수아는 모든 군사들에게 라합의 집은 함께 멸망시키지 말고 다 구원하라고 특별 지시를 내렸습니다. 여리고 성이 함락되던 날 라합의 가족들은 한 사람도 상하지 않고 다 구원받았습니다(수 6:17, 22-23). 그의 가족이 멸망의 날에 구원받은 것은 운이 좋아서 된 일이 아닙니다. 목숨을 걸고 하나님의 종들을 선대하고, 자기 가족의 구원을 열망하는 믿음의 결과였던 것입니다. 행한 대로 받고 심은 대로 거둔 결과였습니다.

그녀는 신분이 기생이었기 때문에 평소 사람들로부터 부러워할 만한 사람이 못 되었습니다. 그 누구도 그녀와 그 집안을 보고 복 있는 사람이라고 말하는 사람이 없었습니다. 그런데 여리고 성이 함락되던 날 보니 다른 모든 사람들의 집에는 비명소리가 들렸지만 라합의 집에서는 즐거워하는 소리가 들렸습니다. 가장 불쌍해 보였던 그녀가 가장 복 있는 사람이 되었고, 그녀의 집이 가장 복 있는 집이 되었습니다.

요즘 드라마나 연예 프로그램을 보면 '꽃미남 열풍'이 불고 있습니다. 남자인데 여자처럼 예쁘게 생긴 사람을 꽃미남이라고 합니다. 요즘 우리나라 청소년들을 보면 머리 모양이나 옷 입는 스타일이 온통 꽃미남 흉내를 내고 다니는 것을 볼 수 있습니다. 남자는 남자답게 생겨야 하는데, 우리나라 청소년들 사이에서는 남자처럼 생긴 사람은 별로 인기가 없고, 남자도 여자처럼 예쁘게 생겨야 인기가 있다고 합니다.

청소년들만 그런 것이 아닙니다. 어른들도 자기 개성과 자기 정체성을 상실한 채 그저 특정 대상을 부러워하면서 뜬구름을 잡으려는 사람들이 우리 사회에 너무 많습니다. 당신은 누구를 부러워하십니까? 우리나라에서 제일 부자는 삼성그룹의 이건희 회장입니다. 그가 부럽습니까? 그가 행복해 보입니까? 그의 웃는 모습을 본 사람이 있습니까? 돈은 제일 많지만 결코 행복하지 못하다는 것이 그의 얼굴에 나타나는 것입니다.

정말 중요한 것은 온 가족이 다 예수 믿고 구원받는 것입니다. 인생의 종착역에 다다랐을 때 구원받는 사람이 가장 복 있는 사람이고, 온 가족이 다 구원받는 집이 가장 복 있는 가정입니다. 라합이 바로 그런 사람이었습니다. 여리고 성이 함락되고 모든 사람들이 멸망에 처했을 때 그녀와 그의 온 가족은 다 구원을 받았습니다. 오늘 우리가 정말 사무치도록 간절히 열망해야 할 것은 바로 온 가족이 구원받는 것입니다. 라합처럼 당신의 가족들도 구원받기를 열망하시기 바랍니다.

기도

1. 라합처럼 하나님의 사자를 선대함으로 복 받는 자가 되게 하옵소서.
2. 라합처럼 소문을 믿음으로 받아들이고 믿음으로 하나님의 능력을 체험하게 하옵소서.
3. 라합처럼 온 가족이 멸망치 않고 구원받는 복 있는 사람이 되게 하옵소서.

24

하나님의 VIP **나오미**

그 여인이 모압 지방에서 여호와께서 자기 백성을 돌보시사 그들에게 양식을 주셨다 함을 듣고 이에 두 며느리와 함께 일어나 모압 지방에서 돌아오려 하여 있던 곳에서 나오고 두 며느리도 그와 함께하여 유다 땅으로 돌아오려고 길을 가다가 나오미가 두 며느리에게 이르되 너희는 각기 너희 어머니의 집으로 돌아가라 너희가 죽은 자들과 나를 선대한 것같이 여호와께서 너희를 선대하시기를 원하며 여호와께서 너희에게 허락하사 각기 남편의 집에서 위로를 받게 하시기를 원하노라 하고 그들에게 입 맞추매 그들이 소리를 높여 울며 나오미에게 이르되 아니니이다 우리는 어머니와 함께 어머니의 백성에게로 돌아가겠나이다 하는지라 나오미가 이르되 내 딸들아 돌아가라 너희가 어찌 나와 함께 가려느냐 내 태중에 너희의 남편 될 아들들이 아직 있느냐 내 딸들아 되돌아가라 나는 늙었으니 남편을 두지 못할지라 가령 내가 소망이 있다고 말한다든지 오늘 밤에 남편을 두어 아들들을 낳는다 하더라도 너희가 어찌 그들이 자라기를 기다리겠으며 어찌 남편 없이 지내겠다고 결심하겠느냐 내 딸들아 그렇지 아니하니라 여호와의 손이 나를 치셨으므로 나는 너희로 말미암아 더욱 마음이 아프도다 하매 소리를 높여 다시 울더니 오르바는 그의 시어머니에게 입 맞추되 룻은 그를 붙좇았더라.

룻기 1장 6-14절

고사성어 중에 '설상가상'(雪上加霜)이란 말이 있습니다. 눈이 내렸는데 그 위에 서리가 덮쳐서 내린다는 뜻입니다. 그런 경우를 순 우리말로 표현하면 "엎친 데 덮친다"고 합니다. 인생을 사노라면 그런 안타까운 일을 맞이할 때가 있습니다. 불행한 일이 일어나서 힘들어하고 있는데 또 다른 불행한 일이 겹쳐서 괴로움이 배가됩니다. 믿음이 있는 사람이라도 그런 일을 당하면 낙심하고 좌절하게 됩니다.

오늘 본문에 나오는 나오미가 바로 '설상가상'이란 고사성어를 생각나게 하는 인물입니다. 베들레헴에 살던 그녀의 가족은 흉년을 피해 모압 땅으로 이민을 갔습니다. 그런데 거기서 그만 남편이 죽고 말았습니다. 그 슬픔이 채 가시기도 전에 멀쩡하던 두 아들이 또 죽었습니다. 낯선 땅에서 남편 죽고 두 아들이 죽었으니 하늘이 무너지는 것 같은 고통스런 상황에 처하게 된 것입니다. 그야말로 그녀의 삶은 완전히 설상가상이 되고 말았습니다.

그런데 그녀는 그런 불행한 일이 닥쳤을 때 낙심하거나 좌절하지 않고 믿음으로 어려움을 이겨냈습니다. 그럴 때 하나님께서는 그녀를 긍휼히 여기셔서 마치 물이 흘러가는 것처럼 모든 고난과 시련을 지나가게 해주시고 그녀를 축복해 주셨습니다. 그녀의 인생을 통해 오늘 우리에게 전달해 주는 메시지는 고난 가운데서 하나님을 의지하고 믿음을 지킬 때 반드시 복을 주신다는 것입니다. 설상가상으로 연거푸 고난과 시련이 닥쳐왔을 때 그녀가 보여 준 행동은 우리에게 큰 교훈과 감동을 줍니다.

나오미라는 이름은 '나의 기쁨', '나의 사랑하는 자'라는 뜻입니다. 그는 분명 고난과 시련을 이겨낸 믿음의 VIP였습니다.

1. 깨닫고 돌이킬 줄 아는 사람입니다(룻 1:1-6)

룻기 1장 6절은 "그 여인이 모압 지방에서 여호와께서 자기 백성을 돌보시사 그들에게 양식을 주셨다 함을 듣고 이에 두 며느리와 함께 일어나 모압 지방에서 돌아오려 하여"라고 말씀합니다. 고난과 시련이 닥쳐왔을 때 그가 모압 지방에서 다시 전에 살던 곳 베들레헴으로 돌아오려고 했다는 것입니다. 그렇게 돌아가려고 결심한 것은 자신의 가족이 모압 땅으로 내려간 것이 잘못된 선택이었음을 깨달았기 때문입니다.

유대 땅 베들레헴을 떠나서 모압으로 내려간 것은 크게 잘못된 일이었습니다. 멀쩡하던 남편과 두 아들이 죽게 된 불행도 우연한 일이 아니라 옳지 않은 선택에 대한 하나님의 징계였음을 깨달았습니다. 그렇게 깨닫고 나니 더 이상 그 땅에 머물러 있고 싶은 마음이 사라졌습니다. 하루라도 빨리 그곳을 떠나서 베들레헴으로 돌아가야겠다고 결심한 것입니다. 나오미의 장점은 바로 깨닫고 돌이킬 줄 아는 사람이었다는 것입니다.

누구든지 자신의 잘못된 선택이나 행동에 대해서는 빨리 깨닫고 돌이키는 것이 좋습니다. 잘못된 행동을 하면서도 빨리 깨닫지 못하고 계속해서 그 일을 반복하게 되면 반드시 하나님의 징계를 받게 됩니다. 결국 그의 인생은 파국을 맞고 말 것입니다. '만시지탄'(晩時之歎)이라는 말이 있듯이, 비록 시기를 놓쳐서 탄식할 일을 만나게 되더라도 깨닫고 돌이키면 새로운 삶이 주어지게 됩니다. 나오미는 완전히 실패한 인생이 되었지만, 그래도 깨닫고 돌이켰을 때 하나님은 그녀의 삶을 다시 회복시켜 주셨습니다.

누가복음 15장에 기록된 돌아온 탕자 비유는 우리가 너무 많이 들어서 익숙한 이야기입니다. 많이 들어서 익숙하더라도 또 귀를 기울여서 새겨들을 필요가 있습니다. 아버지의 품을 떠나서 허랑방탕하는 삶을 살던 그는 누가 봐도 도저히 용서받을 수 없는 탕자였습니다. 그러나 자신의 잘못을 깨닫고 일어나서 아버지의 집으로 돌아왔을 때 아버지는 이유를 묻지도 않고 그를 따뜻이 맞아 주었습니다.

그 탕자의 모습에서 우리가 본받고 배울 것이 하나 있는데 그것은 '깨닫고 돌아서는 용기'입니다. 그는 자신의 잘못을 깨달았을 때 망설이지 않았습니다. 그 자리에서 툭툭 털고 일어나서 아버지의 집으로 돌아왔습니다. 주저하고 망설이는 것은 자신의 잘못을 미처 깨닫지 못한 사람의 행동입니다. 자신의 행동이 잘못된 것이었음을 깨달은 사람은 망설이지 말고 털고 일어나서 자기 위치로 돌아가야 합니다.

미련한 사람의 특징은 자신의 잘못을 잘 깨닫지 못한다는 것입니다. 그리고 깨닫더라도 용기 있게 돌아서지 못합니다. 깨닫는 것은 용기가 필요없지만 돌아서는 것은 용기가 필요합니다. 깨닫더라도 용기가 없으면 돌아서지 못합니다. 나오미는 연약한 여자였지만 자신의 잘못을 깨달았을 때 용기 있게 베들레헴으로 돌아왔습니다. 그랬을 때 하나님은 그녀의 인생을 축복해 주셨습니다. 오늘 우리도 나오미처럼 깨닫고 돌이킬 줄 아는 사람이 되어서 하나님이 예비해 두신 축복을 받게 되기를 바랍니다.

2. 며느리를 딸같이 여긴 사람입니다(룻 1:7-14)

룻기 1장 11-12절은 "나오미가 이르되 내 딸들아 돌아가라 너희가 어찌 나와 함께 가려느냐……내 딸들아 되돌아가라 나는 늙었으니 남편을 두지 못할지라……"라고 말씀합니다. 나오미는 자신을 좇아오는 두 며느리를 보고 "내 딸들아 되돌아가라 각자 너희 길로 돌아가서 편하게 살아라"라고 말했습니다. 그 말은 시어머니로서 진심으로 자기 며느리를 아끼고 사랑하는 마음으로 한 말이었습니다.

그녀는 자기 며느리를 보고 며느리라고 부르지 않고 '내 딸들'이라고 불렀습니다. 얼마나 며느리를 사랑했으면 '내 딸들'이라고 불렀겠습니까? 결코 며느리가 흠이 없고 잘해서 그렇게 부른 것 같지는 않고, 본래 그녀의 성품이 온유하고 사랑이 많아서 그렇게 부른 것으로 보입니다. 그녀는 두 며느리를 맞이할 때부터 며느리라고 생각지 않고 자신의 딸이라고 생각했습니다. 자기 딸이라고 생각했기 때문에 그들의 약점도, 허물도 다 덮어줄 수 있었습니다.

나오미는 유대인 여자이고 두 며느리는 이방인들이었습니다. 유대인 여자에게 이방인 며느리는 전혀 마음에 들지 않을 수도 있습니다. 왜냐하면 유대인인 그녀는 여호와 하나님을 섬기는 사람이었고, 모압 여자인 두 며느리는 우상을 숭배하는 사람들이었기 때문에 그들은 종교적으로 결코 하나가 될 수 없었습니다. 그런 걸 문제 삼고 못마땅하게 여겼더라면 갈등이 빚어질 수도 있었을 것입니다. 그런데 나오미는 아예 처음부터 그들을 자기 딸로 여기면서 며느리들의 부족한 점을 덮어 주고 감싸 주었습니다.

우리나라 사람들이 간절히 염원하는 것은 바로 남북통일입니다. 우리뿐만 아니고 북한 사람들도 남북통일을 간절히 염원합니다. 그런데 염원하는 남북통일은 이루어지지 않고 남북 간에 갈등만 커지고 있는 현실이 안타까울 뿐입니다. 남북 간의 갈등이 심한 것만큼이나 집집마다 큰 갈등이 있으니 그것은 바로 고부 간의 갈등입니다. 시어머니와 며느리의 갈등은 아마도 예수님이 오셔야 끝날 수 있을지 모르겠습니다.

고부 간에 갈등이 일어나는 이유는 크게 두 가지입니다. 첫째는, 마음으로부터 아들을 떠나보내지 않기 때문입니다. 결혼은 자식이 부모를 떠나는 것인데, 결혼을 해서 가정을 이루었는데도 아들을 마음으로부터 떠나보내지 못하기 때문에 갈등이 일어나게 됩니다. 둘째는, 며느리를 딸로 여기지 않기 때문입니다. 며느리를 맞이할 때 자기 딸로 여겨야 하는데 그렇지 않고 내 아들을 빼앗아 간 여자라고 생각하기 때문에 갈등이 일어나는 것입니다.

남의 딸이 내 가정에 며느리로 들어오면 내 딸도 남의 가정에 며느리로 들어가게 됩니다. 그런데 내 딸이 남의 집에 시집 가서 푸대접받는 것은 싫고 내 집에 들어온 며느리는 푸대접한다면 그것이야말로 이기적인 태도요, 공평하지 못한 처사입니다. 이런 불공평은 우리 스스로가 먼저 시정해야 합니다. 그러므로 오늘부터 며느리를 며느리로 여기지 말고 나오미처럼 사랑하는 내 딸로 여겨서 존경받고 복 받는 시어머니가 되시기 바랍니다.

3. 인생 말년이 행복했던 사람입니다(룻 4:13-17)

룻기 4장 14-15절은 "여인들이 나오미에게 이르되 찬송할지로다 여호와께서 오늘 네게 기업 무를 자가 없게 하지 아니하셨도다 이 아이의 이름이 이스라엘 중에 유명하게 되기를 원하노라 이는 네 생명의 회복자이며……"라고 말씀합니다. 나오미는 끝까지 좇아오겠다는 며느리 룻을 물리치지 않고 함께 데리고 와서 살았는데, 세월이 흐른 뒤에 보니 그녀가 바로 복덩이였습니다. 며느리 룻을 통해 나오미의 집안은 온 동네 사람들이 부러워하는 집안으로 변했습니다.

나오미는 남편도 죽고 두 아들도 죽었지만 그의 친족 중에 아들처럼 따르는 보아스라는 멋진 남자가 룻과 결혼해서 아들을 낳았습니다. 보아스와 룻이 낳은 아들이 오벳인데 그가 바로 다윗의 친할아버지입니다. 그녀는 자기를 끝까지 좇아온 며느리 룻 때문에 노년에 행복하게 되었습니다. 그 며느리를 딸같이 여겼더니 그 며느리를 통해 자신의 노년이 행복해진 것입니다.

모든 일은 시작보다 끝이 좋아야 하듯이 인생도 젊어서보다 말년이 행복해야 합니다. 아무리 시작은 거창하더라도 끝이 안 좋으면 좋지 않듯이, 인생도 젊어서는 아무리 잘나가더라도 말년이 불행하면 안 좋은 것입니다. 반대로 아무리 젊어서 고생을 하더라도 인생 말년이 행복하면 행복한 인생입니다. 나오미의 인생은 젊은 날에는 한숨이 가실 날이 없었고 불행의 연속이었지만, 그의 인생 말년은 모든 사람들이 부러워하는 행복한 나날이 되었습니다.

김열규의 《노년의 즐거움》이란 책에 보면 "행복한 노년을 위한 5가지 금지 사항"이란 내용이 있습니다. 첫째, 잔소리하지 말라(잔소리는 늙었다는 증거). 둘째, 노를 발하지 말라(늙을 노가 분노할 노가 되면 안 됨). 셋째, 기죽는 소리를 하지 말라("아이고 더 살아서 뭐해!", "이 꼴 보려고 여태까지 살았나?" 등등). 넷째, 욕심을 부리지 말라. 다섯째, 과거를 돌아보지 말라(옛날엔 내가 어떤 사람이었는데, 옛날에는 잘살았는데 등등)는 것입니다.

대부분의 노인들이 자기 자녀들에 대해 "내가 너를 이만큼 키웠으니 이제 네가 나를 보살피고 섬겨야 한다"는 기대심리와 보상심리를 가지고 있습니다. 그런 기대심리와 보상심리는 절대로 채워질 수 없습니다. 왜냐하면 자식이 부모를 생각하는 마음은 부모가 자식을 사랑하는 마음에 결코 미치지 못하기 때문입니다. 그러므로 자식을 의지하고 늙어서 그 자녀들로부터 인생을 보상받으려는 기대심리는 깨끗이 버려야 합니다. 대신에 생사화복을 주장하시는 하나님을 잘 믿고 그분에게만 온전히 자신의 인생을 맡겨 드려야 합니다.

나오미의 인생 말년이 행복할 수 있었던 이유는 자식이 만들어 준 것도 아니고, 자신이 만들어서 가진 것도 아닙니다. 다만 하나님이 축복해 주신 결과였습니다. 시련과 역경을 만났을 때 낙심하지 않고 하나님을 의지하고 믿음을 지켰더니 하나님께서 그녀의 삶에 구멍 난 부분들을 하나씩하나씩 메워 주시고 회복시켜 주셨습니다. 그녀의 노년의 행복은 고난과 역경 중에도 믿음을 지킨 것에 대한 축복이었습니다. 그러므로 역경과 시련을 만나더라도 나오미처럼 믿음을 잘 지켜서 인생 말년이 다 행복해지기를 바랍니다.

기도

1. 나오미처럼 깨닫고 돌아설 수 있는 믿음과 용기를 주옵소서.
2. 나오미처럼 며느리를 딸처럼 여기고 사랑할 수 있게 하옵소서.
3. 나오미처럼 믿음을 지켜서 인생 말년이 행복할 수 있게 하옵소서.

25

하나님의 VIP 룻

나오미가 또 이르되 보라 네 동서는 그의 백성과 그의 신들에게로 돌아가나니 너도 너의 동서를 따라 돌아가라 하니 룻이 이르되 내게 어머니를 떠나며 어머니를 따르지 말고 돌아가라 강권하지 마옵소서 어머니께서 가시는 곳에 나도 가고 어머니께서 머무시는 곳에서 나도 머물겠나이다 어머니의 백성이 나의 백성이 되고 어머니의 하나님이 나의 하나님이 되시리니 어머니께서 죽으시는 곳에서 나도 죽어 거기 묻힐 것이라 만일 내가 죽는 일 외에 어머니를 떠나면 여호와께서 내게 벌을 내리시고 더 내리시기를 원하나이다 하는지라 나오미가 룻이 자기와 함께 가기로 굳게 결심함을 보고 그에게 말하기를 그치니라.

룻기 1장 15-18절

대한민국에서 태어난 남자들이 가장 부담스러워하는 것은 바로 군대에 가는 것입니다. 군대에 가면 사생활은 없어지고 모든 것을 정해진 규칙에 따라 행동해야 합니다. 만약 그 정해진 규칙을 어기게 되면 기합이나 벌을 받게 됩니다. 그런 만큼 괴로운 면도 있지만 규칙적인 생활을 통해 한층 성숙한 사람으로 훈련될 수 있는 장점도 있습니다. 그러므로 대한민국 남자라면 반드시 군대를 갔다 올 필요가 있습니다.

남자가 군대를 간다면 여자는 시집을 가게 됩니다. 시집을 가면 한 남자의 아내가 될 뿐만 아니라 시댁의 며느리가 됩니다. 그렇기 때문에 일단 결혼을 하면 처녀 때 자기 마음대로 행동하던 습관을 다 바꿔야 합니다. 마치 군대에 간 남자가 사생활을 포기하고 정해진 규범에 따라 행동해야 하는 것처럼, 여자도 시집을 가면 자기 생활을 절제하면서 가정을 꾸리고 며느리로서, 아내로서, 엄마로서의 일에 전념해야 합니다.

성경의 책 중에서 훌륭한 며느리가 되기 위한 지침서가 있다는 것을 들어보셨습니까? 성경 66권 중에서 룻기가 바로 '며느리 지침서'라고 할 수 있습니다. 룻기에 기록된 말씀에 따라 결혼생활을 하게 된다면, 고부 간의 갈등이나 부부간의 갈등 없이도 결혼생활을 잘하게 될 것입니다. 갈등이 없을 뿐만 아니라 오히려 남편과 시어머니에게 사랑받는 며느리가 될 수 있습니다. 룻기는 훌륭한 '며느리 지침서'입니다.

룻은 이방 여인이었지만 그녀가 가진 큰 믿음으로 인해 예수 그리스도의 조상이 될 수 있었습니다. 그녀는 분명 하나님 보시기에 믿음의 VIP였습니다.

1. 시어머니와 동행한 사람입니다(룻 1:16-17)

룻기 1장 16-17절은 "룻이 이르되 내게 어머니를 떠나며 어머니를 따르지 말고 돌아가라 강권하지 마옵소서 어머니께서 가시는 곳에 나도 가고 어머니께서 머무시는 곳에서 나도 머물겠나이다 어머니의 백성이 나의 백성이 되고……"라고 말씀합니다. 남편이 죽고 없음에도 자기를 따라오는 며느리 룻을 보고 돌아가서 새 출발을 하라고 강권했습니다. 그런데 어찌된 일인지 룻은 기어코 시어머니를 따라가겠다고 했습니다.

젊은 며느리가 자기 신랑도 죽고 없는데 늙은 시어미를 따라가겠다고 하는 것은 결코 쉬운 결단이 아닙니다. 그리고 베들레헴은 그녀에게 낯선 이방 땅이고, 그곳에 시어머니의 재산이 있는 것도 아니고, 누구 한 사람 반겨줄 이가 없는 그야말로 아무것도 보장된 것이 없는 막막한 곳이었습니다. 그런데도 그녀는 끝까지 시어머니를 따라가겠다고 합니다. 어머니가 죽는 그곳에서 자신도 죽기를 각오하고 있음을 진심을 다해 고백합니다.

그렇게 홀로 되신 늙은 시어머니를 따라가려고 한 것은 단지 시어머니가 불쌍해서가 아닙니다. 시어머니를 따라가면 편하게 살 수 있을 것 같아서도 아닙니다. 오직 시어머니가 믿는 하나님을 자기도 믿고 하나님의 백성이 되기를 바라는 마음 하나로 그렇게 할 수 있었던 것입니다. 그러한 룻을 생각하면 믿음이 환경을 초월하게 한다는 사실을 알 수 있습니다. 사람은 누구나 자기가 처한 환경의 영향을 받지만 진실한 믿음이 있으면 그 환경을 초월할 수 있습니다.

룻이 시어머니가 믿는 하나님을 믿고 하나님의 백성이 되고 싶은 마음을 갖게 된 이유가 무엇인지 궁금하지 않습니까? 남편도 죽었고, 경제적으로도 가난했으니 결코 환경을 바라보고 그 마음을 갖게 된 것은 아닙니다. 그녀가 시어머니를 좇아가려고 한 것은 바로 시어머니를 통해 하나님을 보았기 때문입니다. 비록 가난하고 환경은 최악이었지만 언제나 자기를 따뜻하게 감싸 주시는 시어머니의 온유한 성품을 보고 자기도 시어머니가 믿는 하나님을 믿어야겠다고 생각한 것입니다.

아무리 하나님이 좋은 분이시고 하나님을 믿어야 살 수 있다고 수없이 강조해도 그리스도인들의 모습에서 하나님을 느낄 수 없다면, 사람들은 하나님을 믿으려고 하지 않을 것입니다. 목소리 높여 외치지 않더라도 우리의 모습에서 하나님이 참 좋다는 것을 느끼게 되면, 말하지 않아도 사람들은 하나님을 믿으려고 할 것입니다. 이것을 가리켜서 생활 전도라고 하는데, 전도 중에 가장 좋은 전도 방법이 바로 자신의 변화된 삶으로 전도하는 것입니다.

시어머니 나오미는 며느리 룻을 보고 "하나님을 믿으라"고 말 한마디 한 적이 없었습니다. 그럼에도 시어머니가 믿는 하나님을 자신도 믿고 하나님의 백성이 되려고 한 것은 시어머니를 통해 하나님을 보았기 때문입니다. 룻과 나오미는 시어머니와 며느리 사이이지만 영적으로는 믿음의 동행자였습니다. 믿음으로 환경을 극복하고 시어머니와 동행한 그녀는 진정한 믿음의 VIP였습니다. 당신도 나오미와 룻과 같은 시어머니와 며느리가 되시기를 바랍니다.

2. 시어머니를 봉양한 사람입니다(룻 2:17-18)

룻기 2장 17-18절은 "룻이 밭에서 저녁까지 줍고 그 주운 것을 떠니 보리가 한 에바쯤 되는지라 그것을 가지고 성읍에 들어가서 시어머니에게 그 주운 것을 보이고 그가 배불리 먹고 남긴 것을 내어 시어머니에게 드리매"라고 말씀합니다. 룻은 시어머니를 좇아서 베들레헴으로 돌아왔지만 당장 생계가 막막했습니다. 그래서 어쩔 수 없이 매일매일 들판에 나가 흩어진 곡식의 이삭을 주워다가 양식을 만들어서 시어머니를 봉양했습니다.

젊은 여자가 하루종일 뙤약볕에 나가서 이삭을 줍는다는 것은 정말 힘든 일입니다. 당시 팔레스타인의 뙤약볕은 이곳 캘리포니아의 뙤약볕보다 훨씬 더 강렬했습니다. 그 뙤약볕에서 하루종일 이삭을 주워다가 늙은 시어머니를 봉양한 것은 자기 아버지의 눈을 뜨게 하려고 공양미 삼백 석에 팔려간 효녀 심청이를 능가할 만한 효성입니다. 그녀의 효심은 그곳 모든 사람들의 마음을 감동시켰고 하나님의 마음까지도 감동시켰습니다.

부모에게 효도하는 사람은 부모의 마음을 기쁘게 할 뿐만 아니라 하나님의 마음도 기쁘게 합니다. 왜냐하면 부모는 하나님을 대신하는 존재이기 때문입니다. 그런데 요즘 젊은 며느리들은 시부모를 잘 모시지 않으려고 합니다. 자기도 얼마 안 있으면 시부모가 될 텐데 시부모를 모시지 않으려고 하는 것은 참으로 미련하고 어리석은 일입니다. 지금 시부모를 잘 모시고 효도해야 내가 나중에 시부모가 되었을 때 며느리한테 효도받을 수 있습니다.

옛날에 한 임금이 시골로 행차를 하게 되었습니다. 임금님의 행차 소식이 전해지자 모든 사람들이 가까이서 임금님을 한번 보고 싶어 했습니다. 그런데 그 마을에 오랫동안 병석에 누워서 거동이 불편한 한 어머니가 있었는데, 그 어머니가 자기 아들에게 "얘야, 내가 임금님 얼굴 한번 뵈었으면 소원이 없겠구나" 하고 말을 했습니다. 아들은 너무 효자인지라 자기 어머니를 등에 업고 임금님이 지나가시는 길에 나가서 어머니가 임금님을 볼 수 있도록 했습니다. 행차하시던 임금님이 그 효자의 모습에 감동을 받고 큰 상을 내려 주었습니다.

그 소식이 전해지자 옆 마을에 살던 아주 불효막심하고 못된 아들이 자기 어머니를 강제로 업고 서 있었습니다. 역시 행차하시던 임금님이 그 모습을 보고 "이 동네에는 참 효자가 많구나" 하고 칭찬을 하자 동네 사람들이 "아닙니다. 임금님, 저 사람은 불효막심한 못된 사람이며 효자 흉내를 내고 있는 것입니다"라고 일러드렸습니다. 그 말을 들은 임금님은 껄껄껄 웃으면서 "흉내라도 좋다. 효도를 흉내 내는 것은 얼마든지 좋은 것이니라" 하고 그에게도 후한 상을 주었다는 것입니다.

어린아이가 귀여운 짓을 하면 부모가 기뻐하고 예뻐해 주시는 것처럼 우리가 복 받을 일을 하면 하나님께서 기뻐하시고 복을 주십니다. 하나님을 기쁘게 하고 복을 받는 방법이 바로 부모님을 잘 섬기고 공경하고 효도하는 것입니다. 왜냐하면 부모는 하나님을 대신할 만큼 절대적으로 소중한 분이기 때문입니다. 우리 하나님은 만복의 근원이십니다. 하나님이 우리를 축복하시면 우리가 복을 받고 범사가 형통하고 모든 일이 잘됩니다. 그러므로 부모님께 효도하셔서 복 받으시고 그 복을 누리면서 사시기를 바랍니다.

3. 최고의 축복을 받은 사람입니다(룻 4:13-15)

룻기 4장 13, 15절은 "……여호와께서 그에게 임신하게 하시므로 그가 아들을 낳은지라, 이는 네 생명의 회복자이며 네 노년의 봉양자라 곧 너를 사랑하며 일곱 아들보다 귀한 네 며느리가 낳은 자로다 하니라"라고 말씀합니다. 이방 여인 룻이 유대인 남자 보아스와 재혼을 해서 아들을 낳았는데 그 이름이 오벳입니다. 오벳을 통해 다윗이 태어났고, 그의 후손 가운데서 인류의 구원자이신 예수 그리스도가 태어나셨습니다. 룻은 만인 중에 가장 축복받은 사람입니다.

그뿐만이 아닙니다. 그에게 붙여진 영광스러운 별명이 있는데 "일곱 아들보다 귀한 자부"라는 것입니다. 시어머니가 그를 그렇게 불렀고 온 동네 사람들이 그 사실을 인정했습니다. 유대인 사회에서 아들 일곱을 낳는 것은 하나님이 주신 최고의 축복으로 여겨졌는데, 룻은 그 최고의 축복을 능가하는 복을 받은 것입니다. 그의 후손 가운데서 인류의 구원자가 태어나고, 일곱 아들보다 더 귀한 며느리라는 별명을 얻었으니 더 바랄 것이 없습니다.

그가 만약 지난날에 연거푸 닥쳐온 시련과 역경을 견디지 못하고 제 갈 길로 갔다면 어떻게 되었을까요? 아마 그저 평범한 남자 만나서 평범하게 사는 정도를 넘지 못했을 것입니다. 그런데 가난을 친구 삼아 홀로 되신 시어머니를 모시고 힘을 다해 효도하며 살았습니다. 그렇게 가난한 살림을 하면서도 늘 감사하는 마음으로 최선을 다해 시어머니를 섬겼더니 하나님께서 최고의 축복을 주신 것입니다. 성경에 효도하는 자에게 복을 주시겠다고 약속하셨기 때문에 시대를 불문하고 부모님께 효도하면 반드시 복을 받습니다.

몇 년 전 우리나라의 모 재벌 그룹(한화그룹) 총수가 폭행 치사 혐의로 구속되는 일이 있었습니다. 내용인즉 미국에 살고 있는 둘째 아들이 한국에 나와 술집에서 술을 마시다가 종업원들에게 맞았다는 것입니다. 재벌 총수의 아들이라고 오죽 거만하게 굴었으면 종업원들에게 맞았을까 하는 생각이 듭니다. 그런데 그 소식을 듣고 그의 아버지인 재벌 총수가 조직 폭력배들을 동원시켜서 술집 종업원들을 감금하고 쇠파이프로 때렸다는 것입니다.

그 일로 인해 재벌 총수는 경찰의 조사를 받게 되었고 모든 것이 사실로 밝혀져서 구속 수감이 되었습니다. 재벌 그룹 총수가 못난 아들 때문에 구속이 된 것입니다. 그 총수가 구속 수감이 되던 날 소감을 묻는 기자들에게 "이 땅의 아버지들 중에 나같이 어리석은 사람이 없었으면 좋겠습니다"라고 말했습니다. 돈으로 키운 애물단지 같은 아들 때문에 아버지의 얼굴에 먹칠을 하고 아버지의 명예가 땅에 떨어지고 만 것입니다.

효도하는 부모 밑에서 효도하는 자식이 나오는 법입니다. 효도하는 자식을 둔 부모는 노후가 행복합니다. 많은 사람들이 행복한 노후 보장을 위해 보험에 들고, 적금을 붓고, 집을 장만하고, 여러 가지 준비를 합니다. 그러나 아무리 준비를 많이 해도 늙어서 자식이 불효하면 노후가 행복할 수 없습니다. 효도하는 자식으로 인해 노후가 행복하시려면 내가 먼저 부모님께 효도해야 합니다. 왜냐하면 효도하는 부모 밑에서 효도하는 자식이 나오기 때문입니다. 부모님께 효도하셔서 많은 축복을 받으시고 노후가 행복하시기 바랍니다.

기도

1. 룻처럼 부모님과 함께 하나님을 믿고 동행하는 사람이 되게 하옵소서.
2. 룻처럼 부모님께 믿음으로 효도하는 자식이 되게 하옵소서.
3. 룻처럼 부모님 잘 섬기고 효도해서 하나님께 축복받는 자가 되게 하옵소서.

26

하나님의 VIP 한나

에브라임 산지 라마다임소빔에 에브라임 사람 엘가나라 하는 사람이 있었으니 그는 여로함의 아들이요 엘리후의 손자요 도후의 증손이요 숩의 현손이더라 그에게 두 아내가 있었으니 한 사람의 이름은 한나요 한 사람의 이름은 브닌나라 브닌나에게는 자식이 있고 한나에게는 자식이 없었더라 이 사람이 매년 자기 성읍에서 나와서 실로에 올라가서 만군의 여호와께 예배하며 제사를 드렸는데 엘리의 두 아들 홉니와 비느하스가 여호와의 제사장으로 거기에 있었더라 엘가나가 제사를 드리는 날에는 제물의 분깃을 그의 아내 브닌나와 그의 모든 자녀에게 주고 한나에게는 갑절을 주니 이는 그를 사랑함이라 그러나 여호와께서 그에게 임신하지 못하게 하시니 여호와께서 그에게 임신하지 못하게 하시므로 그의 적수인 브닌나가 그를 심히 격분하게 하여 괴롭게 하더라 매년 한나가 여호와의 집에 올라갈 때마다 남편이 그같이 하매 브닌나가 그를 격분시키므로 그가 울고 먹지 아니하니 그의 남편 엘가나가 그에게 이르되 한나여 어찌하여 울며 어찌하여 먹지 아니하며 어찌하여 그대의 마음이 슬프냐 내가 그대에게 열 아들보다 낫지 아니하냐 하니라.

사무엘상 1장 1–8절

조선시대에는 사회적으로 '칠거지악'(七去之惡)이란 조목이 있었습니다. 결혼한 남자가 자기 아내를 내쫓을 수 있는 일곱 가지 이유를 말하는 것입니다. 첫째 시부모에게 불순종하는 여자, 둘째 아이를 낳지 못하는 여자, 셋째 행실이 음탕한 여자, 넷째 질투심이 많은 여자, 다섯째 몹쓸 병이 있는 여자, 여섯째 말이 너무 많은 여자, 일곱째 도둑질하는 여자는 쫓아내라고 했습니다.

만약 요즘도 그 법이 시행된다면 쫓겨날 여자들이 아주 많을 것입니다. 오늘날 결혼을 해도 시부모를 안 모시려고 하거나 시부모에게 불순종하는 며느리들이 너무 많습니다. 그리고 요즘은 결혼을 하지 않으려고 하거나 결혼을 하더라도 아기를 낳지 않으려고 하니 쫓겨나야 할 여자들이 많습니다. 그리고 이집 저집 돌아다니면서 쓸데없는 말을 늘어놓는 말 많은 여자들은 또 얼마나 많습니까? 이런 여자들은 모두 다 칠거지악에 해당되기 때문에 쫓겨나야 할 것입니다.

오늘 살펴보려고 하는 한나는 결혼은 했으나 아이를 낳지 못했기 때문에 쫓겨날 수밖에 없는 가련한 여인이었습니다. 당시에 결혼을 한 여자가 아이를 낳지 못하는 것은 그 집안에 대를 끊어지게 하는 것이기 때문에 사회적으로 아주 부끄럽게 여겼습니다. 그 일로 인해 한나는 마음에 상처가 많고 한이 많은 여자였습니다. 그런데 그녀는 자신의 모든 고민과 상처를 믿음으로 극복하였습니다. 인간적인 수단 방법이 아닌 믿음으로 자신의 문제를 해결한 그녀는 분명 하나님 보시기에 믿음의 VIP였습니다.

한나의 믿음은 분명 평범한 믿음의 차원을 넘어서는 특별한 믿음이었습니다. 그가 가진 믿음이 어떤 것인지를 살펴보고 우리도 그 믿음을 본받을 수 있기를 바랍니다.

1. 번민 중에도 예배하는 사람입니다(삼상 1:1-8)

사무엘상 1장 6-7절은 "여호와께서 그에게 임신하지 못하게 하시므로 그의 적수인 브닌나가 그를 심히 격분하게 하여 괴롭게 하더라 매년 한나가 여호와의 집에 올라갈 때마다 남편이 그같이 하매 브닌나가 그를 격분시키므로 그가 울고 먹지 아니하니"라고 말씀합니다. 한나가 아이를 낳지 못하자 브닌나라는 여자를 후처로 맞아들였는데 그녀는 아이를 잘 낳았습니다. 그러자 본처인 한나를 심히 괴롭히면서 번민케 했습니다.

'심히 격분하여 번민케 했다'는 말은 곧 '천둥치게 했다'는 뜻입니다. 사람의 마음이 고요하고 평안해야 의지대로 무엇을 행할 수 있는데, 마음에 천둥이 치는 것 같은 고통과 괴로움이 있으면 아무것도 할 수가 없습니다. 그것도 가끔 한 번씩이라면 몰라도 거의 매일 그렇게 천둥치는 것같이 마음에 괴로움이 있으면 아무것도 행할 수가 없는 것입니다. 더군다나 그 정도로 마음에 괴로움이 있으면 예배드리는 것은 더욱 불가능한 일입니다.

그런데 한나는 그렇게 마음에 괴로움이 가득한 중에서도 정해진 때가 이르면 반드시 성전에 올라가서 하나님께 예배를 드렸다는 것입니다. 그것은 감정으로 불가능한 일이고, 오직 믿음으로 행한 일이었음이 분명합니다. 부부싸움만 한번 해도 마음이 상하고 괴로워서 예배를 드리지 못합니다. 믿음이 없는 사람은 마음이 괴로울 때 상한 감정에 억눌려서 예배를 드릴 수가 없습니다. 그러나 믿음이 있는 사람은 자신의 감정을 다스리며 예배를 드릴 수가 있습니다. 한나는 번민 중에도 믿음으로 예배드리는 일을 소홀히 하지 않았습니다.

결혼생활을 하다 보면 가끔 부부싸움도 하고 가정에 한바탕 폭풍이 휘몰아칠 때가 있습니다. 그러면 평안과 화목이 사라지고 괴로움과 번민이 가득하게 됩니다. 그럴 때 믿음 없는 남편이 하는 말이 바로 "나, 오늘 교회 안 갈 거야" 혹은 "나, 오늘 예배 안 드릴 거야"입니다. "나 오늘 회사 안 갈 거야", "나, 오늘 가게 안 나갈 거야" 하든지 아니면 "나, 오늘 밥 안 먹을 거야" 하지 않고 왜 교회와 하나님께 드리는 예배를 가지고 협박을 하는지 모르겠습니다.

부부싸움을 해서 마음이 너무 상하고 괴로우면 회사는 안 가더라도 교회는 나와야 하고 예배는 꼭 드려야 합니다. 상한 마음으로 교회에 나와 예배드릴 때 물론 은혜는 안 되겠지만, 그래도 예배드리고 나면 성도로서 하나님 앞에 해야 될 도리를 다했기 때문에 긍휼히 여김을 받을 수 있습니다. 그런데 부부싸움을 했다고 교회도 안 나오고 예배도 안 드리고 냉전 기류가 흐르는 집에 그대로 머물러 있다면 자신에게 아무 유익이 없습니다.

집안 분위기가 좋고 기분이 좋은 때는 교회 와서 예배드리고, 집안 분위기가 안 좋거나 기분이 상할 때는 교회도 안 나오고 예배도 안 드린다면 그건 올바른 믿음이 아닌 것입니다. 집안 분위기와 기분에 상관없이 교회 나와야 할 때 교회 나오고, 예배드릴 때 예배드리는 사람이 진짜 믿음이 있는 사람이요, 참 성도라고 할 수 있습니다. 한나처럼 마음이 격동되고 심히 번민되더라도 꼭 하나님 앞에 나와서 예배드리시기를 바랍니다.

2. 고통 중에도 기도하는 사람입니다(삼상 1:9-11)

사무엘상 1장 10-11절은 "한나가 마음이 괴로워서 여호와께 기도하고 통곡하며 서원하여 이르되 만군의 여호와여 만일 주의 여종의 고통을 돌보시고……아들을 주시면 내가 그의 평생에 그를 여호와께 드리고 삭도를 그의 머리에 대지 아니하겠나이다"라고 말씀합니다. 한나는 집안에서 생긴 마음의 괴로움을 안고 성전으로 올라갔습니다. 그리고 그 괴로운 마음을 하나님 앞에 쏟아 놓고 기도했습니다. 그냥 말로 쏟아 놓은 것이 아니고 통곡하면서 아프고 괴로운 마음으로 하나님 앞에 엎드렸습니다.

만약 그녀가 그렇게 하지 않고 집안에서 자기를 격분시키는 브닌나와 '너 죽고 나 죽자'는 식으로 대적하고 싸웠다면 그 집안은 아마 엉망이 되고 말았을 것입니다. 그런데 그녀는 그렇게 혈과 육으로 대처하지 않고 기도로써 영적 싸움을 했습니다. 그가 성전에 올라가서 하나님 앞에 상한 마음을 다 쏟아 놓고 통곡하며 기도한 것은 영적인 싸움을 한 것입니다. 영적인 싸움의 결과 자기도 살고 가정도 지킬 수 있었던 것입니다.

한나는 통곡하면서 기도했을 뿐만 아니라 하나님 앞에 서원(誓願)하며 기도했습니다. 만약 자기에게 아들을 낳게 해주신다면 그 아들을 하나님 앞에 바치겠다는 것입니다. 기도 중에 가장 수위가 높은 것이 바로 서원 기도입니다. 서원 기도는 하나님으로부터 응답을 받아낼 확률이 아주 높습니다. 하나님은 한나의 서원 기도를 응답해 주셨습니다. 그녀는 그렇게 믿음으로 기도하고 영적 싸움을 한 결과 고통에서 벗어날 수 있었습니다.

살다 보면 누구든지 고통스러운 일을 당할 때가 있습니다. 고통스러울 때 마음을 잘 다스리지 못하면 우울증이 되어 돌이킬 수 없는 상황에 이를 수 있습니다. 우울증을 앓는 사람들 거의 대부분이 다 괴롭고 고통스러운 마음을 잘 다스리지 못해 그런 것입니다. 세상 사람들은 마음이 괴롭거나 고통스러울 때 한 잔의 술로 아픈 마음을 달래려고 하는데, 그것은 결코 옳은 방법이 아니며 도리어 몸까지 망치게 됩니다.

어떤 사람들은 가정 문제나 부부간의 문제로 마음이 괴로울 때 사람들을 찾아가서 그 마음을 쏟아 놓는 경우도 있습니다. 그것도 올바른 방법이 아닙니다. 그 사람이 내 문제를 해결해 주지 못할 뿐만 아니라, 돌아서서 다른 사람에게 내가 털어 놓은 문제를 이야기하기 때문입니다. 그러면 결국에는 나만 못난 사람이 되고 맙니다. 그러므로 우리 그리스도인들은 마음이 괴롭고 고통스러울 때 한나처럼 하나님 앞에 쏟아 놓아야 합니다.

그는 마음의 고통을 해결하려고 술을 마시지도 않았고, 사람들을 찾아가서 쏟아 놓지도 않았습니다. 성전에 올라가서 하나님 앞에 기도하며 마음의 고통을 쏟아 놓았습니다. 그가 그렇게 한 것은, 사람들은 자신의 마음을 몰라줘도 하나님은 그녀의 아픔을 다 알고 계시는 줄 믿었기 때문입니다. 그리고 사람은 자신의 고통을 해결해 주지 못해도 하나님은 능히 해결해 주실 줄로 믿었기 때문입니다. 그럴 때 괴로움과 고통은 사라지고 행복한 새 날이 임하게 되었습니다. 우리도 기도로 마음의 고통을 해결할 수 있기를 바랍니다.

3. 주의 종을 신뢰하는 사람입니다(삼상 1:12-18)

사무엘상 1장 17-18절은 "엘리가 대답하여 이르되 평안히 가라 이스라엘의 하나님이 네가 기도하여 구한 것을 허락하시기를 원하노라 하니 이르되 당신의 여종이 당신께 은혜 입기를 원하나이다 하고 가서 먹고 얼굴에 다시는 근심빛이 없더라"라고 말씀합니다. 엘리 제사장이 축복할 때 한나는 "여종이 당신께 은혜 입기를 원하나이다"라고 말했습니다. 그 말은 곧 엘리 대제사장이 하는 말을 믿음으로 받아들였다는 뜻입니다.

당시 엘리 대제사장은 존경하고 신뢰할 만한 인물이 되지 못했습니다. 그는 몸이 비대해서 둔한데다 늙어서 활동력도 완전히 떨어졌습니다. 그리고 영적 분별력도 사라져서 술을 마시고 술주정을 하는 것인지 아니면 성령 충만해서 기도하는 것인지 전혀 분별하지 못했습니다. 대제사장이 그 정도로 활동력이 떨어지고 영적 분별력이 상실되었다면 존경할 수도 없고 신뢰할 수도 없었을 것입니다.

그뿐만이 아니라 제사장인 그의 두 아들 홉니와 비느하스는 가정교육을 제대로 시키지 않아서 완전히 불량자들이었습니다. 그들은 성전에서 공공연하게 봉사하는 여인과 간음을 하고, 하나님께 제물로 바치려고 준비하는 고기를 먼저 꺼내다가 먹는 통제 불능의 불량자들이었습니다. 그 정도가 되면 엘리 제사장이 무슨 말을 해도 신뢰할 수 없고 받아들일 수 없었을 것입니다. 그런데 한나는 그가 하는 말을 믿음으로 받아들였습니다. 그가 비록 그런 사람일지라도 하나님이 기름부어 세운 제사장으로 인정했기 때문입니다.

만약 제가 엘리 제사장처럼 여러 가지 문제를 안고 자리에 서 있다면 제가 하는 설교에 은혜를 받을 수 있을까요? 제가 아무리 천사 같은 말을 하더라도 전혀 은혜가 되지 않을 것입니다. 더구나 요즘같이 훌륭한 목사를 찾는 시대엔 자격을 상실한 주의 종이 설교하는 것을 누구도 들으려고 하지 않을 것입니다. 그런데 한나는 그런 엘리 제사장의 말을 믿음으로 받아들였습니다.

한나에게 태의 문이 열리고 그녀가 아들을 낳을 수 있었던 비결은 엘리 제사장이 신령하거나 그의 말에 능력이 있어서가 아닙니다. 그는 이미 존경받을 수 없는 지도자가 되었지만 그가 하는 말을 믿음으로 받은 한나 자신의 믿음이 하나님의 축복을 체험하게 한 것입니다. 결코 쉬운 일은 아니겠지만, 목회자가 좀 부족하고 허물이 있어도 그가 전하는 말씀을 믿음으로 받아들일 수 있다면 그 사람은 분명 복 받을 사람입니다.

하나님은 각 시대마다 당신의 종들을 기름 부어서 사용하셨는데, 아무런 허물이 없는 완벽한 이들만 골라서 사용하신 것이 아닙니다. 비록 약점과 허물이 있어도 한 가지 쓰실 만한 점이 있으면 그것을 보시고 사용하셨습니다. 그렇기 때문에 목회자가 완벽한 사람이 되기를 기대하지 마시고, 부족함이 있더라도 하나님이 기름 부어 쓰시는 종이기에 신뢰하시고 그가 전하는 말씀을 믿음으로 받는다면, 당신도 복된 삶을 살 수 있을 것입니다. 한나처럼 주의 종이 좀 부족해도 믿음으로 신뢰함으로 복 있는 인생을 사시기 바랍니다.

기도

1. 한나처럼 예배를 중요하게 여기고 예배의 성공자가 되게 하옵소서.
2. 한나처럼 괴로운 일이 있을 때 기도함으로 문제를 해결하게 하옵소서.
3. 한나처럼 주의 종을 신뢰함으로 복된 삶을 누리게 하옵소서.

27

하나님의 VIP 사무엘

그들이 아침에 일찍이 일어나 여호와 앞에 경배하고 돌아가 라마의 자기 집에 이르니라 엘가나가 그의 아내 한나와 동침하매 여호와께서 그를 생각하신지라 한나가 임신하고 때가 이르매 아들을 낳아 사무엘이라 이름하였으니 이는 내가 여호와께 그를 구하였다 함이더라 그 사람 엘가나와 그의 온 집이 여호와께 매년제와 서원제를 드리러 올라갈 때에 오직 한나는 올라가지 아니하고 그의 남편에게 이르되 아이를 젖 떼거든 내가 그를 데리고 가서 여호와 앞에 뵙게 하고 거기에 영원히 있게 하리이다 하니 그의 남편 엘가나가 그에게 이르되 그대의 소견에 좋은 대로 하여 그를 젖 떼기까지 기다리라 오직 여호와께서 그의 말씀대로 이루시기를 원하노라 하니라 이에 그 여자가 그의 아들을 양육하며 그가 젖 떼기까지 기다리다가 젖을 뗀 후에 그를 데리고 올라갈새 수소 세 마리와 밀가루 한 에바와 포도주 한 가죽부대를 가지고 실로 여호와의 집에 나아갔는데 아이가 어리더라 그들이 수소를 잡고 아이를 데리고 엘리에게 가서 한나가 이르되 내 주여 당신의 사심으로 맹세하나이다 나는 여기서 내 주 당신 곁에 서서 여호와께 기도하던 여자라 이 아이를 위하여 내가 기도하였더니 내가 구하여 기도한 바를 여호와께서 내게 허락하신지라 그러므로 나도 그를 여호와께 드리되 그의 평생을 여호와께 드리나이다 하고 그가 거기서 여호와께 경배하니라.

사무엘상 1장 19-28절

고사성어 가운데 '고진감래'(苦盡甘來)라는 말이 있습니다. '쓴 것이 다하면 단 것이 온다는 뜻으로, 다른 말로 표현하면 '고생 끝에 낙이 온다'는 말입니다. 이는 정말 맞는 말인 것 같습니다. 성공한 사람들의 삶의 이면을 살펴보면 남들이 알지 못한 숱한 고난이 있었음을 알 수 있습니다. 그 고난을 잘 참고 견뎌냈기에 지금의 성공을 이룰 수 있었던 것입니다.

사람이 일생을 고생만 하다가 마친다면 그는 참으로 불행한 삶을 살았다고 할 수 있습니다. 반대로 낙(樂)에서 낙(樂)으로 끝나는 인생도 별로 좋지 않은 삶을 산 것입니다. 고생 끝에 낙을 누려야 하는데 항상 즐거운 일만 있으면 오히려 삶이 무력해질 수 있습니다. 그래서 하나님께서는 우리가 인생을 살아가는 동안 형통한 날과 곤고한 날을 병행하게 하신다고 했습니다(전 7:14). 고생 끝에 낙이 온다는 믿음이 있기에 현재의 고난을 견딜 수 있고, 고생한 만큼 보람을 누릴 수 있기 때문에 인생이 즐거운 것입니다.

사무엘을 생각하면 '고진감래'라는 말이 떠오릅니다. 그의 어머니 한나가 고통스러운 상황 속에서도 낙심하지 않고 믿음으로 잘 견디고 참아내자, 하나님께서 닫혔던 태의 문을 여시고 귀한 아들 사무엘을 낳게 해주셨습니다. 사무엘은 영적으로 어둡던 시기에 한 줄기 빛과 같은 위대한 믿음의 사람이 되었습니다. 한나에게 있어서 그 아들은 그야말로 고생 끝에 얻은 낙이었습니다.

이제 본문을 통해 믿음의 VIP였던 사무엘의 삶을 살펴보면서 우리도 사무엘처럼 고진감래하여 이 시대에 믿음의 VIP가 될 수 있기를 바랍니다.

1. 기도의 배경이 있는 사람입니다(삼상 1:19-20)

사무엘상 1장 19-20절은 "……한나가 임신하고 때가 이르매 아들을 낳아 사무엘이라 이름하였으니 이는 내가 여호와께 그를 구하였다 함이더라"라고 말씀합니다. 한나가 하나님의 은총을 입어 아들을 낳았는데 그 이름을 사무엘이라고 지었습니다. 사무엘이란 이름은 '하나님이 들으셨다'는 뜻입니다. 하나님이 들으셨다는 말은 곧 그의 배후에 어머니의 기도가 있었다는 뜻입니다. 기도의 응답으로 낳은 아들이 바로 사무엘입니다.

한나는 자식을 낳지 못한 것 때문에 후처인 브닌나에게 온갖 멸시와 상처를 받았습니다. 날이면 날마다 온갖 멸시를 받으면서 한나는 괴로워서 견딜 수가 없었고, 그럴 때마다 그는 하나님 앞에 나아가서 통곡하며 기도했습니다. 그는 자신의 기도를 들어 주시고 아들을 낳게 해주신다면 그 아들을 하나님의 종으로 바치겠다고 서원 기도를 했습니다. 하나님께서는 그의 눈물의 기도를 들으셨고 태의 문을 열어서 아들을 낳게 해주셨습니다.

사무엘은 그렇게 기도하는 어머니를 통해 태어난 사람입니다. 그의 인생에 든든하고 자랑스러운 배경은 바로 어머니의 기도였습니다. 그는 어머니의 기도로 태어났을 뿐만 아니라 기도하는 어머니의 배경 가운데 자랐습니다. 사무엘이 위대한 하나님의 사람이 될 수 있었던 것은 바로 어머니의 기도 때문이었습니다. 어머니의 기도는 자녀를 훌륭한 사람으로 자라게 하는 밑거름입니다. 어느 시대든 기도의 배경이 든든한 사람은 반드시 훌륭한 사람이 될 수 있습니다. 특히 어머니의 기도는 자녀의 앞길을 좌우합니다.

기독교 역사에서 위대한 사람들은 다 배후에 어머니의 기도가 있었습니다. 모세가 훌륭한 사람이 될 수 있었던 것은 어머니 요게벳의 기도가 있었기 때문이고, 세례 요한의 뒤에는 어머니 엘리사벳의 기도가 있었습니다. 탕자 어거스틴이 성자가 된 것도 어머니 모니카의 기도가 있었기 때문이며, 존 웨슬리의 뒤에는 어머니 수산나의 기도가 있었고, D. L 무디의 뒤에는 어머니 벳시의 기도가 있었습니다.

사람들마다 그 사람을 받쳐주는 뒷배경이 있습니다. 어떤 사람은 뼈대 있는 가문이 뒷배경이고, 정치적인 권력이 뒷배경인 사람도 있습니다. 화려한 학벌이 뒷배경인 사람이 있는가 하면, 막강한 재력이 뒷배경인 사람도 있습니다. 다 무시할 수 없는 좋은 배경들입니다. 그러나 그런 것들과 비교할 수 없을 정도로 더 좋은 뒷배경이 바로 기도의 배경입니다.

화려한 가문도, 정치적인 권력도, 학벌이나 재력도 다 어느 순간 안개와 같이 사라질 수 있지만 기도의 배후가 든든한 사람은 절대로 망하지 않습니다. 왜냐하면 기도의 배후가 든든한 사람은 하나님이 항상 그 사람의 백(back)이 되어 주시기 때문입니다. 한나의 든든한 기도가 있었기에 그의 아들 사무엘이 하나님의 사역에 위대하게 쓰임받을 수 있었습니다. 그러므로 자신이 생각할 때 기도의 배경이 약하다고 생각되시는 분들은 이제부터라도 기도의 배경을 만드시기를 바랍니다.

2. 하나님 앞에서 자란 사람입니다(삼상 2:18-21)

사무엘상 2장 18-21절은 "사무엘은 어렸을 때에 세마포 에봇을 입고 여호와 앞에서 섬겼더라……여호와께서 한나를 돌보시사 그로 하여금 임신하여 세 아들과 두 딸을 낳게 하셨고 아이 사무엘은 여호와 앞에서 자라니라"고 말씀합니다. 한나는 서원 기도를 통해 아들 사무엘을 낳았기 때문에 젖을 떼자마자 그 아들을 하나님 앞에 바쳤습니다. 그렇게 사무엘은 어려서부터 성전에서 생활하며 하나님 앞에서 자랐습니다.

사찰에 가면 승복을 입고 부처를 섬기는 동자승들의 모습을 볼 수 있습니다. 사무엘도 어려서부터 제사장들이 입는 에봇을 입고 성전에서 하나님을 섬기면서 자랐습니다. 인간적으로 생각하면 가슴이 짠한 일이기도 합니다. 어린 아들이 일찍이 부모와 떨어져서 성전에서 생활한다는 것은 정말 가슴 아픈 일입니다. 그렇지만 신앙적으로 생각해보면, 어려서부터 하나님을 섬기며 성별된 생활을 했으니 그는 참으로 복 있는 사람입니다.

사람이 태어나서 어린 시절을 어떤 환경에서 자라느냐 하는 것은 대단히 중요합니다. 어두운 환경에서 자라다 보면 어둠의 자식이 되고, 타락한 곳에서 자라면 어쩔 수 없이 타락한 사람이 됩니다. 롯의 두 딸들이 자기 아버지에게 술을 먹이고 동침을 한 것은 타락한 소돔과 고모라에서 타락한 일들을 보면서 자랐기 때문입니다. 사람은 어쩔 수 없이 자신이 자라는 환경으로부터 영향을 받을 수밖에 없습니다.

지금은 시대가 너무 악합니다. 하나님이 보시기에 너무 아름답고 좋았던 세상이 지금은 너무나 타락해서 죄악이 관영한 시대가 되었습니다. 성경은 이 시대를 가리켜서 노아의 때와 같고 소돔과 고모라의 때와 같다고 말씀합니다. 이 악하고 패역한 시대에 온전한 사람으로 자란다는 것은 정말 어렵고 힘든 일입니다. 죄악으로 관영한 이 세상이 우리를 온전한 사람으로 살아가도록 그냥 놔두질 않습니다.

그러므로 이 시대에 내가 서 있는 자리가 어디인지 분명히 하는 것은 대단히 중요합니다. 우리가 서 있는 자리가 어디입니까? 지금 내가 머물고 있는 장소는 세상입니까? 아니면 하나님 앞입니까? '하나님 앞에'를 헬라어로 '코람데오'라고 합니다. 우리는 이 땅에 태어나서 세상을 떠날 때까지 어쩔 수 없이 이 세상에 머물러야 하고 세상 속에서 살아야 합니다. 그러나 중요한 것은 코람데오 정신을 가지고 사느냐 그렇지 않으냐가 중요한 것입니다.

세상 모든 부모들이 한결같이 바라는 것은 바로 자식이 잘되는 것입니다. 부모는 자식이 잘되는 길이라면 모든 희생과 수고를 아끼지 않습니다. 그러나 과연 자식이 복을 받고 잘되는 비결은 무엇일까요? 죄악이 관영한 세상에서 아무리 애를 쓰고 노력해 봐도 돌아오는 것은 실망과 좌절뿐입니다. 사무엘처럼 하나님 앞에서 섬기며 자라게 하는 것이 가장 좋은 방법입니다. 우리도 사무엘처럼 하나님 앞에서 섬기며 살 수 있기를 바랍니다.

3. 사명 앞에 단호했던 사람입니다(삼상 3:10-18)

사무엘상 3장 10-14절은 "여호와께서 임하여 서서 전과 같이 사무엘아 사무엘아 부르시는지라 사무엘이 이르되 말씀하옵소서 주의 종이 듣겠나이다 하니……내가 그의 집을 영원토록 심판하겠다고 그에게 말한 것은……"이라고 말씀합니다. 당시는 이스라엘 백성들이 너무나 악해서 하나님의 말씀이 아주 귀한 시대였습니다. 그런데 어느 날 하나님께서 친히 사무엘을 부르시더니 엘리 제사장의 집을 심판하겠다는 말씀을 주신 후 그것을 전하라고 하셨습니다.

엘리 제사장의 집이 너무 타락했기 때문에 하나님이 그의 집을 심판하시겠다는 것입니다. 그리고 엘리 제사장에게 가서 심판의 메시지를 분명하게 전하라고 말씀하셨습니다. 좋은 말씀이라면 몰라도 충격적인 말씀을 전한다는 것은 정말 온몸이 떨리고 두려운 일입니다. 더군다나 사무엘은 성전에서 자라면서 엘리 대제사장을 하나님처럼 섬기면서 자랐습니다. 그런데 그 하늘 같은 분에게 가서 심판의 메시지를 전해야 한다니 정말 두렵고 떨리는 일이었을 것입니다.

그러나 사무엘은 인정에 사로잡히지 않고 가서 그대로 받은 말씀을 전했습니다(삼상 3:18). 그가 만약 사람의 인정에 붙잡혔다면 하나님의 메시지를 전하지 못했을 것입니다. 세상을 살다 보면 때로 인정이 내가 가야 할 길을 가지 못하게 하고, 내가 해야 할 일을 하지 못하게 할 때가 있습니다. 그런데 사무엘은 인정에 매이지 않고 단호하게 받은 말씀을 전했습니다. 그는 인정보다 사명을 더 중요시한 사람입니다.

예수님은 어느 날 예루살렘을 향해 가시면서 자신이 곧 십자가에 못 박혀 죽어야 함을 말씀하셨습니다. 함께 따라가던 베드로는 그 말을 듣고 "주여, 그리하지 마옵소서"라고 붙들고 간청했습니다. 그때 예수님은 베드로를 향해 "사탄아 물러가라! 너는 왜 인정에 매여서 내가 감당해야 할 사명을 흐리게 하느냐" 하고 꾸짖으셨습니다. 예수님은 자신의 사명을 감당하시기 위해 단호하게 인정을 물리치셨던 것입니다.

사람이 세상을 살아가다 보면 인정이란 게 정말 중요합니다. 서로 간에 인정이 메마르면 사람 사는 맛이 나지 않습니다. 사람 사는 세상에는 인정이 있어야 하고 또 인정이 넘쳐야 합니다. 그런데 그 인정이 신앙생활을 가로막거나 사명을 감당하는 데 장애물이 되어서는 안 됩니다. 좀 냉정한 것 같으나 하나님의 뜻을 수행하는 데는 인정을 물리쳐야 합니다. 왜냐하면 인정에 매이다 보면 사명을 감당할 수 없기 때문입니다.

예수님을 따르겠다는 한 사람이 조심스럽게 묻기를 "내 아버지가 돌아가셨는데 아버지를 장사지낸 후에 따르면 안 될까요?"라고 했습니다. 그때 예수님은 단호히 "죽은 자는 죽은 자들에게 맡기고 너는 나를 따르라"고 말씀하셨습니다. 인정보다 사명이 우선이라는 말씀입니다. 사무엘은 인정에 매이지 않고 받은 사명을 감당했습니다. 당신도 이런저런 인정에 매여서 흔들리지 말고 매사에 결단력 있는 신앙생활을 하시기 바랍니다.

기도

1. 사무엘처럼 기도의 배경을 만들고 기도의 배경 속에 살게 하옵소서.
2. 악하고 패역한 세상에서 사무엘처럼 코람데오 정신으로 살게 하옵소서.
3. 인정에 매이지 않고 사무엘처럼 단호한 믿음으로 살게 하옵소서.

28

하나님의 VIP 요나단

다윗이 사울에게 말하기를 마치매 요나단의 마음이 다윗의 마음과 하나가 되어 요나단이 그를 자기 생명같이 사랑하니라 그날에 사울은 다윗을 머무르게 하고 그의 아버지의 집으로 다시 돌아가기를 허락하지 아니하였고 요나단은 다윗을 자기 생명같이 사랑하여 더불어 언약을 맺었으며 요나단이 자기가 입었던 겉옷을 벗어 다윗에게 주었고 자기의 군복과 칼과 활과 띠도 그리하였더라 다윗은 사울이 보내는 곳마다 가서 지혜롭게 행하매 사울이 그를 군대의 장으로 삼았더니 온 백성이 합당히 여겼고 사울의 신하들도 합당히 여겼더라.

사무엘상 18장 1-5절

우리나라 속담에 "아버지보다 나은 자식 없고 형만 한 동생 없다"는 말이 있습니다. 자식이 아무리 훌륭해도 아버지를 따라갈 수 없고, 동생이 아무리 잘나도 형만 할 수는 없다는 말입니다. 그런데 우리 주변에는 종종 그 속담을 무색케 하는 사람들이 있습니다. 이명박 대통령은 어릴 때 자기보다 형이 더 얼굴도 잘 생기고 공부도 잘해서 어머니의 사랑을 독차지하는 것을 보고 항상 '형 콤플렉스'가 있었다고 합니다. 그런데 세월이 지나고 보니 그가 형보다 나은 대통령이 되었습니다. 분명히 형보다 나은 동생입니다.

성경에도 그 속담을 무색케 할 만한 인물이 나오는데 그가 바로 사울 왕의 아들 요나단입니다. 그는 아버지에 비해 신앙과 인품이 훨씬 뛰어난 사람이었습니다. 하나님이 보시기에도 그랬지만 사람들이 보기에도 그는 아버지보다 훌륭한 사람으로 인정받았습니다. 또한 그는 믿음과 행실이 너무나 출중하고 헌신적이어서 예수 그리스도의 모형으로 비유되기도 합니다.

다윗이 사울 왕의 추격을 피해 수 년 동안 광야로 도망을 다니면서도 견딜 수 있었던 것은 요나단의 사랑과 위로와 격려가 있었기 때문입니다. 다윗이 마음으로 가장 아끼고 사랑하는 친구는 바로 요나단이었습니다. 그의 아버지인 사울 왕은 다윗을 죽이려고 했지만 요나단은 자기 생명을 바쳐서 다윗을 보호하고 살리려고 애를 썼습니다. 다윗에게 있어서 그는 하나님이 붙여 주신 진정한 친구요, 동역자였습니다.

오늘 우리에게도 요나단 같은 친구가 한 명이라도 있다면 정말 행복한 사람일 것입니다. 요나단의 신앙과 삶을 우리도 본받을 수 있기를 바랍니다.

1. 다윗을 생명같이 사랑한 사람입니다(삼상 18:1, 20:17)

사무엘상 18장 1절은 "다윗이 사울에게 말하기를 마치매 요나단의 마음이 다윗의 마음과 하나가 되어 요나단이 그를 자기 생명같이 사랑하니라"라고 말씀합니다. 3절에서도 "요나단은 다윗을 자기 생명같이 사랑하여 더불어 언약을 맺었으며"라고 말씀하고 있습니다. 요나단은 다윗을 처음 본 순간 그 총명함과 용맹스러움에 반해 그를 사랑하게 되었습니다. 그저 평범한 사랑이 아니라 자기 생명같이 다윗을 사랑하게 된 것입니다.

요나단은 사울 왕의 아들이며 왕자입니다. 그에 비해 다윗은 베들레헴 동네에서 양떼를 치면서 살던 이새의 아들이었고, 출생 자체가 비천한 사람이었습니다. 그러한 두 사람이 서로 사랑하는 친구가 된다는 것은 사회적인 통념상 있을 수 없는 일이었습니다. 더군다나 왕자의 신분인 요나단이 먼저 다윗을 사랑하고 친구가 되기를 원했다는 것은 놀라운 일이 아닐 수 없습니다. 그의 생명과 같은 사랑을 받은 다윗은 행복한 사람입니다.

그러한 요나단의 모습을 통해 우리는 예수님의 모습을 발견하게 됩니다. 왕의 아들인 요나단은 곧 하나님의 아들이신 예수님을 상징하며, 비천한 신분의 사람이었던 다윗은 바로 우리의 모습을 상징하는 것입니다. 요나단이 다윗을 먼저 사랑한 것처럼 하나님의 아들이신 예수님이 먼저 죄인 된 우리를 사랑하셨습니다. 그저 평범한 사랑이 아니라 자신의 생명을 십자가에 내어주시기까지 우리를 사랑해 주셨습니다. 그 사랑을 받은 우리는 행복한 사람들입니다.

요즘 사람들은 어느 때보다도 행복이라는 단어에 관심이 많고 행복해지기를 원하고 있습니다. 그런데 어떻게 해야 행복해질 수 있는지 그 방법을 잘 모르고 있습니다. 행복은 부나 명예나 지식에서 오는 것이 아니고 마음으로부터 느끼는 것입니다. 세상 것을 다 가졌어도 마음에 행복을 느끼지 못하면 그는 성공자라고 할 수 없습니다. 그런데 그 행복을 느끼도록 해주는 것이 바로 사랑입니다. 누구를 사랑하거나 사랑받을 때 내 마음속에 내재되어 있는 행복이 반응을 보이기 시작하면 행복해질 수 있습니다.

그리스도인들은 늘 행복해야 합니다. 무엇을 가졌기 때문에 행복한 것이 아니고 하나님의 사랑을 받고 있기 때문에 행복한 것이며, 그 하나님의 사랑을 나눌 수 있어서 행복한 것입니다. 사랑은 사람을 행복하게 하는 '행복 바이러스'입니다. 그렇기 때문에 서로 행복한 사람들이 되기 위해서는 사랑을 나누고 베풀어야 합니다. 그렇게 사랑을 베풀고 나눌 때 내가 행복해질 수 있을 뿐만 아니라 사람들이 나를 예수님의 제자로 인정하게 됩니다.

대중가수인 태진아 씨가 부른 노래 중에 "사랑은 아무나 하나"라는 노래가 있습니다. 그 노랫말 중에 "사랑은 아무나 하나 어느 누가 쉽다고 했나"라는 대목이 있는데 사랑은 정말 쉬운 게 아닙니다. 말로 하는 사랑은 쉽지만 생명을 건 사랑은 아무나 할 수 없습니다. 다윗을 사랑한 요나단은 참으로 행복한 사람이었습니다. 우리도 하나님으로부터 생명과 같은 사랑을 받았으니 서로 사랑하며 사는 것이 마땅합니다.

2. 다윗을 위로하고 격려한 사람입니다(삼상 23:16)

사무엘상 23장 16절은 "사울의 아들 요나단이 일어나 수풀에 들어가서 다윗에게 이르러 그에게 하나님을 힘 있게 의지하게 하였는데"라고 말씀합니다. 다윗은 사울 왕의 추격을 피해 광야로 도망다니게 되었습니다. 한두 달이 아닌 여러 해 동안을 그렇게 도망다니던 다윗은 완전히 지칠 대로 지쳐 있었습니다. 그럴 때마다 요나단이 찾아와서 하나님을 의지하도록 다윗을 위로하고 격려했습니다.

사울 왕이 다윗을 죽이기로 작정하고 추격하고 있던 그때에 다윗의 편을 들거나 도와준다는 것은 아주 위험한 일이었습니다. 만약 그렇게 하다가 사울 왕에게 알려지기라도 한다면 죽임을 당할 수 있었기 때문입니다. 그런데도 요나단은 위험을 무릅쓰고 다윗을 찾아가서 하나님을 힘 있게 의지하도록 위로하고 격려했습니다. 그가 그렇게 할 수 있었던 것은 하나님이 다윗의 편이 되신다는 것을 확신했기 때문입니다.

고난당하는 사람, 실의에 빠진 사람을 찾아가서 위로하고 격려하는 것은 귀한 일입니다. 그런 사람을 돌아보고, 위로하고, 격려할 때 하나님께서 기뻐하십니다. 불쌍하게 여기는 마음으로 찾아가서 먹을 것과 입을 것을 나누어 주는 것도 귀한 일이지만 하나님을 의지하도록 격려해 준다면 더욱 귀한 일입니다. 왜냐하면 아무리 억울한 일을 당하고, 고난을 당해도 하나님을 의지하면 반드시 문제가 해결되고 살 길이 열리기 때문입니다. 다윗이 요나단의 격려에 힘입어 더욱 하나님을 의지했을 때 하나님은 그의 삶을 회복시켜 주셨습니다.

저는 화가들의 도시로 유명한 이탈리아의 피렌체를 방문한 적이 있었는데, 그곳에서 유명한 화가요 조각가였던 미켈란젤로에 대한 새로운 사실을 알게 되었습니다. 그가 화가로, 조각가로, 건축가로 유명해지기까지 그를 전폭적으로 격려하고 후원해 준 사람이 있었다는 것입니다. 로마의 재벌이었던 메디치 가문이 바로 그의 후원자였는데, 그가 없었더라면 미켈란젤로라는 화가는 탄생할 수 없었을 것입니다. 메디치가 일찍이 미켈란젤로의 소질을 알아보고 전폭적으로 후원해 주었기 때문에 미켈란젤로가 위대한 인물이 된 것입니다.

성공한 사람들의 배후에는 반드시 그 사람을 격려하고, 용기를 불어넣어 주고, 후원하고, 세워 준 사람들이 있습니다. 메디치 가문의 후원과 격려 때문에 미켈란젤로가 탄생할 수 있었던 것처럼 요나단의 위로와 격려 때문에 다윗이 이스라엘의 왕이 될 수 있었습니다. 요나단 없는 다윗은 생각할 수 없는 일입니다. 그는 다윗이 지치고 힘들 때마다 아낌없는 위로와 격려를 해주었습니다.

슬픔당하는 사람에게 따뜻한 말 한마디는 큰 위로가 됩니다. 또한 고난당하는 사람을 찾아가서 내게 있는 소중한 물질을 건네주는 것도 눈물겹도록 고마운 일입니다. 그리고 낙심한 사람에게 찾아가서 하나님을 의지하도록 격려하고 믿음을 세워 주는 것 또한 정말로 귀한 일입니다. 다윗에게 요나단이 그랬던 것처럼 당신도 믿음으로 고난당하는 사람들을 위로하고 격려하는 사람이 되시기 바랍니다.

3. 다윗을 섬기기로 자처한 사람입니다(삼상 23:17)

사무엘상 23장 17절은 "곧 요나단이 그에게 이르기를 두려워하지 말라 내 아버지 사울의 손이 네게 미치지 못할 것이요 너는 이스라엘 왕이 되고 나는 네 다음이 될 것을 내 아버지 사울도 안다 하니라"라고 말씀합니다. 요나단이 다윗을 격려하면서 하는 말이 "너는 이 나라의 왕이 되고 나는 네 다음이 될 것이라"고 했습니다. '네 다음이 될 것'이라는 말은 곧 너의 신하가 되어서 너를 받들고 섬기겠다는 말입니다. 그 말은 그냥 지나가는 말로 다윗을 위로하려고 한 말이 아니라 진심으로 한 말이었습니다.

"정치는 아편과 같다"는 말이 있습니다. 아편은 마약 성분이 들어 있기 때문에 한번 중독이 되면 끊을 수 없는 것처럼 정치에 한번 발을 들여놓으면 벗어날 수가 없습니다. 그리고 마약에 한번 중독이 되면 점점 더 강도를 높여가야 하는 것처럼 정치도 한번 발을 내딛으면 점점 더 높은 자리에 올라가고 싶은 충동이 생기게 됩니다. 그래서 정치하는 사람들은 너도나도 할 것 없이 다 대권을 차지하고 싶은 마음을 가지고 있습니다.

옛날이나 지금이나 사회적인 환경만 변했을 뿐 정치하는 사람들의 마음은 다 똑같습니다. 요나단은 사울 왕의 아들이기 때문에 자기가 이스라엘의 왕이 될 수 있는 사람입니다. 그런데 그는 왕이 되려고 하지 않고 사랑하는 친구 다윗을 보고 “내가 너의 신하가 될 터이니 너는 이 나라의 왕이 되라”고 했습니다. 그가 그렇게 말한 것은 그동안 다윗을 지켜보면서 자기보다 그가 왕이 되는 것이 더 옳다고 여겼기 때문입니다.

정치하는 사람이 정치판에서 손을 떼기란 정말 어려운 일인 것 같습니다. 김대중 전 대통령도 세 번이나 대통령 선거에서 떨어진 후 정치에서 손을 떼고 물러나겠다고 대국민 연설을 하였지만, 정치계를 잠시 떠났다가 슬그머니 다시 돌아와 정치를 시작했습니다. 이회창 씨도 두 번 대통령 선거에서 떨어진 후 정치에서 물러나겠다고 대국민 연설을 하였지만, 그도 다시 돌아와 정치를 하고 있습니다. 정치인들의 욕심은 정말 끝이 없는 것 같습니다.

요나단도 사람인데 왜 그런 욕심이 없었겠습니까? 누구보다도 더 유리한 위치에 있는 그로서는 얼마든지 왕이 되려고 욕심을 부려 볼 만했습니다. 그런데 그는 왕이 되려는 욕심을 버렸습니다. 오히려 다윗을 왕으로 세우고 그 수하에서 섬기기를 원했습니다. 정치하는 사람들에게서는 찾아볼 수 없는 너무나 아름다운 모습입니다. 그는 바로 자기를 희생해서 다른 사람을 세워 주는 사람이었습니다. 하나님 보시기에 가장 아름다운 사람이었습니다.

세상에는 온통 남을 짓밟고서라도 내가 서려는 사람들뿐인데, 그

가운데서도 자기를 희생해 남을 세워 주는 사람이 있으니 그가 진정 아름다운 사람입니다. 여호수아를 세워 주기 위해 자기를 희생한 갈렙이 아름다운 사람이었고, 바울을 세워 주기 위해 자기를 희생한 바나바가 아름다운 사람이었던 것처럼 다윗을 세워 주기 위해 자기를 희생한 요나단이 또한 아름다운 사람이었습니다. 요나단처럼 나를 희생해서 다른 사람을 세워 주는 사람이 되시기 바랍니다.

기도

1. 요나단이 생명같이 다윗을 사랑한 것처럼 우리도 그렇게 남을 사랑하게 하옵소서.
2. 요나단이 다윗을 위로하고 격려한 것처럼 우리도 그렇게 남을 격려하게 하옵소서.
3. 요나단이 다윗을 세워 주려고 한 것처럼 우리도 그렇게 남을 세워 주게 하옵소서.

29

하나님의 VIP 다윗 1

블레셋 사람이 방패 든 사람을 앞세우고 다윗에게로 점점 가까이 나아가니라 그 블레셋 사람이 둘러보다가 다윗을 보고 업신여기니 이는 그가 젊고 붉고 용모가 아름다움이라 블레셋 사람이 다윗에게 이르되 네가 나를 개로 여기고 막대기를 가지고 내게 나아왔느냐 하고 그의 신들의 이름으로 다윗을 저주하고 그 블레셋 사람이 또 다윗에게 이르되 내게로 오라 내가 네 살을 공중의 새들과 들짐승들에게 주리라 하는지라 다윗이 블레셋 사람에게 이르되 너는 칼과 창과 단창으로 내게 나아오거니와 나는 만군의 여호와의 이름 곧 네가 모욕하는 이스라엘 군대의 하나님의 이름으로 네게 나아가노라 오늘 여호와께서 너를 내 손에 넘기시리니 내가 너를 쳐서 네 목을 베고 블레셋 군대의 시체를 오늘 공중의 새와 땅의 들짐승에게 주어 온 땅으로 이스라엘에 하나님이 계신 줄 알게 하겠고 또 여호와의 구원하심이 칼과 창에 있지 아니함을 이 무리에게 알게 하리라 전쟁은 여호와께 속한 것인즉 그가 너희를 우리 손에 넘기시리라 블레셋 사람이 일어나 다윗에게로 마주 가까이 올 때에 다윗이 블레셋 사람을 향하여 빨리 달리며 손을 주머니에 넣어 돌을 가지고 물매로 던져 블레셋 사람의 이마를 치매 돌이 그의 이마에 박히니 땅에 엎드러지니라

사무엘상 17장 41-49절

요즘 우리나라에서는 젊은이들이 결혼을 하지 않으려 하거나 결혼을 하더라도 아이를 낳지 않으려는 추세라고 합니다. 이렇듯 저출산 시대에 들어서면서 우리나라도 크게 위기의식을 느끼고 국가적인 차원에서 출산을 장려하기 위한 여러 가지 정책을 시행하고 있습니다. 불과 30-40여 년 전만 해도 집집마다 아이를 많이 낳지 말자고 캠페인을 벌이던 때를 생각하면 정말 격세지감을 느끼지 않을 수 없습니다.

옛날에는 결혼을 하면 보통 자녀를 적게 낳는 집이 다섯 명 정도를 낳았고, 보통은 일곱 명씩 낳았고, 많게는 열 명씩 낳아서 길렀습니다. 요즘에 그렇게 아이를 많이 낳으면 사회적으로도 특종 뉴스감이 될 것입니다. 그렇게 자녀를 많이 낳아서 기르다 보면, 모든 자식이 다 귀하지만 그 중에서도 특별히 막내가 가장 사랑스럽고 귀여운 법입니다. 그래서 집집마다 막내아들이 부모의 사랑을 가장 많이 받곤 합니다.

그런데 다윗의 경우를 보면 그렇지 않았습니다. 그는 이새의 막내아들로 태어났지만 부모나 형제들의 사랑을 받지 못했습니다. 사무엘 선지자가 중요한 일로 그의 집을 방문했을 때 다른 가족들은 다 집안에 있었지만 막내인 그는 들판에서 양떼를 지키고 있었습니다. 집안에서 벌어지는 중요한 의식에 참석하지 못하고 들판에서 혼자 양떼를 지키고 있었다는 것은 철저하게 가족들로부터 소외당하고 있었음을 보여주는 것입니다. 그가 그렇게 소외당한 이유는 바로 여종의 아들로 태어났기 때문입니다(시 86:16, 116:16).

그런데 하나님께서는 그렇게 불행하게 태어나서 소외당하던 그를 택하셔서 이스라엘의 왕으로 삼으셨습니다. 그를 그렇게 귀하게 쓰신 것은 바로 그의 믿음을 보셨기 때문입니다.

1. 하나님을 온전히 의지한 사람입니다(삼상 17:45)

사무엘상 17장 45절은 "다윗이 블레셋 사람에게 이르되 너는 칼과 창과 단창으로 내게 나아오거니와 나는 만군의 여호와의 이름 곧 네가 모욕하는 이스라엘 군대의 하나님의 이름으로 네게 나아가노라"라고 말씀합니다. 이스라엘과 블레셋 간에 전쟁이 벌어졌는데 전쟁이 이스라엘에게 절대적으로 불리한 상황으로 전개되고 있었습니다. 그런데다 블레셋 군대를 진두지휘하는 골리앗 장군은 모든 이스라엘 군대의 두려움의 대상이었습니다. 그의 위용이 너무나 엄청났기 때문에 감히 어느 누구도 그를 대적할 수 없었습니다.

어린 소년 다윗이 그 상황을 지켜보다 자기가 싸우러 나가겠다고 자원했습니다. 그리고 그는 싸움에 임하면서 "너는 칼과 창과 단창으로 내게 나아오거니와 나는 만군의 여호와의 이름으로 네게 가노라"라고 골리앗에게 선포하면서 당당하게 나아갔습니다. 그의 말과 행동에서 그의 신앙심과 믿음을 엿볼 수 있습니다. 다윗의 믿음이 가장 돋보이는 대목이 바로 이 부분입니다. 그는 하나님을 온전히 의지하는 믿음으로 나가서 싸웠던 것입니다.

칼과 창과 단창으로 싸우는 것은 무력(武力)이지만, 만군의 하나님 여호와의 이름으로 싸우는 것은 영력(靈力)입니다. 그는 무력 앞에 영력으로 맞서서 싸우려고 했습니다. 그런 다윗의 방법은 대단히 미련하고 어리석은 것 같으나 사실은 지혜로운 방법입니다. 왜냐하면 무력은 세상의 힘이요 인간의 힘이지만, 영력은 믿음의 힘이요 하나님의 힘입니다. 세상의 무력 앞에 영력으로 맞선 다윗은 진정한 하나님의 사람이었습니다.

그 거대한 골리앗이 전신에 갑옷을 입고 칼과 창과 단창을 들고 나아올 때, 다윗은 주머니 속에 있던 물매 돌 하나를 세게 집어던졌습니다. 물매 돌을 맞은 골리앗은 마치 큰 나무가 쓰러지듯이 그 자리에 쓰러지고 말았습니다. 그것은 분명히 하나님이 행하신 일이었습니다. 온전히 하나님을 의지하고 물매 돌을 던졌을 때 하나님께서 엄청난 능력으로 역사하셨고 그 엄청난 힘 앞에 골리앗은 무력하게 쓰러질 수밖에 없었습니다.

하나님은 능력이 무한하시지만 모든 사람에게 능력으로 역사하시지 않습니다. 다윗처럼 온전히 하나님을 믿고 의지할 때 그 능력을 나타내시고 역사하십니다. 홍해 바다가 갈라지고 기적같이 건널 수 있었던 것은 모세가 온전히 하나님을 믿고 의지한 결과였습니다. 창일하게 흘러내리던 요단 강이 갈라지고 기적같이 건널 수 있었던 것도 여호수아와 제사장들이 온전히 하나님을 믿고 의지하고 순종한 결과였습니다.

하나님을 믿는 많은 사람들이 "오늘날은 왜 성경에 기록된 것과 같은 기적이 일어나지 않는가?"라고 말합니다. 세월이 흐르고 시대가 변했기 때문에 하나님도 변하셔서 그런 것일까요? 결코 그렇지 않습니다. 하나님은 조금도 변함이 없으신데 우리의 믿음이 변했을 뿐입니다. 우리가 온전히 하나님을 믿고 의지하고 순종한다면 지금도 얼마

듣지 하나님의 능력을 체험할 수 있을 것입니다. 다윗처럼 하나님을 온전히 의지하셔서 승리하시기 바랍니다.

2. 하나님의 사자를 선대한 사람입니다(삼상 24:10)

사무엘상 24장 10절은 "오늘 여호와께서 굴에서 왕을 내 손에 넘기신 것을 왕이 아셨을 것이니이다 어떤 사람이 나를 권하여 왕을 죽이라 하였으나 내가 왕을 아껴 말하기를 나는 내 손을 들어 내 주를 해하지 아니하리니 그는 여호와의 기름 부음을 받은 자이기 때문이라 하였나이다"라고 말씀합니다. 다윗이 사울 왕의 추격을 피해서 도망 다니던 어느 날, 그를 죽일 수 있는 절호의 기회가 주어졌지만 그는 그렇게 하지 않았다는 것입니다.

다윗이 동굴 속에 은신하고 있을 때 그를 추격하던 사울 왕이 마침 용변을 보려고 그 동굴 속으로 들어온 것입니다. 밖에서 들어온 그는 다윗을 볼 수 없었지만 안에 숨어 있던 다윗은 그를 볼 수 있었습니다. 왕이 용변을 보려고 들어왔기 때문에 호위병들은 모두 다 동굴 밖에서 머물고 있었습니다. 다윗이 마음만 먹으면 단칼에 그를 해칠 수 있는 상황이었습니다. 다윗과 함께 있던 사람들이 기회를 놓치지 말고 사울 왕을 죽이라는 주문을 했습니다. 그런데 다윗은 차마 그렇게 할 수 없었습니다.

다윗에게 용기가 없어서 그렇게 하지 못한 것이 아니고, 그는 하나님께서 기름 부어 세운 왕이었기 때문입니다. 그가 비록 문제가 많은 사람이고, 자기 목숨을 노리는 원수였지만, 그래도 하나님이 기름 부어 왕으로 세운 사람이기에 해칠 수가 없다는 것이었습니다. 만약 감정을 다스리지 못하고 그를 해친다면 곧 그를 왕으로 기름 부으신 하나님을 해치는 것이라고 생각했습니다.

만약 그때 자신의 감정을 다스리지 못하고 "기회는 이때로다" 하고 사울 왕을 죽였다면 그 순간은 마음이 통쾌했을 것입니다. 자기를 괴롭히던 원수를 해치웠으니 얼마나 통쾌하겠습니까? 마치 십 년 묵은 체증이 내려가는 것 같은 시원함이 있었을 것입니다. 그러나 그것도 잠시뿐이고 시간이 지나면서 그는 하나님이 기름 부어 세운 왕을 해쳤다는 것 때문에 양심의 가책으로 더 큰 고통을 받아야 했을 것입니다.

속이 너무 상하거나 울화통이 치밀어오를 때 참지 못하고 혈기를 부리거나 성질을 한바탕 내고 나면 그 순간은 아주 시원합니다. 그런데 시간이 지나고 나면 분을 참지 못한 것 때문에 자책감이 들어서 너무 괴로울 것입니다. 혈기 한번 부리고 나서도 그렇게 자책감이 밀려오는데, 감히 하나님이 기름 부어 세운 왕을 해치고 나면 얼마나 더 괴롭겠습니까?

다윗이 하나님께 복을 받은 이유 중 하나가 바로 자기 감정을 잘 다스리고, 사울 왕을 하나님의 사자로 선대했기 때문입니다. 사울 왕은 문제가 많은 사람이었지만 그의 잘못된 점에 대해서는 하나님이 심판하실 줄 믿고, 그는 다만 하나님이 기름 부어 세운 사자로 선대했습니다. 그것은 사람의 감정으로는 될 수 없고 오직 믿음으로만 가능한 일이었습니다. 그랬더니 하나님이 다른 방법으로 사울 왕을 정리해 주셨고, 그를 선대한 다윗에게는 큰 축복을 내려 주셨습니다. 당신도 하나님의 사자를 선대하셔서 크신 축복을 받으실 수 있기를 바랍니다.

3. 원수를 진심으로 사랑한 사람입니다(삼하 1:11-12)

사무엘하 1장 11-12절은 "이에 다윗이 자기 옷을 잡아 찢으매 함께 있는 모든 사람도 그리하고 사울과 그의 아들 요나단과 여호와의 백성과 이스라엘 족속이 칼에 죽음으로 말미암아 저녁 때까지 슬퍼하여 울며 금식하니라"고 말씀합니다. 다윗은 그동안 자신을 죽이기 위해 추격하던 사울 왕이 블레셋 군대와의 전쟁 중에 죽었다는 소식을 듣고 너무 슬퍼서 옷을 찢고 하루종일 금식을 했다는 내용입니다.

금식만 했을 뿐 아니라, 죽은 사울 왕의 시신을 길르앗 야베스 사람들이 가져다가 장사지내 주었다는 사실을 알고, 그들을 불러다가 크게 칭찬하고 여호와의 이름으로 축복해 주었습니다(삼하 2:4-7). 다른 사람들 같으면 자기를 죽이려고 한 원수가 죽었다는 소식을 들을 때 쾌재를 부를 법도 한데 다윗은 전혀 그렇지 않았습니다. 너무 마음이 슬프고 아파서 견딜 수가 없었습니다.

원수의 죽음 앞에 쇼맨십으로라도 그렇게 하기가 쉽지 않을 텐데, 다윗은 진심으로 슬퍼하고 애통해했습니다. 그가 그렇게 할 수 있었던 것은 바로 하나님 아버지의 마음을 품었기 때문입니다. 원수를 사랑하는 것이 하나님의 마음입니다. 원수가 넘어지는 것을 기뻐하거나 원수가 망하는 것을 바라보고 박수를 치는 것은 하나님의 마음이 아니기 때문에 그렇게 하면 결국 나도 넘어지고 망하게 하십니다. 하나님을 믿는 사람들은 하나님의 마음을 품고 원수가 넘어질 때 가슴 아파하고 원수가 망할 때 슬퍼해야 합니다.

미국에서 가장 존경받는 대통령은 바로 에이브러햄 링컨입니다. 그가 남긴 유명한 말들 중에 "원수를 사랑으로 녹여 친구로 만들라"는 말이 있습니다. 그가 미국의 제16대 대통령에 당선되었을 때, 정적(政敵)이었던 스탠턴은 축하는커녕 "링컨이 대통령이 된 것은 국가적인 재난"이라고 비난하면서 독설을 퍼부었습니다. 그런데 링컨은 내각을 구성하면서 스탠턴을 가장 중요한 국방부 장관에 임명했습니다.

그러자 모든 비서진들이 너무 놀라서 "있을 수 없는 일입니다. 어떻게 원수를 그 중요한 요직에 임명할 수 있습니까? 다시 한번 재고해 주시기 바랍니다" 하고 강력하게 건의를 했습니다. 그러자 링컨은 말하기를 "나를 수백 번 공격하고 욕을 하면 어떻습니까? 원수는 마음에서 없애버려야지요. 원수를 사랑으로 녹여 친구로 만드는 것이 내가 할 일입니다. 그는 책임감이 강한 사람이기 때문에 국방부 장관으로 충분합니다" 하고 오히려 반대하는 비서진들을 설득시키고 그를 국방부 장관으로 임명했습니다.

링컨이 저격을 받고 쓰러졌을 때 스탠턴은 링컨을 부둥켜안고 "여기 가장 위대한 사람이 누워 있다"고 소리치면서 통곡을 했다고 합니다. 링컨은 원수를 사랑으로 변화시켜서 자기 친구로 삼았던 것입니다. 세상에서 가장 하기 힘든 일이 바로 원수를 사랑하는 것입니다. 사람의 마음으로는 그 일이 불가능합니다. 그러나 아버지의 마음을 품으면 가능한 일입니다. 우리도 다윗처럼 아버지의 마음을 품어서 원수를 사랑합시다.

기도

1. 다윗처럼 온전히 하나님만을 의지함으로 승리하는 자가 되게 하옵소서.
2. 다윗처럼 하나님의 사자를 선대함으로 축복받는 삶을 살게 하옵소서.
3. 다윗처럼 아버지의 마음으로 원수를 사랑할 수 있게 하옵소서.

30

하나님의 VIP 다윗 2

어떤 사람이 다윗 왕에게 아뢰어 이르되 여호와께서 하나님의 궤로 말미암아 오벧에돔의 집과 그의 모든 소유에 복을 주셨다 한지라 다윗이 가서 하나님의 궤를 기쁨으로 메고 오벧에돔의 집에서 다윗 성으로 올라갈새 여호와의 궤를 멘 사람들이 여섯 걸음을 가매 다윗이 소와 살진 송아지로 제사를 드리고 다윗이 여호와 앞에서 힘을 다하여 춤을 추는데 그때에 다윗이 베 에봇을 입었더라 다윗과 온 이스라엘 족속이 즐거이 환호하며 나팔을 불고 여호와의 궤를 메어오니라.

사무엘하 6장 12-15절

이스라엘을 성지 순례 하다 보면 반드시 '통곡의 벽'이란 곳을 방문하게 됩니다. 그곳은 유대인들이 과거 화려했던 솔로몬의 성전이 다시 회복되기를 울면서 간절히 기도하는 곳입니다. 그 통곡의 벽 맞은편에 청동으로 만들어진 커다란 별 모양의 조형물이 서 있는데, 그 별은 365일 내내 꺼지지 않고 불이 타오르도록 되어 있습니다. 그 별은 곧 다윗을 상징하는 것으로, 유대인들의 가슴 속에 다윗은 영원히 꺼지지 않는 등불로 추앙받고 있음을 알 수 있습니다.

이스라엘의 국기 모양을 보면 흰색 천 한가운데 파란색 육각형 별 모양이 커다랗게 그려져 있는데, 그 별은 다윗을 상징하는 것입니다. 다윗은 그렇게 유대인들의 가슴 속에 아브라함과 함께 가장 위대한 인물로 추앙받고 있습니다. 우리를 구원하시기 위해 오신 예수 그리스도를 소개할 때도 그가 아브라함과 다윗의 자손이 되시는 것을 강조할 정도로 다윗은 위대한 인물입니다.

베들레헴이라는 아주 작은 마을에서 태어나서 가족들로부터도 외면당하고 양치기 소년였던 그가 어떻게 그토록 위대한 인물이 될 수 있었을까요? 그것은 바로 그의 믿음이 남달랐기 때문입니다. 그의 믿음 때문에 하나님께서 그를 높여 주셨고 영원히 추앙받는 역사적인 인물이 되게 해주셨습니다. 수많은 대적들이 그를 꺾으려고 공격했지만 아무도 그를 꺾을 수 없었던 것은 하나님이 항상 그와 함께 해주셨기 때문입니다.

다윗은 그 이름만 들어도 가슴 설레게 하는 인물입니다. 본문을 통해 그가 어떤 사람이었는지 살펴보면서 오늘 우리도 그의 믿음과 삶을 본받게 되기를 바랍니다.

1. 하나님을 진심으로 기뻐한 사람입니다(삼하 6:14)

사무엘하 6장 14절은 "다윗이 여호와 앞에서 힘을 다하여 춤을 추는데 그때에 다윗이 베 에봇을 입었더라"라고 말씀합니다. 다윗은 왕으로 즉위하자마자 바로 과거 블레셋 사람들에게 빼앗겼던 하나님의 법궤를 예루살렘으로 운반해 오는 일을 추진했습니다. 법궤는 곧 하나님의 임재를 상징하는 거룩한 성물(聖物)인데, 그 중요한 법궤를 이방인들에게 빼앗긴 것을 늘 가슴 아프게 생각하다가 왕이 되자마자 그 일을 추진했던 것입니다.

하나님의 법궤가 예루살렘 성으로 돌아올 때 누구보다도 기뻐한 사람이 바로 다윗입니다. 얼마나 기뻤던지 모든 백성들이 지켜보는데도 아랑곳하지 않고 덩실덩실 춤을 추었습니다. 얼마나 있는 힘을 다해 춤을 췄던지 에봇 속옷이 다 드러나고 속살이 드러날 정도로 춤을 추었다고 성경은 기록하고 있습니다. 집안에서 그 모습을 지켜본 아내 미갈이 "왕의 체통을 지키셔야지 백성들이 다 지켜보는 앞에서 그게 도대체 뭐하는 짓이냐"고 바가지를 긁자 다윗은 말하기를 "내가 여호와 앞에서 한 것이라"(삼하 6:21)고 했습니다.

다윗이 그렇게 속옷이 보이고 속살이 드러날 정도로 춤을 춘 것은 하나님을 기뻐했기 때문입니다. 법궤는 하나님의 임재를 상징하는 성물이기 때문에 그 앞에서 기뻐하고 춤을 추는 것이 곧 하나님을 기뻐하고 하나님 앞에서 춤을 추는 것이라고 여겼던 것입니다. 그는 나라를 다스리는 왕이었지만 하나님 앞에서는 마치 어린아이처럼 기뻐하면서 춤을 추었습니다. 그 모습이 하나님의 마음을 사로잡았습니다.

제가 어릴 때 5일장이 되면 어머니는 돈이 될 만한 물건을 머리에 이고 장에 가셨습니다. 해가 서산으로 넘어갈 때쯤이면 동생과 함께 마을 입구에 나가서 장에 다녀오시는 어머니를 기다렸습니다. 왜냐하면 어머니가 장에 갔다 오실 때마다 꼭 부채과자(뻥튀기과자)를 사가지고 오셨기 때문입니다. 뻥튀기과자의 모양이 넓적하게 부채 모양과 같다고 해서 부채과자라고 불렀습니다.

지금 생각해 보니 어머니가 좋아서 그렇게 기다린 것이 아니고 어머니 손에 들려 있는 부채과자가 더 좋아서 어머니를 기다렸던 것 같습니다. 그때는 나이가 어리고 철이 없어서 그랬습니다. 부채과자보다는 어머니가 더 좋아서 어머니를 기다려야 하는데, 어머니가 사가지고 오시는 뻥튀기과자를 어머니보다 더 좋아했으니 얼마나 철이 없었습니까?

오늘 우리의 신앙생활에도 그와 똑같은 일이 벌어지고 있습니다. 하나님보다 교회의 프로그램을 더 귀하게 여기고, 하나님보다 하나님이 주신 은혜를 더 귀하게 여기는 사람들이 많습니다. 교회의 프로그램보다 하나님이 더 좋아야 하고, 하나님이 주신 은혜보다 은혜를 베풀어 주시는 하나님을 더 기뻐해야 합니다. 하나님이 만드신 아름다운 자연보다 그 아름다운 자연을 만드신 하나님을 더 귀한 분으로 여겨야 합니다. 오늘 우리도 다윗처럼 진심으로 하나님을 사랑하고 기뻐하는 사람들이 될 수 있기를 바랍니다.

2. 죄를 책망받을 때 회개한 사람입니다(삼하 12:13)

사무엘하 12장 13절은 "다윗이 나단에게 이르되 내가 여호와께 죄를 범하였노라 하매 나단이 다윗에게 말하되 여호와께서도 당신의 죄를 사하셨나니 당신이 죽지 아니하려니와"라고 말씀합니다. 다윗은 왕이 된 후에 큰 죄를 범하였습니다. 밧세바를 범하고 그 죄를 은폐시키기 위해 그녀의 남편인 충신 우리아 장군을 전쟁터에 내보내서 죽게 했습니다. 왕의 직권을 악용한 참으로 용서받을 수 없는 죄를 범한 것입니다.

그는 그 죄를 범하고 완전 범죄를 꾀했지만 하나님께서는 그의 모든 범죄 행위를 다 지켜보셨습니다. 그리고 나단 선지자를 보내셔서 그의 죄를 지적하고 책망하셨습니다. 왕정 통치 시대에 왕의 잘못된 행동이나 죄를 지적하고 책망하는 것은 거의 불가능한 일입니다. 그렇게 완전 범죄를 꾀한 왕이라면 자신의 죄를 지적하고 책망하는 사람도 얼마든지 죽일 수 있기 때문입니다. 그런데 나단 선지자는 하나님의 보내심을 받고 가서 단호하게 죄를 지적하고 책망했습니다,

하나님의 선지자가 와서 죄를 꾸짖고 책망할 때 다윗은 그 자리에 엎드려서 죄를 자복하고 회개했습니다. 본문에서는 간단하게 기록이 되어 있지만, 시편에 보면 밤마다 요를 적시고 침상을 띄울 정도로 눈물을 흘리면서 회개했다고 기록되어 있습니다. 왕의 직권을 악용해서 용서받을 수 없는 죄를 범했지만 회개할 때 하나님께서는 그의 지은 죄를 용서해 주셨습니다. 하나님은 회개하는 사람을 긍휼히 여기십니다.

죄는 문둥병과 같고 에이즈와 같은 것입니다. 왜냐하면 사람을 추악한 존재로 타락하게 하고, 결국 인생을 파멸로 이끌어 가기 때문입니다. 그러나 사람이 망하는 것은 그 죄 때문이 아니라 회개하지 않기 때문입니다. 첫 사람 아담이 망한 까닭은 그가 지은 죄 때문이 아니라 자신의 죄를 회개하지 않았기 때문입니다. 가인이 망한 까닭 역시 죄 때문이 아니라 회개하지 않았기 때문입니다. 가룟 유다 역시 회개하지 않았기 때문에 망한 사람입니다.

그러나 다윗을 보십시오. 그가 지은 죄는 도저히 용서할 수 없는 심각한 죄였습니다. 그러나 진정으로 회개할 때 하나님은 더 이상 죄를 묻지 않으시고 용서해 주셨습니다. 베드로가 지은 죄는 어떻습니까? 어떻게 자신을 구원해 주시고 제자 삼아 주신 예수님을 저주하면서 부인할 수 있습니까? 그 역시도 주님 앞에 큰 죄를 지었습니다. 그렇지만 그가 닭 울음소리를 듣고 하나님의 말씀이 생각나서 회개할 때 하나님은 그를 용서해 주셨습니다.

용서받은 기쁨이 얼마나 큰지는 진정으로 회개해 본 사람만이 알 수 있습니다. 이 세상에 귀하고 아름다운 보석이 수없이 많지만 죄를 회개하면서 흘리는 눈물만큼 하나님 앞에 아름다운 보석은 없습니다. 남자의 마음이 여자의 눈물에 약해지듯이, 하나님의 마음은 죄를 지은 사람이 회개하면서 흘리는 눈물에 약해지십니다. 하나님은 우리가 죄를 회개하면 용서해 주십니다. 어떤 죄든지 회개하셔서 용서받은 자의 기쁨을 누리시기 바랍니다.

3. 하나님 찬양하기를 좋아한 사람입니다(시 69:30-31)

시편 69편 30-31절은 "내가 노래로 하나님의 이름을 찬송하며 감사함으로 하나님을 위대하시다 하리니 이것이 소 곧 뿔과 굽이 있는 황소를 드림보다 여호와를 더욱 기쁘게 함이 될 것이라"고 말씀합니다. 다윗은 찬송하는 것을 아주 좋아했던 사람입니다. 그래서 그는 노래하는 사람 288명을 뽑아서 성가대를 세웠습니다. 그는 노래로 하나님을 찬송하는 것이 황소를 잡아서 번제를 드리는 것보다 하나님을 더 기쁘게 하는 것이라고 생각했습니다.

유대인들이 하나님 앞에 번제를 드릴 때는 네 종류의 제물이 사용되었습니다. 그것은 황소와 양과 비둘기와 산비둘기 새끼입니다. 생활의 규모나 경제적인 형편에 따라서 부자는 흠이 없는 황소를 잡아서 번제물로 바쳤고, 아주 가난한 사람은 산비둘기 새끼를 잡아다가 번제물로 바쳤습니다. 그들은 흠이 없는 황소를 잡아서 번제드리는 것을 최고의 제물로 여겼습니다. 그런데 다윗은 그것보다 노래로 하나님을 찬양하는 것이 훨씬 더 하나님을 기쁘게 하는 제물이라고 생각했습니다.

하나님께서 노래로 찬송하는 것을 그렇게 기뻐하시는 이유는 인간을 지으신 목적이 바로 하나님을 찬송하게 하려 하심이었기 때문입니다(사 43:21). 우리가 예배 시간에 찬송을 부르는 것은 예배를 준비하기 위한 것도 아니고, 예배의 구색을 맞추기 위해서도 아닙니다. 오직 하나님을 높여드리고 영광을 돌려드리기 위해서입니다. 우리가 하나님의 위대하심을 알고 노래로 찬송할 때 하나님은 황소를 잡아서 번제로 바치는 것보다 더 기뻐하십니다.

켄터키 프라이드 치킨 사업을 시작한 사람은 샌더스라는 할아버지입니다. 그는 6살 때 아버지가 죽고, 12살 때 어머니마저 재혼을 해서 가정을 떠나버렸습니다. 그때부터 그는 소년 가장이 되어서 어린 여동생을 돌봐야 했습니다. 그의 나이 65세가 되었을 때 가지고 있던 재산이 모두 날아가고 파산을 하게 되었습니다. 그러자 자기 아내마저 그의 곁을 떠나버렸습니다. 그는 더 이상 고통을 견딜 수가 없어서 자신의 삶을 포기하려고 마음먹었습니다.

그러던 어느 날 교회 앞을 지나가다가 찬송 부르는 소리를 듣게 되었습니다. 예배당 안에서 성도들이 예배드리면서 부르는 찬송가 소리였습니다. 그는 그 찬송가 소리에 이끌려서 교회로 들어가게 되었고 예수님을 구주로 영접하였습니다. 그런 변화가 있은 후 하나님께서 그의 손에 돈 버는 능력을 부어 주셨습니다. 열한 가지의 닭 튀김을 개발해서 KFC를 창업하게 되었는데, 그의 사업은 나날이 번창하여 세계적인 대기업으로 성장할 수 있었습니다. 그는 1980년 90세를 일기로 세상을 떠날 때까지 전세계에 복음을 전하는 하나님의 일꾼으로 살았습니다.

찬송은 하나님도 기뻐하시지만 사람을 변화시키는 능력이 있습니다. 찬송을 부르다가 혹은 찬송을 듣다가 감동을 받고 변화된 사람들이 수없이 많습니다. 사도 바울이 감옥에서 찬송할 때 쇠사슬이 벗겨지고 옥문이 열리는 기적이 일어났고(행 16:25), 여호사밧 왕이 성가대를 조직하여 찬송하며 적진을 향해 나아갈 때 앗수르 군대가 물러가는 역사가 일어났습니다(대하 20:22). 당신도 하나님을 찬양하여 놀라운 기적을 체험하게 되시기를 바랍니다.

기도

1. 다윗처럼 그 무엇보다 하나님 한 분만으로 기뻐하는 사람이 되게 하옵소서.
2. 다윗처럼 죄를 회개함으로 긍휼히 여김을 받는 사람이 되게 하옵소서.
3. 다윗처럼 전심으로 하나님을 찬양하는 사람이 되게 하옵소서.

하나님의 VIP 시리즈 1
하나님을 감동시킨 사람들

1판 1쇄 발행 _ 2013년 2월 25일
1판 2쇄 발행 _ 2015년 11월 10일

지은이 _ 조희완
펴낸이 _ 이형규
펴낸곳 _ 쿰란출판사

주소 _ 서울특별시 종로구 이화장길 6
편집부 _ 745-1007, 745-1301~2, 747-1212, 743-1300
영업부 _ 747-1004, FAX 745-8490
본사평생전화번호 _ 0502-756-1004
홈페이지 _ http://www.qumran.co.kr
E-mail _ qrbooks@gmail.com / qrbooks@daum.net
한글인터넷주소 _ 쿰란, 쿰란출판사
등록 _ 제1-670호(1988.2.27)
책임교열 _ 오완 · 신영미

© 조희완 2013 ISBN 978-89-6562-420-2 93230

책값은 뒤표지에 있습니다.
이 출판물은 저작권법에 의해 보호를 받는 저작물이므로 무단 복제할 수 없습니다.
파본(破本)은 구입처에서 교환해 드립니다.